做新教师，从教育发现开始

MINZHU JIAOYU ZAI KETANG

民主教育在课堂

李镇西 主编

山东文艺出版社

图书在版编目(CIP)数据

民主教育在课堂/李镇西主编. —济南：山东文艺出版社，2012.1
 ISBN 978-7-5329-3531-4

Ⅰ.①民… Ⅱ.①李… Ⅲ.①课堂教学-教学研究-中小学 Ⅳ.①G632.421

中国版本图书馆 CIP 数据核字(2011)第 269378 号

民主教育在课堂

李镇西 主编

主管部门：山东出版集团
集团网址：www.sdpress.com.cn
出版发行：山东文艺出版社
社　　址：山东省济南市英雄山路 189 号
邮　　编：250002
网　　址：www.sdwypress.com

读者服务：0531—82098776（总编室）
　　　　　0531—82098775（发行部）
电子邮箱：sdwy@sdpress.com.cn

印　　刷：山东人民印刷厂泰安厂
开　　本：710×1000mm　1/16
印　　张：19.5　插页/2
字　　数：238 千字
版　　次：2012 年 1 月第 1 版
印　　次：2012 年 5 月第 2 次印刷
书　　号：978-7-5329-3531-4
定　　价：32.00 元

版权专有，侵权必究。如有图书质量问题，请与出版社联系调换。

序言:让普通老师成为学校的名片

李镇西

2006年8月,我出任成都市武侯实验中学校长。当时,有记者问我:"你认为你自己怎样做才算是成功的校长?"我回答:"教师的成长,是我当校长成功的唯一标准!"

今天(2011年9月11日)早晨我在微博上又重复了这句话,有老师和我商榷:"那您把培养学生放在什么位置呢?"这让我想到李希贵曾写过一本书,书名就叫《学生第二》,当时也有人质疑他:"办学校居然把学生放在第二位,不妥当吧?"前不久,李希贵又出版了一本书,书名叫《学生第一》。有人感到他前后矛盾。他解释说:作为校长,从管理上讲,应该"教师第一";从教育上讲,应该"学生第一"。

实际上,当我把教师的成长作为我当校长成功的唯一标志时,我是从校长管理的角度说,因为只有培养了教师,才能培养学生;没有成长的教师,就没有成长的学生。我们现在经常说"以人为本",在校长眼中,这里的"人"首先是教师,其次才是学生。只有校长以教师的成长为本,教师才能以学生的成长为本。

所以,当校长五年来,我花了大量的精力在培养教师方面,我通过各种方式促进教师发展。怎么培养教师呢?

这个问题对我来说,首先不是理论问题,而是实践问题。我很朴素地想,我是怎样成长的,就把自己的体验和经验告诉老师们,给他们提供借鉴与参考。比如,我觉得自己从教近三十年,主要就是坚持每天做好"五个一":上好一堂课,找一个孩子谈心,思考一个教育问题,阅读一万字的书,写一则教育随笔。这"五个一"不是每个人都能坚持做下来的。所以,我在学校并没有强迫每一位老师必须做,我只是倡导。尽管是"倡导",但还是有不少老师真的在做。有的老师只做了"四个一"或"三个一",也不错了。只要行动,就有收获。

在这"五个一"中,首先是"上好一堂课"。因为教师的成长就在课堂之中。无论有多么伟大的理想,多么澎湃的激情,多么先进的理念,多么科学的设计,最终都必须体现在课堂上。一堂课只有四十分钟,可这四十分钟正是教师生命的流淌,当然也是孩子青春的燃烧。善待课堂,就是善待我们自己的生命,也是善待孩子的青春。上好一堂课,不仅仅是四十分钟的事,还有课前的思考研究,以及课后的反思总结,这都是成长本身。教师的教育爱心、教育智慧、教育技能、教育艺术……都在课堂上呈现。所以,我说"教师的成长主要在课堂",这话应该是站得住脚的。

在我校,"素质教育"和"平民教育"是互相重叠的概念。前者是就培养目标而言,后者是就培养对象而言。我们的学生大多是平民子弟,当我们对平民子弟进行素质教育培养的时候,我们的教育也可以叫"平民教育"。我们通过什么方式来实施"平民教育"呢?那就是"新教育实验"。所以说,"新教育实验"是我们实施"素质教育"或是说"平民教育"的途径。

"新教育实验"的抓手,是教师素质的提升,是教师队伍建设,是教师成长。"新教育实验"有五大理念:无限相信学生与教师的潜力;教给孩子一生有用的东西;重视精神状态,倡导成功体验;强调个性发展,注重特色教育；让师生与人类崇高精神对话。"新教育实验"的六大行动是："营造书香校园""师生共写随笔""聆听窗外声音""建设数码社区""构筑理想课堂""锻造卓越口才"。新教育实验在我校实施五年来，营造书香校园是最突出的，这不仅仅体现于我们的开放书吧，更体现于我们许多老师（当然不是百分百的全部）不同程度地养成了读书的习惯，好多老师特别是年轻老师的确成长起来了。

在新教育实验六大行动中，我们着力探索"构筑理想课堂"，所以近几年来，我校开展了课堂改革。我们根据我们学生的特点，学习借鉴各兄弟学校的经验，再结合我们学校的实际情况，提出了以民主教育为核心理念，借鉴高效课堂"五步三查"为模式，以"导学稿"和"小组合作"为载体的课堂改革。比起崔其升等著名校长，我不是强人，缺乏一言九鼎的行政强势，因此我校的课堂改革相对比较"温柔"，有时候还有曲折与彷徨，但毫无疑问的是，总体上讲，我校的课堂改革已经并将继续稳健推进，而且不可逆转。

我们学校的生源比较特殊。我校地处城郊结合部，学生的80%是当地失地农民和进城务工人员的孩子。从总体上说，学生既没有纯粹农村孩子的吃苦精神和靠知识改变命运的强烈欲望，又没有城里孩子开阔的视野和多方面的人文素养。这样的孩子决定了我们课堂教学的难度，但我们正是面对挑战，迎难而上，开展着我们的课堂改革，也决定了我们的课堂改革既要学习洋思中学，学杜郎口中学，学东庐中学，但不可能完全等同于洋思中学、杜郎口中学和东庐中学。爱心，鼓励，尊严，放手，引导……是我们课堂改革操作中每每要注意的关键词。

我和老师们所追求的"民主课堂"，不是固定的模式，不是具体的操作，而是贯穿于课堂的一种理念，一种氛围。通俗地说，充满民主教育理念的课堂，意味着教师对学生能力与潜力的无限信任，意味着教师必须尊重学生原有的基础与个性，意味着师生是在探求知识真理道路上志同道合的同志和朋友，意味着还学生自主学习的权利，意味着让学生成为课堂的主人……"民主课堂"是建立在师生人格平等基础上的课堂，是以师生积极交流对话生成为主的课堂，是学生真正成为学习主人的课堂，是充满生命幸福与人性光芒的课堂！

这本书中的一则则教学小故事，就是我校老师们课堂改革一个个瞬间的原生态展示。也许很肤浅，但很真实。这是我校老师们在课堂改革的真实写照，也是他们成长的足迹。在阅读这些故事的过程中，我感受到了老师们的探索精神和成长的喜怒哀乐，感受着一颗颗年轻的心是怎样为教育而跳动。

除了故事，还有一些老师写的成长经历。这些经历都是属于每一个老师的，但也表现出教师成长的某些共通性：理想，热情，坚韧，实践，研究……我相信，几乎每一个老师都会从中读到自己，进而产生一种共鸣：我的成长并不孤独，因为还有无数和我一样的教育者和我同行！

有的老师并不擅长写作，但总是鼓励这些老师："不要紧，写出来再说，有我嘛！我愿意做你的秘书！"读着老师们朴素的文字，我很感动！尽管文字我做了一些润色，但故事所凝聚的感情，所蕴含的智慧，完全是属于每篇文章的作者的。

现在好多人一提起"成都武侯实验中学"都会自然而然想到，哦，那个学校有李镇西。我真诚希望，几年后，人们再提起"成都市武侯实验中学"的时候，会想到，那个学校不仅仅有李镇西，还有孙明槐、潘玉婷、张清珍、郭继红、胡成、许忠应等一大批名师！我知道，一个学校的名师毕竟是少数，但是，挑战自己，潜心课堂，不仅仅是少数名师脱颖而出，还有更多的年轻教师成长起来，成为孩子由衷爱戴的老师，成为我们学校的名片。

这正是我做校长的梦想与追求。

2011年9月11日

目录

序言:让普通老师成为学校的名片　李镇西

第一辑　思考

我对"民主课堂"的理解　李镇西　/3

让学生成为课堂的主人　谢　华　/15

对导学稿编写与使用的再认识　李勇军　/25

课堂是属于学生的　尹长青　/31

探索与超越　张清珍　/34

第二辑　故事

体验生命之美　潘玉婷　/47

执教《童趣》反思　潘玉婷　/50

"尴尬"中的收获　潘玉婷　/52

我看见春风了　马露萍　/55

《故宫博物院》小插曲　周　艳　/58

给他一个支点　刘显勇　/60

《桃花源记》课堂一景　邓万霜　/62

给老师加两分　郭继红　/65

你想当怎样的"老子"？　郭继红　/68

老师，我要做作业　郭继红　/70

议论文，我这样入手　唐　燕　/73

我的一个"小阴谋"　唐　燕　/76

看着第二美丽的人　汤明月　/79

在玩中学作文　秦咏梅　/81

此时无声胜有声　付廷刚　/84

课本剧表演大PK　刘懿萱　/88

"母大虫"风波　唐剑鸿　/92

课间聊出来的智慧　唐剑鸿　/95

老师，您欠我们钱了！　王晓萍　/99

小明的变化让我好高兴　曾维刚　/103

四边形复习课　朱　青　/106

一次奇特的练习　朱怀元　/109

课堂小乐趣　万　平　/111

他急得哭了　李勇军　/113

没有结束的故事　方　琼　/117

有这样一位男生　唐　丹　/121

太极　范景文　/123

我的一堂英语课　张清珍　/127

少拿考点重点难点说事儿　许忠应　/137

一节意外的课　郑　聪　/140

老师你骗人　李明飞　/143

"放纵"他一次　李　娜　/146

一次天衣无缝的配合　谢国强　/148

坚守承诺，赢得尊重　许开旭　/150

相信孩子一定能行　佘沐诤　/152

让学生感受千年一遇　佘沐诤　/155

寻找和制造机会转变学生　孙明槐　/157

冲动的奖励　谢肖明　/162

吃出健康　唐文真　/165

自由与约束　张瑞莉　/169

"老师，我们会想你！"　陈淑英　/173

仅仅因为一个"笨"字　陈淑英　/176

一节学生需要的课　王锦生　/179

学生的"破坏力"是我学习的动力　袁伟　/182

面对装病的孩子　邓永辉　/185

天堂　饶振宇　/188

让学生当编剧　胡德桥　/190

给他一个机会　刘朝升　/193

成功，还是失败？　刘朝升　/197

改变带来的意外　刘朝升　/201

今天，文成公主如何进藏？　刘朝升　/205

美在课堂　易琼　/210

让孩子欣赏自己的声音　杨瑜　/214

一个人的音乐课　刘鸿川　/217

斗"鬼"　辜超　/229

第三辑　成长

守住自己的良心　孙明槐　/235

你一定要美丽　潘玉婷　/239

永远在飞翔　郭继红　/247

飞得更高　满泽洪　/252

我的教育人生　唐　燕　/268

让心永远快乐　陈　玲　/277

我的艺术梦想　杨　明　/282

教育，我的挚爱　刁瑞阳　/285

新教育下我的成长经历　蒋强博　/293

仰望，满脸星光　刘显勇　/297

The first series
第一辑

思　考

我对"民主课堂"的理解

李镇西

我一向不赞同给教育贴标签,包括给课堂贴标签。但是,为了表述方便简洁,这里把体现民主教育理念的课堂,临时称作"民主课堂"。

我知道,"民主"是一个很时髦的话题,"民主"的概念甚至已经泛滥成灾,而且"民主"这个词的含义太丰富也太模糊了。所以,要谈论这个话题,首先要明确,我是在什么意义上使用"民主"这个概念的?

说到"民主",我们都知道这首先是一种政治制度,通俗地说,是一种管理国家的方式。作为一种政治制度(或者说政府形式),民主的核心程序是通过人民的选举(直接选举或间接选举)产生领导人;同时,人民能够通过一定的法律程序参与国家的决策。而这正是民主制度与专制制度的根本对立之处。

但"民主"的含义,显然还不止于此。从不同的角度,人们还可以对民主内涵有多种理解。比如,民主又是一种机制,这意味着权力的互相制约;民主又是一种原则,所谓"少数服从多数";另外,民主还被理解为一种工作作风,其表现是"让群众说话""广泛听取不同意见"等等。

更重要的是，民主也是一种生活方式。我认为，这是对民主更为深刻的理解。将民主看做一种个人的生活方式，即认为民主不只是一种形式或者说外在的东西，而是一种内在的修养。这种内在的修养体现于日常生活和与人交往的过程中：相信人性的潜能；相信每个人不分种族、肤色、性别、家庭背景、经济水平，其天性中都蕴含着发展的无限可能性；相信日常生活与工作中，人与人之间是能够和睦相处能够真诚合作的。

我越来越确信，民主的实质是对人的尊重。对此，阿克顿说得非常简明：民主的实质，就是"像尊重自己的权利一样尊重他人的权利"（见阿克顿《自由与权力》第373页，商务印书馆2001年版）。爱因斯坦如是说："我的政治理想是民主。让每一个人都作为个人而受到尊重，而不让任何人成为崇拜的偶像。"（见《爱因斯坦语录》第119页，杭州出版社2001年6月第1版）。从这里，爱因斯坦将民主与平等联系在了一起。

民主的生活方式，意味着自由、平等、多元、宽容、妥协、协商、和平等观念浸透于社会的每一个角落，体现于生活的每一个细节。

民主的生活方式，还意味着"尊重"与"遵守"：对每一个人的尊重，并彼此尊重；对经由大多数人认同的制度、规则、纪律的遵守，对公共秩序和公共规则的遵守。尊重，是对精神而言，尊重每一个人的人格尊严、思想自由、精神个性、参与欲望、创造能力等等。遵守，是对行为而言，大到一个社会，小到一个团队，规则是和谐有序的保证，某些时候克服个人的欲望而服从大家都必须遵守的规则，正体现了民主社会的重要特征之一。随心所欲，为所欲为，自我中心，不是民主。

需要指出的是，作为一种生活方式的民主和作为政治制度的民主不是割裂的，更不是对立的，而是互为因果、相辅相成的。民主的政治制度需要社会土壤，这"土壤"便是民主的生活方式；同样，民主的生活方式需要制度保障，这个保障制度便是民主的政治制度。

民主的政治制度与民主的生活方式之间的关系，实质上是政治体制与国民素质的关系，所谓"有几流的人民就有几流的政府"。没有民主的道德基础，所谓民主制度不过是空中楼阁而已。

我所说的包括"民主课堂"在内的"民主教育"，是在生活方式这个意义上使用"民主"这个概念的。也正在这个意义上，我认为，民主教育的使命，就是培养具有民主生活方式的公民。

但是，这里的所谓"培养具有民主生活方式的公民"绝不能仅仅是一句动听且鼓舞人心的口号，而必须落实于教育行动。换句话说，民主教育的理念必须要有明确的载体。

这个载体，可以是学校的各种德育途径和形式，但我更看重课堂教学。不是说德育途径不重要，而是因为一个简单的道理：师生在学校读过的最多的时间是在课堂，如果离开了这个主阵地，单纯通过主题班会等德育形式对学生进行民主品质和民主能力的培养，是难以奏效的。

说到课堂，我还想谈谈对课堂功能的理解。过去我们很多人往往把课堂功能仅仅理解为传授知识，后来又增加了培养能力、发展智力。这样的理解始终没有把课堂和学生的精神成长相联系。我认为，课堂教学既应该传授知识培养能力发展智力，更应该将人类文明的精神成果注入孩子们需要滋养的心灵：善良、正义、忠诚、气节、民主、自由、平等、博爱、宽容、人权、公正……特别需要指出的是，我这里所说的"注入"绝不是脱离教学内容进行生拉活扯的强加或牵强附会的联系，而应该自然而然地融汇在教学过程中。

那么，我所说的"民主课堂"应该"自然而然地融汇"哪些民主精神呢？

1. 充满爱心

我始终认为，在民主教育的大旗上，有一个大写的"人"字：它是目中有"人"的教育！因此，所谓"充满爱心的教育"就是把学生当人的教育，就是充满人性尊重和人文关怀的教育。

甚至从某种意义上我们可以说，民主教育就是爱的教育。一个真正的教育者必定是以人为本的信奉者和实践者。他有温馨的爱心和晶莹的童心。只有童心能够唤醒爱心，只有爱心能够滋润童心。离开了情感，一切教育都无从谈起。

充满爱心的课堂，要求教师在教学过程中，对每一个学生而不仅仅是少数"优生"都投以关注与尊重的目光，同时教师以自己的爱心去感染学生，让孩子之间也彼此尊重与善待。

充满爱心的民主教育，就是充满人性、人情和人道的教育。

2. 尊重个性

这里的"个性"，与"共性"相对，指的是一个人在天赋、智慧、能力、兴趣、气质、行为等方面表现出来或潜在的独特性甚至独一无二性。当然，个性本身在价值上是中性的，因此"尊重"在这里不是"迁就"，而是在理解的基础上，尽可能根据学生的个性予以"因势象形"地积极引导，从而让每一个学生都成为最好的自己！

尊重个性就是尊重差异，这就要求教育者在教学内容的组织、选择和教学方法的使用等等方面，都必须考虑学生个性的独特性、差异性。尊重学生的个性，还意味着不用升学与否这一把尺子来衡量学生是否成才，而是尊重不同个性学生未来的不同发展，坚信每一个学生都会在今后的社会生活中上找到自己的位置。

尊重个性的民主教育，特别体现于对待长期以来被传统教育忽视或冷落的"后进生"的态度上。这就意味着教师对"困难学生"倾注更多的爱心、耐心和信心。如果我们的课堂只着眼于"尖子生"，而冷落甚至无视那些所谓"差生"，如此"教育"没有半点民主可言！

相反，具有民主精神的教师，会对"困难学生"倾注更多的爱心、耐心和信心。由于智力状况、学习基础、家庭教养、个性特征等等因素的差异，学生发展很难绝对均衡同步，往往总有部分学生暂时滞后或掉队。具有民主情怀的教师，就应该通过教学设计，让他们找到能够体现自己个性尊严的角色，从而尽情挥洒其独具魅力的创造色彩，并自由舒展其澄明自然的心灵空间。在民主教育的课堂上，每一粒种子都能破土发芽，每一株幼苗都能茁壮成长，每一朵鲜花都能自由开放，每一个果实都能散发芬芳！

3. 追求自由

民主教育首先是充满自由精神的教育，这种自由精神尤其应该体现于对学生心灵自由的尊重。

尊重学生心灵的自由，教师自己就必须是一个心灵自由的人。教师应拥有一种追求真理、崇尚科学、独立思考的人文精神，并以此去感染学生。我们实在无法设想：一个迷信教材、迷信教参、迷信高考题的教师会培养出富有创造精神的一代新人。

尊重学生心灵的自由，就要帮助学生破除迷信。这里所说的"迷信"主要是指学生长期以来形成的对教师的迷信、对名家的迷信、对"权威"的迷信和对"多数人"的迷信。我们应该明确告诉学生：世界上不存在万能的"圣人"；老师也好，名家也好，"权威"也好，都不可能句句是真理；我们所学的课文，即使是千古名篇，也不可能绝对完美无瑕；虚心听取别人的意见是应该的，但这些"意见"只能供我们独立思考时参考，而对某个问题的认识，对某篇文章的看法，我们只能忠实于自己的心灵，不能盲目从众。绝不能用别人的思想代替自己的思想。

尊重学生心灵的自由，就要让学生在课堂上畅所欲言。教师应该让学生在课堂上自由驰骋其思想骏马：面对教材，面对知识，教师和学生之间、学生和学生之间应该平等对话；在平等的基础上，交流各自的理解甚至展开思想碰撞。教师当然应该有自己的见解，但这种"见解"只能是一家之言，而不能成为强加给学生强加给作品的绝对真理。

尊重学生心灵的自由，就是尊重学生思想的自由，感情的自由，创造的自由。自由精神当然不是民主教育所独有的内核，而且也不是民主教育的全部内容，但没有自由精神的民主教育，便不是真正的民主教育。

4. 体现平等

民主教育要求每一位教育者重新审视师生关系。教师的职责无疑是"传道授业解惑"，但这并不意味着教师在知识的任何方面都超过了学生，教师更不应因此而以真理的垄断者自居。尊重学生，就包括尊重学生的思考，真正优秀的教师应该是学生的引路人，也是和学生一起追求新知、探求真理的志同道合者。合作学习的态度，就是平等精神在民主教育中的体现。

与学生同志式地探求真理，就应尊重学生发表不同看法的权利，并且提倡学生与教师开展观点争鸣。学生的认识也许比较肤浅，他们的看法也许比较片面甚至有错误之处，但在发表自己观点的权利上，和教师是平等的。教师绝对不能因为学生的"幼稚"而剥夺学生思想的权利。

平等，还不仅仅是人与人之间尊严的平等，更重要的是人与人之间权利的平等，特别是学生受教育的权利的平等。学生是否真正享受平等的受教育权利，在很大程度上还取决于教师是否真正平等地尊重每一个学生：教学活动，是让少数"精英学生"独领风骚呢，还是让所有学生都参与？上公开课，只是让个别"尖子生"举手答问以显示教学效果呢，还是让每一个学生都积极参与讨论以展示所有学生的真实思维状况？毕业复习期间，是只重点抓部分升学有望的学生呢，还是面向所有不同学习层次的学生……如此等等，都体现出教育者是否真正平等地尊重学生的权利。

教师不但自己应该对每位同学一视同仁，而且还应该在教学中营造一种同学之间也互相尊重、真诚友好、平等相处的氛围。让学生在这平等的氛围中感受平等，并学会平等。

5. 重视法治

尽管"法治"是一种治理国家的方式，但其精神实质无非是依靠体现公共意志的规则（法律）来实施管理，而且所有人都必须遵守统一的规则。正是在这一精神实质上，民主教育与法治精神得以沟通——民主精神同时也就是法治精神。

让学生依据共同制定的规则参与教学管理，是民主教育中法治精神的突出体现。学生作为学习的主人，其主体性不仅仅体现在主动学习和积极思考方面，也体现在参与教学的管理方面。既然尊重学生，而且承认教师的所有工作从根本上说都应服务于学生，那么，学生对教学更应有建议、评价与监督的权利。教师没有理由不尊重学生的这个权利。对真正的民主教育来说，教育者与被教育者的互相监督是理所当然的。当然，长期以来，教师对学生的建议、评价和监督已经成为理所当然，无需强调；而学生对老师的建议、评价和监督则至今没有引起重视，因此，我们现在更看重后者。

6. 倡导宽容

离开了宽容谈民主教育是不可思议的。民主本身就意味着宽容：宽容他人的个性，宽容他人的歧见，宽容他人的错误，宽容他人的与众不同……作为教师，当然承担着教育的使命，对学生不成熟的乃至错误的思想认识负有引导的责任。但是第一，学生的不成熟乃至错误是一种成长现象，其中往往包含着求新求异的可贵因素，如果一味扼杀便很可能掐断了创造的萌芽。第二，宽容学生的不成熟和错误，意味着一种教育者的真诚信任和热情期待：相信学生会在继续成长的过程中自己超越自己，走向成熟。第三，教师的引导，前提是尊重学生思想的权利，然后通过与学生平等对话（而不是居高临下的训斥），以富有真理性的思想（而不是所谓的"教师权威"）去影响（而不是强制）学生的心灵。

教师的宽容，说到底仍然是尊重学生思考的权利，并给学生提供一个个发表独立见解的机会。不要怕学生说错,不跌跟斗的人永远长不大,所谓"拒绝错误就是毁灭进步",正是这个意思。课堂应成为学生思考的王国,而不只是教师思想的橱窗。如果不许学生说错,无异于剥夺了他们的思考。在充满宽容的课堂上,不应只有教师的声音,教师更不应该以自己的观点定于一尊,而应允许学生有不同的看法,在教学的过程中引导学生独立思考,提倡学生展开思想碰撞,鼓励学生发表富有创造性的观点或看法,努力使整个教学课堂具有一种开放性的学术氛围,让不同层次的学生既有共同的提高也有不同的收获。

当然,宽容不仅仅是教师对学生的宽容,也包括学生对老师的宽容,更包括学生之间的宽容。独立思考绝不是唯我独尊,更不是拒绝倾听他人意见;相反,在对话探究的过程中能具备海纳百川的胸襟是一种极可贵的民主品质。教师应善于在教学过程中以自己的宽容向学生示范,在鼓励每一个学生珍视表达自己见解的权利的同时,也尊重别人发表不同看法的权利——既勇于表达又善于倾听,既当仁不让,又虚怀若谷。

7. 讲究妥协

在现代生活中,善于妥协是一种明智,一种美德,也是一种与人合作的前提。能够妥协,意味着对对方利益的尊重,意味着将对方的利益看得和自身利益同样重要,更意味着尊重他人的精神世界。平时我们所说的"取长补短""求同存异"都含有妥协的意思。

在民主教育过程中,如果说"宽容"是善待他人的不同观点,那么"妥协"则是对话双方都勇敢地接纳对方观点中的合理因素,彼此相长,共同提高。妥协也不是简单地向对方"认输",而是服从真理以完善自己的认识。对教师来说,这本身也是对学生的一种民主精神示范。

妥协的前提仍然是平等。教师要乐于以朋友的身份在课堂上和学生开展同志式的平等讨论或争论,并在这过程中主动吸取学生的合理见解。其实,更多的时候,所谓"妥协"并不是绝对的"甲错乙对"因而甲方在思想上向乙方"投降",而是"双赢"——即在讨论争辩中,双方都不断吸收对方观点的合理因素进而使双方的认识更接近真理。当然,也有这种情况,面对学生正确的批评,明明错了的教师更应该承认错误接受批评,并尽可能改正错误。

妥协,常常还体现在师生之间的"遇事多商量":大到制定的教学计划是否可行,小到每天布置的作业是否适量,以及教学内容的选择、教学进度的调整、教学形式的改革等等,尽管教师起着主导的作用,但学生的参与也是必不可少的。还需要指出的是,我们提倡的妥协不仅仅是教师向学生妥协,也包括教会学生学会妥协。在班级生活中,同学之间、班干部之间、班干部与普通同学之间、班与班之间……在处理日常事务时,都免不了会有意见不同的时候,这时教师就应该引导学生学会倾听与吸纳,多站在对方的角度考虑问题,切忌狂妄自大、唯我独尊,让学生在妥协中学会与人共事,学会真正的民主生活方式。

8. 激发创造

民主是对人的本质的解放,而人的本质在于创造。发展学生的创造精神,是民主教育的使命。——注意,我这里说的是"发展"而不是"培养"。所谓"激发创造",在我看来,不是对学生进行"从零开始"的所谓"培养",而是"发展"他们与生俱来的创造性——首先是要点燃学生熊熊燃烧的思想火炬,让学生拥有自由飞翔的心灵。我坚信,每一位学生都有着创造的潜在能力;所以,教师要做的,是提供机会让学生心灵的泉水无拘无束地奔涌,说通俗一点,就是要让学生"敢想"。创造,意味着思想解放。而学生一旦获得了思想解放,他们所迸发出来的创造力往往远远超出我们的意料。

学生创造性思维的产生,有赖于教师创设一个宽松和谐的教学气氛。我们应使每个学生都具有心理上的安全感,从而在没有外界压力的气氛中充分展开认识活动,所以说,师生之间互相尊重、互相信任、互相学习的平等和谐关系，是发展学生创造性思维的重要前提。然而，恰恰是在这一点上，我们过去的教育却有意无意地剥夺了学生的精神自由：毋庸讳言，由于种种原因，中国封建文化的残余至今还阻碍着我们的教育走向民主与科学。在师生关系上，一些善良的教师往往不知不觉甚至是"好心"地损害着学生的尊严和感情；在某些语文课堂上，不但没有师生平等交流、共同研讨的民主气氛，反而存在着唯师是从的思想专制——学生的心灵已被牢牢地套上了沉重的精神枷锁，哪有半点创造的精神空间可言？

我认为，民主教育首先是目中有"人"的教育。真正的教育者理应把学生看做有灵性的活生生的人，而不是教师见解的复述者，更不能成为教师完成课堂教学任务的道具！我们不应把学生的大脑当成一个个被动接受知识灌输的空荡荡的容器，而应看做是一支支等待我们去点燃的火炬，它一旦被点燃必将闪烁着智慧的火花、创新的光芒。因此，发展学生的创造力，与其说是手把手地教学生怎样去做，不如说是给学生提供一个个发表独立见解的机会，让他们的精神自由地飞翔。

上面我谈了民主教育的八个特点，当这些特点体现于教学过程之中时，我们把这样的课堂称作"民主课堂"。所谓"民主课堂"，通俗地说，就是充满民主教育理念的课堂，它意味着教师对学生能力与潜力的无限信任，意味着教师必须尊重学生原有的基础与个性，意味着师生是探求知识真理道路上志同道合的同志和朋友，意味着还学生自主学习的权利，意味着让学生成为课堂的主人……"民主课堂"是建立在师生人格平等基础上的课堂，是以师生积极交流对话生成为主的课堂，是学生真正成为学习主人的课堂，是充满生命幸福与人性光芒的课堂！

"民主课堂"的核心理念："让学生成为课堂的主人！"这是"以人为本"的教育理念在课堂上的真正体现。让学生成为课堂的主人，就必须变革课堂师生关系，把教师"教"的过程变为学生"学"的过程，让教师的"教"服务于甚至服从于学生的"学"。

"民主课堂"的基本操作模式:"导学稿"加"小组合作"。"导学稿"是学生学习的"路线图",是"民主课堂"实施的有效载体,或者通俗地说,是帮助学生如何学习的"指南"。"小组合作"是学生学习的形式,是"民主课堂"实施的有效方式,是学生依据"导学稿"所采取的行动。

以上是我对民主课堂的理解和解说,也表达了我目前的课堂改革追求。注意,这里说的是"目前的课堂改革追求",而不是"目前的课堂改革现状"。之所以要强调是"追求",是因为这些民主课堂的特征或者说课堂改革要求,目前来看,有点理想化,远没有成为我校每堂课的常态。或者说,我所提出的民主教育的八个特征,是我们课堂改革的蓝图。但是,毫无疑问,我和我的同事们正在依据这蓝图"施工",我们正坚韧地向这理想迈进。

最后,我还想就我们微观的课堂改革与宏观的社会进步之间的关系谈几句。世界的民主潮流越来越势不可挡,这是客观事实。作为社会主义中国,我们正在将民主的基本理念与我国的具体国情相结合,建设具有中国特色的社会主义民主政治。这也是客观事实。改革开放三十年来,中国的巨大进步,既体现于经济实力的迅猛增长,也体现于精神文明的日益提升——其中最突出的表现就是国人公民意识的觉醒。中共中央早就宣告:"发展社会主义民主政治,建设社会主义政治文明,是全面建设小康社会的重要目标。"建立小康社会的标准之一,是"民主更加健全"。我这里所说的"民主教育"的使命,正是为即将到来的"民主更加健全"的社会培养民主主体——具有民主精神的现代公民。因此,经济的发展,社会的开放,思想的解放,时代的呼唤,世界的挑战……使中国的社会主义民主政治呼之欲出,也使中国的社会主义民主教育应运而生。而这里的民主教育必须落在课堂——给课堂注入更多的民主精神,让课堂不但成为传播知识培养能力的空间,也成为造就公民的摇篮。

理想的教育应该成为充满民主气息的教育，成为对学生进行民主精神培养的教育，成为为民主社会培养公民的教育。从这个意义上说，民主的确是教育进程的必然。

让学生成为课堂的主人

谢 华

"民主课堂"改革的背景

"这样的课我实在听不下去,再也不愿听了!"这是李镇西校长刚到武侯实验中学时到班听课后发出的感叹。许多教师自顾自地在前面讲,学生有气无力地坐着听,还有不少孩子趴在桌子上睡觉;作业是应付老师的检查,学生的参与度差,教育、教学效率低。学生没有成就感,教师也没有成功感。李校长说:"无数个四十分钟啊,生命一去不复返,师生的生命就这样白白抛洒了!不客气地说,这是对学生生命的践踏,也是对教师自己生命的戕害!"

那时候,不少教师总是习惯于埋怨学生。埋怨这些失地农民子女和进城务工的农民工子弟学习态度不端正、习惯差,埋怨他们上课注意力不集中,不愿意动脑,埋怨他们缺少有效的家庭教育,家校配合差……总之,责任都是学生的,唯独很少反思自己的教学理念和教学方式。

相当多的教师已经习惯于传统的以教师"讲"为主的课堂教学方式,

不相信学生的潜力，面对来自不同区域、拥有不同的成长背景、个体差异大的学生群体，依然"一刀切"地"满堂灌"，"以不变应万变"。这样的教学弊端更加明显：学生始终处于被动的学习状态，越来越厌学，学习成绩却难以提高；教师也苦不堪言，体验不到半点职业幸福。

课堂教学，到了非改不可的地步了！

李镇西老师到武侯实验中学的愿景之一就是在成都市城乡教育均衡化的背景下，团结一批志同道合者致力于乡村平民教育。他给全校老师带来了新的教育理念、丰富的教育资源、新的行动愿景，使学校从定位、理念、追求到体制机制、策略方式、行动评价等都发生了很大的良性变化。对于课堂教学改革，李校长和大家一起学习、思考，最后共同提出了改革课堂教学模式，探索"民主课堂"的目标。

"民主课堂"是什么

1. "民主课堂"的内涵

先简单谈谈我们对"民主"的理解。李镇西校长在其博士论文《民主与教育》中指出：民主不仅仅是一种政治制度，也是一种生活方式。将民主看做一种个人的生活方式，即认为民主不只是一种形式或者说外在的东西，而是一种内在的修养。这种内在的修养体现于日常生活和与人交往的过程中：相信人性的潜能；相信每个人都蕴含着发展的无限可能性；相信日常生活与工作中，人与人之间是能够和睦相处能够真诚合作的。民主的生活方式，意味着自由、平等、尊重、多元、宽容、妥协、协商、和平等观念浸透于社会的每一个角落，体现于生活的每一个细节。

李校长还说："如果说'民主政治'意味着'尊重'——对公民权利的尊重的话，那么'民主教育'的核心，仍然意味着'尊重'——尊重学生的人格、尊重学生的情感、尊重学生的思想、尊重学生的个性、尊重学生的差异、尊重学生的人权、尊重学生的创造力……当然，与此同时，教会学生尊重他人。"

当这样的理念落实于教学过程之中时，我们把这样的课堂称作"民主课堂"。所谓"民主课堂"，通俗地说，就是充满民主教育理念的课堂，它意味着教师对学生能力与潜力的无限信任，意味着教师必须尊重学生原有的基础与个性，意味着师生是在探求知识真理道路上志同道合的同志和朋友，意味着还学生自主学习的权利，意味着让学生成为课堂的主人……"民主课堂"是建立在师生人格平等基础上的课堂，是以师生积极交流对话生成为主的课堂，是学生真正成为学习主人的课堂，是充满生命幸福与人性光芒的课堂！

2."民主课堂"的核心理念

"让学生成为课堂的主人！"这是"以人为本"的教育理念在课堂上的真正体现。让学生成为课堂的主人，就必须变革课堂师生关系，把教师"教"的过程变为学生"学"的过程，让教师的"教"服务于甚至服从于学生的"学"。

3."民主课堂"的操作模式

基本模式是"导学稿"加"小组合作"。

"导学稿"是学生学习的"路线图"，是"民主课堂"实施的有效载体，或者通俗地说，是帮助学生如何学习的"指南"。

"小组合作"是学生学习的形式，是"民主课堂"实施的有效方式，是学生依据"导学稿"所采取的行动。

"民主课堂"操作模式详解

1."导学稿"编写与使用

"导学稿"的"导"是"引导"，主要是教师通过编写"导学稿"来

"引导"学生自学,做一定的练习检测自己自学的情况;"导学稿"的"学"主要是学生的自主学习,学生通过自主学习,完成基础性和部分提升性的学习任务,实现部分教学目标。

(1)"导学稿"的编写。"导学稿"有统一的格式设计、统一的基本项目、统一的课堂基本流程格式等要求。主要环节包括学习目标、重点难点预见、知识链接、学法指导、学习流程、自主学习、合作探究、展示提升、达标测评、自主反思、知识盘点、教师复备栏或学生笔记栏等。"导学稿"编写必须坚持五个环节:独立自备、组长审核、集体备课、课前预习、课后反思。

(2)"导学稿"的使用。每个组的"导学稿"都必须由本学科行政审批才能印制,每位老师拿到本年级统一的"导学稿"后,根据自己所任教班级的具体情况进行二次备课,形成自己"个性化"的"导学稿"。任课教师在授课前一天发给学生,第二天及时精批精阅,了解学生预习的情况。课堂上要求学生使用双色笔做添加修正。课堂上第一步独学(自主学习);第二步互学(小组或相邻同学研讨);第三步在小组内展示,解决所遇到的问题;第四步小组代表在全班进行展示和解决全班所遇到的共同问题,老师进行必要的补充;第五步是检测与反馈,整理相关资料。

(3)"导学稿"使用过程中必须注意的地方:

①对在自学过程中或小组群学过程中所遇到不能解决的问题一定要标出来,全班师生共同讨论解决,注重双色笔的使用;

②刚开始一个阶段,可能要影响教学进度,宁愿牺牲进度也不能回到传统课堂的老路上去,坚持一段时间就好了;

③一定要相信学生,"学生的潜力是无限的","教师的潜力是无限的",学生解决问题的过程就是能力提升的过程。一定要"提出的问题放手让学生思考解答","结论或中心思想等放手让学生概括","规律放手

让学生寻找"。

2. "小组合作学习"

"小组合作学习"是学生学习的主要形式，是"民主课堂"实施的有效方式。学生在独学过程中不能解决的问题或产生的疑问就主要通过"小组合作"来解决，小组不能解决的再通过全班或师生共同解决。在提出问题与解决问题这一过程中，学生的学习能力提高了，学习方法更有效了。

（1）科学合理分组是"小组合作学习"的前提

教师和班长、学习委员、科代表一起，对全班学生按性别、成绩、能力等因素进行均衡组合，分成若干个小组（每组宜为6~8人），并由每个小组推选出一名组织能力强的学生任组长。

（2）明确"小组合作学习"的目标和责任分工。明确的学习目标和责任分工是进行"小组合作学习"的关键要素。分工明确，责任到人才能使小组成员全员参与，并明白各自应该承担的角色，掌握各自所分配的任务，使合作学习有序又有效地进行。建立学习小组间合作、竞争机制，实行捆绑式评比。

（3）培养小组成员团队意识和合作技能。培养小组成员团队意识和合作技能是"小组合作学习"活动顺利开展的重点。合作学习需要每个成员具有足够的团队意识和合作技能。

（4）建立合理的"小组合作学习"评价机制。制订了《成都市武侯实验中学学生自我管理评价细则》《每日小组总分排行榜》《成都市武侯实验中学小组自主管理手册》，每天都由小组长和班主任老师在暮省时，对当天的情况进行总结打分，并填写在《成都市武侯实验中学学生自我管理评价细则》上。合理的评价机制是提高小组合作学习效果的重要途径。在合作学习过程中，我们要建立一种促进学生作出个人努力并且小组内成员互助合作的良性制约机制——合理的评价机制。合理的评价机制能够将学习过程评价与学习结果评价相结合、小组集体评价与对小组成员个人评价相结合，实现共同目标和个人目标的辩证统一。对学生的评价基本做到了全程跟踪、学校全域覆盖，便于学生养成良好学习行为习惯。

3. "五步三查"的课堂结构

"五步"：指课堂环节五个基本步骤：独学，要求学案自学，找出学习困惑，教师有针对性地开展个别辅导，特别是对学困生进行督促和指导，检查自学进度、效果；对学、群学，学生以小组为单位或邻座，围绕困惑对学、群学；组内小展示，以小组为单位，在组长的组织下，展开本组学习成果的"小展示"，对不同意见或不能解决的问题做好记录；班内大展示，老师根据小展示中的问题，归类共性问题，进行全班大展示，师生共同开展研究；整理学案，达标测评，学生归纳、整理纠错本，教师利用对子或小组进行测评。

"三查"：一查学生独学的学习情况，以便于指导下一个环节；二查组内小展示的情况，为后面的全班大展示作准备；三查整理学案、达标测评情况，对不达标的同学进行督促指导。

推进课堂改革的步骤

1. 全面学习、准备阶段

这一阶段主要是指 2006 年下学期到 2007 年，李校长通过讲座论坛、谈心交流、外出学习、示范沟通、阅读互动、写作反思等等形式，把他面向全体的教育理念、"以人为本"的民主思想情怀、永葆童心的爱心教育带给全体老师。学校积极参加朱永新老师发起的"新教育实验"相关活动，请朱永新、卢志文、干国祥等专家到校进行讲座。学校还组织老师到课堂改革卓有成效的杜郎口中学、昌乐二中、东庐中学学习。通过理论讲座、参观学习等，教师对当下教育的弊端和我校课堂存在的问题有了更深一步的了解，对教育改革的紧迫性和可行性有了更深刻的认识。

2. 部分实施、典型引路阶段

这一阶段主要是在 2008 年和 2009 年，这一阶段学校采取自主、自愿的原则，鼓励老师们开展"民主课堂"的改革实践，主要在 2010 级和 2011 级绝大多数班实施，2012 级个别班在实施。同时派更多的老师参观杜郎口中学和昌乐二中，定期参加"中国教师报·名校共同体"的相关活动。这一阶段虽有许多教训，但更多的是积累了经验，对根据我校实际情况开展课堂改革有了自我认识。

3. 全面实施、整体推进阶段

这一阶段主要是在 2010 年，上学期学校全面实施"民主课堂"改革。教务处根据学校实际情况，确定了"民主课堂"的基本模式——"导学稿"加"小组合作"。根据这个模式，每个年级每一位老师都要上"探索课"，课后以教研组、备课组为单位进行讨论总结。在李校长"最好的管理莫过于示范"这一理念指导下，学校行政干部积极上研究课，李校长也率先垂范带头上研究课。在这一过程中，许多老师的观念与行动都发生了很大变化，如李青青老师，由刚开始的公开抵触，到现在成为一名"民主课堂"的积极参与者，成为一名学生最欢迎的老师之一。这一学期，每周每个学科都有半天的校内研究课，每次都有一位老师上研究课，各组（包括行政）根据学校的《评价量表》展开研究与探讨。为促进"自主课堂"改革落到实处，建立了行政督导听课制度。

"民主课堂"改革的保障机制

围绕"民主课堂"改革，学校还建立了系列的保障机制：（1）树立全新的教育理念为"民主课堂"改革奠定了基础；（2）民主科学的现代学校管理建设为"民主课堂"改革提供了动力；(3)"书香校园"建设为"民主课堂"改革创设有益的氛围；(4)德育有效性为"民主课堂"改革提供保证；(5)行政包学科和行政督导听课制度建立为"民主课堂"改革顺利推行保驾护航。

"民主课堂"的初步成效

1. 学生的学习态度与精神状态发生了良性变化，积极向上的氛围已经形成。由于教学的方式和学生主体地位的充分体现，学习成为一种乐趣，学习过程变成了成功之旅，学生由过去厌学到现在积极主动地学，学习变成一种自觉的行为，课业由课后变成课中，学不会的可以在小组内讨论，掌握了的可以代表小组到黑板上去板演给全班同学，这一过程中自然形成一种积极向上的学习氛围，形成良性竞争的氛围。可以这样说，在现在的课堂上，基本上看不到学生睡觉的现象了。在"民主课堂"中，学生在教学过程中全员参与、全程参与和有效参与；师生之间有愉快的情感沟通与智慧交流；学生在自由轻松的氛围中习得与生成；课堂成为整合知识智慧的场所；让孩子练习和实践，学生在课堂上动脑、动手、动口，通过观察、模仿、体验，在互动中学习，在活动中学习；能够在知识整合的基础上向广度与深度延展，从课堂教学向社会生活延伸，为学生的进一步探究留下空间。

2. 教师专业水平提升迅速，一批教师正在走向名师。通过学习与自我反思，教师的教育教学观念得到改变，开阔了眼界，对如何在新形势下进行教育教学改革有了新的认识，对学生与教育的认识更深刻。近两年潘玉婷老师、孙明槐老师、范景文老师多次到外地作报告、上课，郑聪老师、刘朝升老师、唐燕老师等受邀到外地上公开课，这在过去是不敢想象的。"专业阅读＋专业写作＋专业共同体"成为教师成长的有效途径，2009年由老师教育教学随笔编辑而成的《把心灵献给孩子》《每个孩子都是故事》公开发行，深受大家欢迎，并已再版。

3. 教学质量发生了良性变化。学校的规模也由以前的36个教学班，增至现在的56个班，在校人数近3100人。学生成绩快速提升，升入省重点中学的学生在2008年只有10.86%，2010年达到24.1%。"武侯实验中学的学生行为习惯好，懂礼貌，知识面广，视野开阔，发展潜力大。"这是一位省重点高中校长对我校毕业生的评价。

有待继续探索的问题

1. "民主课堂"教学模式的课堂改革，要求教师必须真正以学生为中心编写"导学稿"，组织学生依托小组力量做课堂的主人、学习的主人、成长的主人。对习惯自我为课堂中心的老师是一个强大的挑战，对教师的专业成长提出了更高的要求，我们的教师还需继续提高自己的专业能力。

2. "民主课堂"是个性化生成的课堂，"民主课堂"中如何真正实现每个学生都在自己原有基础上的进步？如何做到因材施教与共同进步有机结合？如何真正提高课堂组织能力与调控能力……这是我们面临的新困惑。

3. "民主课堂"追求的是每个学生在原有基础上的进步与健康快乐成长，与当下教育所推行的统一的教材、课程、评价等都有不协调地方，如何寻求社会、上级教育主管部门的认可，以及相关的配套改革，这是我们的期待。

尽管"民主课堂"已经开始提升了学校的品质，并让师生初步感受到幸福的教育生活，但我们的改革毕竟还处于探索阶段。我们将继续不懈努力。为共和国培养人格健全、个性鲜明、思想自由、行为规范、富于创造的公民，并在此过程中享受教育职业的幸福，感受生命的快乐，是我们坚定的信念和不变的追求。

> 李镇西点评：这是我校分管教学的谢华副校长（现为武侯实验中学附属小学校长）写的一篇学校"民主课堂"探索阶段性总结，基本上写出了我校课堂改革的缘起、思考和实施的最初状态。我校的课堂改革借鉴了其他兄弟学校的一些做法，比如"五步三查"，但我们赋予它更丰厚的民主教育的内涵；同时，随着课堂改革的深入，我们逐步开始改良，使课堂操作模式更符合我校学生的实际。但是，无论怎样改，基本的核心理念没有变，那就是让学生成为课堂的主人，让课堂成为民主教育的土壤。

对导学稿编写与使用的再认识

李勇军

经过这几年不断的学习、讨论、研究、探索、实践，我对课改的"五步三查"模式逐渐熟悉，也有了比较深入的理解。支撑这种课堂模式的两个关键点是导学稿与小组合作学习：导学稿是引导学生自主学习、合作学习的载体，小组合作是学生进行高效学习的方式与途径，二者相辅相成，相得益彰，缺一不可。在教学过程中如何提高导学稿的编写质量与使用效果，怎样加强学习小组的建设，是高效课堂的重要保证。这里只对导学稿的问题进行一些总结与反思。

导学稿的作用与优势

首先，导学稿较好地落实了集体备课，实现了资源共享。导学稿的编写过程中实行分工合作，一个老师主备好后，教研活动时全组老师参与讨论，再修改、定稿，最后领导签字、师生使用，这就是一个教师个人智慧与集体智慧相结合的过程。当老师们各自上课使用后，发现问题再及时完善修订，方便以后自己或其他老师使用。可以说，导学稿的编写过程让我们的教研工作落到了实处。

其次，导学稿实现了教师的教与学生的学统一：师生共用，教学统一。导学稿首先是教师的教案；其次导学稿既是学生课前预习的提纲、课堂讨论、展示的内容，又是学生的家庭作业、课后复习的资料。正因导学稿承载了如此多的功能，不能把导学稿编成例题、习题集，导学稿不能仅以知识为中心，而应该以引导学生的学为出发点。通过精选例题、习题，还可以减轻学生过重的课业负担，减少教师的无效劳动。

第三，导学稿的使用，促进了学生学习方式的转变，培养了学生良好的学习习惯，提高了学生的学习能力。利用导学稿，让学生课前先自主学习，课堂上先讨论、交流、展示，可以真正实现把学习方法教给学生，把学习主动权交给学生，把课堂还给学生。学生经过长期的自主性学习，他们的自学能力、表达能力、自我探究问题的意识、合作的意识都可以得到提高。

第四，导学稿的使用，让学生学习更轻松有效。有了导学稿，使学生课前预习有章可循，促使学生去读书，了解本课要学的内容，初步掌握数学中的定义、法则、公式、结论等，然后思考、完成相应的例题。在这一过程中，让学生明确、发现自己不会的内容，在课堂上目的性、针对性就更明确了，真正是带着问题去学习，提高了课堂学习的效益。有了导学稿，还可以针对每天所学的内容，及时进行反馈，随时辅导，这就增强了学生课堂上的参与度，减轻了课外学习的负担。导学稿也为学生的"日日清""周周清"提供了方便。

导学稿设计的原则和常规要求

1. 导学稿设计时应注意的几个原则。（1）有效性：关注学生学习的有效性，设计导学稿时要明确学习目标、创设良好情境、激发学习兴趣、引导探究新知、指导学习反馈等。也就是说,设计导学稿的目的是通过促进学生的自主学习、合作探究,达到知识的掌握与能力的提高。出发点是激发学生学习的积极性、主动性和自觉性,核心是设计适当的教学情境、环节引导学生形成有效的学习。(2)针对性:关注教学目标的达成和问题的解决,导学稿设计时要针对学生的实际水平、教学的目标与重难点。(3)主体性:明确学生是学习过程的主体,不能把知识或教师的教当成主体。(4)导学性:具有指导学生学习的作用,也就是说导学稿应该设计成学生学习的路线图,指引学生一步一步地完成学习的目标,到达成功的彼岸。

2. 现在使用的教材存在许多缺陷,需要老师的加工与处理。我们在编写导学稿的过程中,整合了教材,对教材内容进行再加工与灵活处理,对重要内容进行适当的补充与拓展,多加课时;对简单内容或不重要的内容减少课时,可以较好地解决课时紧张的问题。

导学稿不是简单地照搬课程标准中规定的学习要求和教材内容,而是要关注学生的有效学习,把传统教案中以知识为中心变为导学稿中以学生的学为中心。因此其设计的一些要求是:

(1)明确学习目标。学习目标具有导学、导教、导测评的功能,学习目标陈述的应是学生要达到的学习结果,同时应反映学习结果的层次性,并力求明确、具体、简洁,可以观察和测量。

(2)帮助学生熟记常识性的知识,明确新知识的产生过程。如指导学生复习与记忆所学的知识,让这部分知识得到巩固;通过生活实例引导学生得出数学概念、定义,或猜想出新的数学公理、定理;结合学生已学知识,引导学生去推导新的公式、法则,并指导他们去进行理解、论证、应用等。

(3)精心选择例题。数学中的例题是对所学知识的理解、巩固、应用,是提高学生分析、解决问题能力的重要方式。因此例题的选择很关键，要做到有针对性，少而精。由于例题也要求学生先自学完成，因此应通过提示、设问的方式引导学生去独立完成。在设计问题时，可以是解题思路的提示，或是对关键点的分析，或是对难点的突破，或是将隐含的条件明确等等。即通过提示、设问使学生能够独立自主地解决部分问题，并促使学生养成良好的思维习惯与自学能力。对于一些重要的知识内容，还可以通过变式练习，提高学生的解题能力。

（4）提供学习策略、学习方法的指导。导学稿的设计中要注意指导学生运用适当的学习方法和策略，有效地解决学习中遇到的困难和问题。也就是说，以前老师在课堂上要讲的方法、要求、分析，甚至是智慧等，都可以融入导学稿中。

对导学稿每个栏目编写的定位

我们学校对导学稿的具体栏目与内容都作了非常详细的要求与规范，这一点非常有必要。第一，导学稿的内容、流程有了比较科学、合理的规定之后，避免了老师编写时的盲目性与无序性，老师编写导学稿时就有了指导与规范。第二，对导学稿的篇幅进行了硬性规定，避免了以前老师只求多，不求是否符合学生与实际的情况，迫使老师去认真设计每一个环节，精选每一个例题与达标测评，加强了课堂的实效性，减少了无效训练，减轻了学生的学习负担。

通过不断的实践研究、总结与反思，我和组内的老师对导学稿学习过程的各个栏目有了比较明确的定位：一是自主学习，主要内容应为：（1）复习上一节课所学的重点知识内容，或复习与本节课将学知识有关的内容，以习题形式呈现；（2）对本节课预习内容（主要是自学教材的内容）的确定与预习要求；（3）制作准备将用到的数学教具与模型。二是合作探究，主要内容定为：结合生活经验或学生的已有知识，导入所学的新知识，利用所学的知识，引导学生对新的公式、法则进行推导或猜想，得到文字性的结论或形成公式，以及对公式法则的理解与简单应用。三是展示提升，主要内容为本节课的重点知识和难点知识的运用提高。主要是以例题的形式呈现，一般是 2~3 个，每一个例题应精选，要突出本节课的重点、难点，并保证层次性：例 1 较基础，适合 C 层学生；例 2 属于中档题，适合 B 层学生；例 3 为较难题，适合 A 层学生。例题后面应有分析、提示，引导学生自学完成。四是达标测评，通过适量的试题，让学生对本节课的重要知识进行巩固与提高，也让老师了解学生前面几个环节的学习情况。最后在学法指导栏，可以对学生的预习、讨论、展示等作出具体要求，对例题进行分析、指点，记录所查阅的课外知识、方法的归纳总结等。

对学生使用导学稿的要求

1. 提前一天发导学稿给学生，学生根据导学稿内容先认真进行课本预习，然后再完成导学稿中预习内容：包括自主学习、合作探究、展示提升，学有余力的同学可以做点课外提高题。碰到生疏的、不懂的、难以解决的问题要做好标记，以便第二天在课堂上与同学交流或向老师质疑。

2. 学生课堂上用红笔及时订正错误，记录关键性内容，并做学习方法和规律的笔记，方便今后复习。学完一课后，要在导学稿的自主反思处完成知识盘点与心得感悟。

3. 每天印发的导学稿，用资料夹夹好。每天认真整理导学稿，并收集错题到专门的数学错难题本上，定期及时复习。每学完一章内容后，要将导学稿整理装订成复习资料。组长、老师定期检查导学稿的整理情况。

导学稿编写与使用中容易存在的问题

1. 导学稿的质量不高。由于老师这样那样的原因，编写时往往不够认真，导致导学稿的质量无法保证。需要老师的精心思考与认真研究，再加上集体的研究，做到精心设计，字斟句酌，才能保证导学稿的质量。

2. 教师不再备课，直接使用导学稿。每个班的学生能力水平差异很大，针对全年级统一编写的导学稿直接使用显然效果会大打折扣。因此每一位老师课前还应再备课，根据学生实际水平，结合学生预习、反馈情况，必须要进一步设计课堂教学流程，增删个别例题。

3. 学生的预习质量得不到保证。主要原因是学生学习存在惰性，不够自觉；其次预习方法不对，不看书直接把导学稿当试卷做；老师的疏于指导、检查，学生就更不认真预习。而预习得好坏直接影响后面的每一个环节，因此要扎实抓好学生课前预习方法指导，采取教师抽查与数学组长、科代表普查相结合的办法，认真检查和掌握全体学生的预习完成情况。

> 李镇西点评：李勇军老师是我校数学教研组组长，在课堂改革中，他率领数学组的老师大胆探索，取得了可喜的成果。这篇文字是李老师对使用导学稿的反思。我想补充的是，导学稿不同于简单的练习题，也不是一般意义上的复习资料，它是教师给学生画的学习路线图，因此它必须紧扣特定班级特定学生的实际情况，是为学生量身定做的"衣服"，凝聚着教师个性化的智慧。

课堂是属于学生的

尹长青

其实,在学校提出课改前我就在思考,怎样让自己的课堂更具有吸引力,成为学生喜欢和怀念的课堂。

学校提出构建民主高效课堂后给了我们一个大体框架,一是时间上的把控:1. 教师指导、点拨、答疑不超过 10 分钟;2. 学生学习(自学、讨论、展示)不低于 25 分钟;3. 学生巩固、检测 5 分钟左右。二是课堂的模式:严格遵循"五步三查":第一步,学案自学,找出学习困惑;教师"一查"自学进度、效果。第二步,围绕困惑对学、群学。第三步,以小组为单位,在组长组织下,"展示"学习成果,谓之"小展示";教师"二查"展示过程中暴露的问题。第四步,教师根据"小展示"暴露出来的共性问题,指导全班进行"大展示"。第五步,学生归位,整理学案,整理纠错本;教师利用对子,"三查"对子测评情况。

在操作中我发现了很多问题,比如:学生不知道怎么预习。(我们历史学科只能利用课堂时间预习。)我就展开培训了,首先要求他们准备两支不同颜色的钢笔,预习做笔记时用红色的,做达标检测时用蓝色或黑色的。怎样去预习呢?要结合导学稿的学习目标,它是我们这节课要了解的重点知识，大家要根据学习目标预习并在书上相应地方做上笔记。教了之后就让他们试做，刚开始下来，有的学生做得满本书都是符号，都是笔记，显然也就不知道哪些是需要重点把握的了。于是我又以某课为例，结合学习目标，教他们做笔记，这样一来，有的学生逐渐明白了，笔记原来是这样做的，预习应该这样来掌握基础知识。大概经历了四五节课，绝大部分学生掌握了预习和做笔记的方法，极少数不会的每节课下来我还要督促和检查，争取达到人人都会。这样操作很花时间，我在前一个月每节课的教学进度基本上是没完成的，但我觉得值，因为教会了学生怎样去预习和做笔记。有句古话叫"磨刀不误砍柴工"，也算是为学生的高效学习打了一点基础吧！

学生不知道怎样对学和群学。我于是召集班上所有组长培训，首先宣布我是他们工作的坚强有力的后盾，组长的组织表现也与小组的考评量化密切相关，然后教给他们方法：对学时，小组内谁与谁对学分好工，做好监督；群学时，收集本组的问题，要求组内每个成员要发言（尤其本组较差的同学）；分组展示的内容，如果上台板书，要安排好由谁来做笔记（大家可以依次循环）；如果本小组要上台口头展示，要求每个成员不能带书，哪个人讲什么内容，组长都应事前做好安排……这样培训后大多数组长都知道怎样组织了，当然也还是有做得不好的，我就在预习或展示环节稍加提醒，对做得好的运用小组考评机制加分，于是学生也就有了比拼的劲儿。

鼓励提出有价值的问题或解决有价值的问题，学生踊跃，怎样把控？一节课毕竟时间有限，我原来试过，9个组，1组1个，结果时间不够，于是我根据时间调整，要么这节前4组，下节就后5组，一定要做到公平，学生很在乎这个。记得有一次上课，我让学生猜想张骞通西域的过程中可能遇到哪些艰难险阻？我们从他身上能学到哪些？学生的回答有些内容完全超出我的预想，思路开阔，很有道理，所以我们要相信学生的潜力和能量,并力争给他们挖掘出来,培养学生创造性思维的能力。

课堂,看似我们老师的,实则是学生的,那是他们的圣殿。在那里,理应找到属于他们的东西,知识、快乐、团结、碰撞、比拼都应在这里闪现。

> 李镇西点评:尽管学校统一规定了课堂改革的基本模式,但这并不能取代每一个老师的创造性劳动。入格是统一的,临帖是必需的,但具体到每个学科每个班级,依然有着镣铐里跳舞的空间。这舞如何跳,考验着教师的智慧。

探索与超越

张清珍

在三十年的教学生涯中,我由一名年轻教师逐渐成长为一名学生心中的优秀教师,亲身经历了由旧课程到新课程改革、由旧课程理念到新课改理念、再上升到新教育理念实施的转变过程。

让学生真正成为学习的主人

在实施新课改以前,我认为课程是教材、是知识,教师是知识的传授者,教师是教学活动的中心,教学方法理应是教师讲、学生听,教师写、学生抄,教师考、学生背,把学生当成接受知识的容器,把课程与教学相互分离。通过对新教育理念的学习和民主教育课堂改革的实践,我深深地体会到:课程不仅是知识、是经验,也是活动,是师生共同探求新知识的过程,是教材、教师、学生、环境四因素的整合。我校的新教育实验与民主教育课堂改革致力于扎实有效地推进素质教育、培养和开拓学生的创新精神和实践能力,改变了师与生,也改变了教与学。

新教育的核心是新教育理念的实施,而课改理念实施的基本途径是课堂教学。面对新课程理念,"教师讲、学生听,教师写、学生抄,教师考、学生背"的传统的教学模式备受诟病,它忽略了学生的个体差异和主动学习的基本权利,忽略了学生学习能力的培养和持续和谐的发展。引导法虽然有许多优点,能引导学生积极学习,使学生的思维活动处于高亢的学习状态,但是学生的思维活动是在教师不断引导下进行的,受控于教师的思维框架,学生缺乏广阔的思维活动空间,师生交往单一,忽略了学生自身的学习过程和直接经验的积累,忽略了学生思维品质的培养,忽略了学生活泼主动的发展。

要完成新课程理念下的民主教育课堂改革赋予我们艰巨的教学任务,这就要求我们进一步提高自身的专业素质,更新教育观念,以学生发展为本,转变教学方式,优化教学方法,结合学生现有的认知实际,着眼学生发展的明天,努力构建师生、生生交往多、教学互动深、相互沟通勤、相互补充全的课堂教学模式,让学生真正成为学习的主人。

民主教育课堂改革下"五步三查"教学模式的内涵

通过对民主教育课堂的理解和对"五步三查"教学模式的实践,我认为民主教育课堂必须遵循主体性、全面性、开放性、体验性、探索性等原则。依据建构主义理论和多元认知理论,学习是过程的探索和经验的积累,结合我校学生的实际情况,我在自己的英语课上探索发展了"五步三查"教学模式:

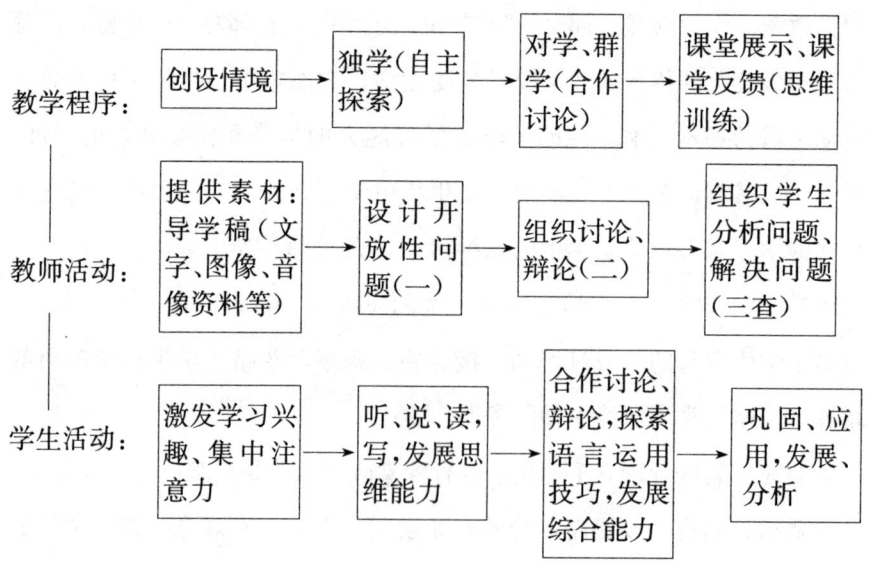

"五步三查"教学实践策略

1. 创设情境，激发兴趣

"兴趣是最好的老师"，它是激发学生自主学习的原动力。由于我校处于城乡结合部，中差学生居多，中低分学生缺乏学习的主动性、自觉性和责任感，兴趣已成为这部分学生学习的唯一动力，所以我在教学中强调创设（我或者是学生创设）能激发学生学习兴趣的教学情境。

创设教学情境的方式是多种多样的，如运用实物、图片、摄影、简笔画、录音、多媒体课件等来创设情境。分角色表演也是英语情境教学的重要方法。它能让学生模仿在真实的有意义的语境中运用所学的语言，同时它还能培养学生之间的团结合作精神。当学生进入角色，成功地做了一件事，他们便喜形于色，兴趣倍增，对以后的英语学习充满了信心。教师要根据不同的教学内容和学生的实际，采取不同的方法创设情境。让学生在生动有趣的情境中学习语言，从而激发学生学习英语的兴趣，增强他们学习英语的信心。

2. 自主学习（独学），大胆探索，增强学生学习的自信心

我认为"自主学习，大胆探索"是民主教育课堂教学的核心和灵魂，是培养学生学习能力、实现学生全面持续发展的重要途径。它不仅充分突出学生的主体地位，使学生成为真正意义上学习的主人，而且还培养了学生独立思考、发现问题、分析问题、解决问题的研究性习惯和能力。要充分发挥学生自主学习的积极性，教师至少要做到以下两点：第一，建立平等、民主、和谐的新型师生关系，那种强迫式、命令式的管理和灌输式、鞭策式的教学，不可能实现学生学习的自主性；第二，学生学习的自主性，并不是教师撒手不管的放羊式教学，而是对教师提出了更高的要求。教师要善于引导，激发学生积极学习的情感，唤起学生对知识掌握、能力发展的迫切愿望，设计出富有启发性、挑战性、诱惑力，能引起学生主动参与，积极思考的开放性问题（导学稿中要体现出）。下面是我在教学七年级下册《Go for it!》教材"It's raining!"中学生在独学、对学、群学后展示环节及老师点拨的教学片段。

说明：

1. 本单元重点是学习如何描写天气以及有关天气的词汇。

2. 导学稿中学生自主学习部分设有与天气相关的启发性问题及图像。

3. 第三小组展示，小组长要求每个成员准备不同的天气图并在图下写出相关的单词，已备课堂展示使用（我的评价：该小组自主学习很到位，对学、群学交流深入、相互补充全面，为接下来的展示做好了铺垫）。

4. 下文的 L 为组长；S 为学生；T 是老师。

L：Look at the pictures, and listen to me carefully.（出示一幅图片）What's this?

S1：It's snow.

L：How's the weather?

S1：It's cold.

L：And it's snowy. It's snowy.（板书：snow—snowy）Read after me, please .（全班学生跟读）

S2：（出示另一幅图片）What's this? （自答）It's a cloud. What's the weather like? （自答）It's cloudy. （板书：cloud—cloudy）Follow me, class.（全班学生跟读）

S3：（出示第三幅图片）What's this? It's wind. How's the weather?（有其他组的学生插话 It's windy.）Good. It's windy.（全班学生跟读）

S4：Ok, now, look at the blackboard.（黑板显示：snow—snowy, cloud—cloudy, wind—windy）Can you make a rule out of these words?

（学生4很机灵，看到在他们组的展示下竟然带动了全班同学，于是他向全班同学提出了上面的问题。学生思考片刻，然后有人犹豫地答：右边的三个词都有一个字母y。）

S4（进一步问道）：谁能告诉我们这三个词的词性？

Ss（部分学生）：都是形容词。

Ss（其他学生）：Oh,原来是名词后加上一个y,就成了形容词了。

S4：You look very carefully.（你们观察得很仔细）Well done!（回答得很对）-y是形容词后缀。

S4（接着又问）：Do you know some other words?（你们还知道类似的描写天气的词吗?）

Ss（三组的和其他组的部分学生）：rain—rainy, shower—showery, mist—misty.（板书在黑板上）

S4：Can you guess the Chinese meanings of the words?

Ss（几乎全班回答）：rainy 是有雨的，下雨的……

S4：How do you know that?

Ss：前面有个名词 snow 是"雪"，加上后缀-y 就成了形容词了，是"有雪的"。

S4（很高兴的）：So we've got one rule——在名词后加 y，就成了形容词。

L（秀出了一幅太阳笑脸和一幅浓雾弥漫的天气图）：How's the weather, now?

Ss（一些学生）：It's suny, and it's fogy.（学生主动写出 suny; fogy）

Ss：（有些学生回答）Wrong! Wrong! They're wrong! 应该是 sunny, foggy；要双写 n；双写 g 后才加 y。

（这时我说：You're right! You're smart! But why?）

S5：……（部分学生茫然了，能回答的也不知道为什么）

T：这两个词"fog 和 sun"有什么相同点？是什么音节？

（学生思考片刻）

S5：都是重读闭音节。

T：That's it. 重读闭音节要双写最后的辅音字母，再加 y，才是形容词。

T：Ok. Let's go on to guess the Chinese meanings.

Ss：sun 是太阳，sunny 是阳光灿烂的；fog 是雾，foggy 是有雾的。

T：That's right. Today we've not only learned how to describe the weather, but also learned a rule of making words. Let's remember the rule, you'll find learning new words easily.

课后感悟：新课改要求教师由传统知识的传授者转变为学生学习的组织者，即教师要给学生创设自主、探究、合作的空间。组织者的含义是组织学生发现、寻找、搜集和利用学习资源，建立人道的、和谐的、民主的、平等的师生关系，让学生在平等、尊重、信任、理解和宽容的氛围中受到激励和鼓舞；组织学生营造和保持教室中和学习过程中的积极的心理氛围等。很高兴这节课我做到了这一点，整个环节都是在和谐的、民主的、平等的师生关系中自然而然地进行。展示一开始，第三小组组长利用该小组学生课前的自主学习（预习）准备的图片引出有关天气的生词 snowy、cloudy、windy，这其中 snow、cloud、wind 都是已学过的单词，组长问"Can you make a rule out of these three words"启发学生们进行观察、分析，从而自己总结出-y 是形容词后缀，并结合这个规律进行思考，学习 rainy、showery 等生词。这样的学习方式能帮助学生化不知为知，使有限的词汇知识化为无限的生成单词的能力。

"问题"是学习活动的核心，没有"问题"的存在，学习就无法进行；什么样的"问题"，就决定什么样的思考；思考决定行动。"问题"要能引发学生的质疑、探究、发现，让学生在质疑、探究、发现中获得知识和经验。在"It's raining!"教学片段中，第三组的学生利用图片呈现三组词（snow—snowy, cloud—cloudy, wind—windy）后，组长设计了第一问："Can you make a rule out of these three words?"引发其他学生进行观察、分析、寻找规律。学生自己发现了构词规律后，第三小组的四号学生问："Do you know some other words?"学生们又说出了自己课外学到的新词：rainy, showery, misty。（这样就大大地激发了学生认真完成自主学习部分的内容，主动查阅相关资料，补充相关知识的积极性。）接着四号学生又问："Can you guess the Chinese meanings of the words?"最后，在学生们都不能回答老师一问的时候，老师及时引导学生用前面所学的知识轻松地学到了 sunny、foggy 的构词规律。这些"问题"不仅让学生知道了如何运用所学知识来解决新问题,更重要的是让学生在这种和谐的、民主的、平等的师生关系中增强了主动学习的自信心。

3. 合作讨论（对学、群学），掌握规律

"合作讨论，掌握规律"，是落实民主课堂改革理念"生生互动、师生互动、相互补充"的重要措施。学生的自主学习离不开教师的点拨，也离不开同学之间的讨论、辩论。学生讨论问题时，思维活跃，不仅训练和发展了学生思维的敏捷性、全面性和深刻性，而且还培养了学生为探索真理大胆阐述自己观点的能力和与人合作的能力。这种能力是教师所不能给予的。学生讨论的问题可能是在自主学习过程中的疑难问题，也可能是教师设计的问题。教师设计的讨论问题应该是思维多层次、结论多元化的，突出训练和发展学生思维品质的开放性问题。要让学生合作讨论有成效，就要做到合理分组、规范操作、明确任务、形式整合及全班交流，而在此过程中，教师要规范学生行为，发现讨论中的火花，排除讨论中的障碍，引导深化。下面是我班各小组在组内交流、展示八年级上册《Unit 12 What's the best radio station?》第一课时中自主学习部分时的片段。（该课时重点是学习形容词和副词最高级的构成及用法。）

首先各小组组长让小组成员明确该堂课的学习目标、学习重难点及学法指导——复习第六单元所学的形容词和副词比较级的构成及用法，然后各小组就"知识链接"和"自主学习"两部分内容展开了形式多样的对学、群学交流，很快总结出了它们的规律（第一小组展示说）：形容词、副词最高级的构成仍然有不规则变化（必背）和规则变化。而在规则变化中，单音节词和部分双音节词的最高级是在词尾加-est，多音节词和部分双音节词应该在其前加-most，这时其他小组的抢答说："回答不准确，不是所有的单音节词和部分双音节词的最高级都是在词尾加-est。"学生们争先恐后地举出例词一一说明，并得出了四个规则（略）。接着用同样的方式，各小组很快完成了"课堂反馈"，通过各小组内的共同探索、合作交流及全班展示,他们很轻松地完成了该节课的学习任务。

课后我在教学反思中这样写道:在我三十年的教学中,该内容我上了无数遍,但在课堂改革实施的今天我才感受到一节难教难学的内容,通过学生的自主学习、小组内的对学、群学和老师的适时点拨竟可如此轻松地完成,而且效果很好(从课堂反馈练习反映出),我用时也在十分钟内。这增强了我在教学改革中大胆探索、大胆实践的勇气。

4. 思维训练,迁移创新

"思维是智力和能力的核心"。思维能力的培养对学生当前的学习和未来的发展均有重要意义。在教学过程中,教师不仅要鼓励学生对当前所学知识和规律进行分析、综合、抽象、概括等思维活动,发展学生的思维能力,提高学生的思维品质,还要鼓励学生应用所学知识和规律分析新问题、解决新问题,训练和发展思维的迁移创新能力。在学生通过自主学习、合作讨论、课堂展示、教师点拨掌握所学知识和规律后,教师还应设计出与所学知识紧密相关、突出重难点、具有创新思维特点的开放性课堂反馈题。通过这些题目对学生思维进行科学训练,既要重视思维的发散性,又要重视思维的收敛性,使学生触类旁通,收放自如,克服思维定式,形成高度灵活的创新思维。

教学成效

经过近两年的教学实践,我深深感到"民主教育课堂改革"在以下几个方面表现出独到的教学优势。

(一)学生方面

1. 充分突出了以学生为中心的主体地位

"民主课堂"抛弃了"教师讲、学生听,教师写、学生抄,教师考、学生背"的应试教育模式,给学生提供了更多的自主学习、探索、合作交流、讨论、展示等思维活动机会，使每一位学生真正成为学习的主人。

2. 充分培养了学生的探究意识和创新能力

"民主课堂"以其主体性、自主性、合作性、开放性的教学特点，通过学生的自主学习，培养了学生的自学能力和探究意识；通过合作讨论，培养了学生探索真理的钻研精神；通过知识的迁移训练，培养了学生创新思维品质。

3. 大面积地提高了学生的综合素质

调查表明："民主课堂"把课堂大部分时间还给了学生，能使学生积极主动地投入课堂学习，而不再是被动地接受老师灌输的知识，这种学习方式让学生们变得积极了、主动了、自信了、大胆了、活泼了、可爱了，较好地培养了学生的综合素质，促进了学生全面和谐地发展。

（二）我的收获

在课堂上要把时间还给学生，相信学生能行；大胆实践，我能行。

通过近两年的"五步三查"模式的实践，深感该模式每一项都有待进一步深入研究，如：导学稿中每环节设计的质量是否能体现中考的重难点？在学生自主学习的这一主要环节中，怎样使学生高效益地完成？要形成较成熟的"五步三查"教学模式，还需要我们的共同努力。

> **李镇西点评：**就教育改革而言，阻力往往来自教师本人的惯性思维和定型模式。特别是对一些有经验的老师来说，以往所有的经验往往成了桎梏。但张清珍老师是一个例外。已经功成名就的她，面对新的理念新的模式，她以开放的心态欣然接受，而且身体力行。其实，她没有想过刻意赶什么时髦，只是因为这些做法有利于学生而已。只要对学生成长有利，什么都可以拿来！这也是张老师成为名师的重要原因之一。

Second Series
第二辑

故　事

体验生命之美

潘玉婷

我今天上《蝉》这篇散文，简单介绍了作者后，我让学生齐读课文，注意读准字音，疏解词义。

学生读完后，我又请同学们听录音，并让他们思考：这是一只什么样的蝉呢？你们喜欢蝉吗？

其中一个学生抢答道："我不喜欢它，这是一只知知不休的蝉。"很多学生点头附和。

一个男孩站起来说："我从文中还看到了一只病蝉，它很丑！令人生厌。"

"我虽然不喜欢它，但是读了这篇文章，我改变了看法，我倒觉得它很不简单！"一位男孩大声说道。

我马上问道："你认为它为何不简单？同学们思考思考，这篇小短文，作者单单是为了写蝉吗？"

学生七嘴八舌地回答："不是。"

我问道："那是为了写什么？你们大声地朗读课文后再思考思考。"

一两分钟后有学生发言了："写蝉的生命很短暂。"

又有人说："写蝉聒聒，但不在乎别人怎么说。"

我继续引导："从文本中我们认为它是怎样的一个蝉？"

生1："一个为了延续生命，必须好好活着的蝉。"

生2："一个等了十七年才活一个夏天的蝉。"

生3："一个知知不休却响彻一个夏天的蝉。"

我接着问："面对这样一只蝉，引发了你怎样的情感？"

生1："我觉得它太可怜了，因为它等待了十七年，生命却只有一个短暂的夏天。"

生2："更可怜的是大家都很厌烦它。"这位学生在坐下后还补充了一句："包括我在内。"

我问："它仅仅是让人可怜吗？"

刚才那位说蝉不简单的男孩说道："它很可敬，因为它懂得利用短暂的时光好好鸣叫。"

另外一名学生补充道："因为它坚持走自己的路，不在乎别人怎么说它。我开始烦它，但我现在不仅宽恕了它，更对它产生了敬意！"

一生说："我想它在歌唱，歌唱获得了生命，我看到了一个乐观的蝉。"她的话获得了同学的掌声。

一生问："我看到课后的注释说，蝉等待的时间有三年、五年，最长的有十七年，为什么作者要选择十七年的蝉？"

一男孩站起来说："我来回答你的问题，我认为十七年很漫长，更能突出蝉的执著，蝉对生命的珍惜。"

我说："用最长的等待更足以说明蝉对这唯一的夏的期待，持久的期待终于迎来了它生命中唯一一次响亮的歌唱。"

我正要和学生领会文本中关于蝉的生命意义的阐述，一位男孩突然站起来说："老师，我还知道蝉聒聒不休的另一个原因，它要交配！"

学生们哄堂大笑，但这位男孩满脸纯真地又大声说："你们不要笑，我看的《科学博览》中就是这样讲的！"

同学们被他这样一说，顿时安静了下来，一时间气氛有点尴尬。怎么办？我略加思索，笑着对大家说："这个孩子学识真渊博，老师是自愧不如啊！蝉为了生命的延续，必须好好地活着。蝉如此，人类生命历程也是这样的啊！你母亲的一个卵子与你父亲的500万个精子中的一个结合，经过十月怀胎才有了今天独一无二的你啊！"

我看到了不少学生的脸上现出了自豪之情。

有学生说："哦，太不容易了，我们要好好生活！"

一位学生引用了文章的关键句念道："哪管是90年，90天，都不过要好好地活过。"同学们在他的感染下也纷纷念了起来。

最后，我把冰心老人说的一句话送给了学生："宇宙是一个大的生命，江流入海，落叶归根，我们是宇宙中的一息，我们是大生命中的一分子。不是每一道江流都能流入大海，不是每一粒种子都能成熟发芽，生命中不是永远快乐，也不是永远痛苦，快乐与痛苦是相辅相成的。在快乐中，我们要感谢生命，在痛苦中，我们也要感谢生命，因为快乐、兴奋、痛苦又何尝不是美丽呢？"

> 李镇西点评：一个学生的回答，让课堂上"一时间气氛有点尴尬"，但是，因为有了潘老师的教学智慧，这份"尴尬"很巧妙地变成了对生命之谜的解读。青春期的孩子对一些话题总是很敏感，哪怕是某个孩子严肃而纯真的回答，也会引起其他孩子莫名的哄堂大笑。批评是无济于事的，孩子的纯真有什么值得批评的呢？回避也是不行的，大家都"哄堂大笑"了，你老师还能装作没听见？潘老师的高明之处，在于她一下把这个问题上升到生命尊严的高度："蝉如此，人类生命历程也是这样的啊！你母亲的一个卵子与你父亲的500万个精子中的一个结合，经过十月怀胎才有了今天独一无二的你啊！"我相信，此时此刻，孩子们从课文中体验到的，不仅仅是语文之美，还有生命之美！

执教《童趣》反思

潘玉婷

七年级语文《童趣》是一篇文言文,疏通文义是文言文教学必不可少的一个教学环节。对这个环节的处理,我的教学设计最初是这样的:由老师列出重点词,通过讲析,引导学生掌握字词,再通过组织学生朗读课文,达到疏通文义的目的。

在上这课以前,我通过再次熟悉教案,发现这一环节有悖于新课程理念,主要是学生的主体作用未得到体现,有效参与程度低,效益肯定不高。于是,我把这一环节作了如下修改:第一,由老师带领学生对第一段课文一起疏通文义,起示范作用。第二,引导学生抓住重点词句,采用多种形式尝试背诵,如:学生自愿背诵,然后介绍能成功背诵的方法。第三,剩余的三个段落,承包到各个学习小组,各小组按照第一段中习得的方法进行合作学习,并以组为单位向全班交流学习成果。

这样设计,能避免机械的文白对译,把学习的主动权还给学生。从课堂效果来看:1. 学生通过自己主动查看注释、查词典等方式,使重点字词得以落实。2. 各学习小组间竞争激烈,课堂气氛活跃、热烈。3. 在尝试背诵中,学生领悟到了一些独特的方法,如:场景背诵、表演背诵、抓关键词背诵等。

如何引导学生去品味作者在叙事中所表现出的童年生活的乐趣，我在教案中设计了这样一个问题："三件表现童趣的事中，你最喜欢哪一件？请谈出喜欢的理由。"课堂上，当同学们谈到喜欢"神游山林"这一件事时，我根据学生当时的兴奋点，临时提出了这样一个问题："如果你们此时就处于这样的环境中，你会做些什么呢？"学生们展开了丰富的联想和想象。生1说，"要去森林逮一只大蚂蚁回家看门"。生2说："带着蚂蚁去捕食，因为它弱小，我要帮助它。"生3："找蟋蟀做朋友。"生4："躺在大树上看月亮。"生5："骑着蜗牛畅游森林。"生6："拿一把菜刀去猎野兽"——针对这一回答，我发动学生评说这种做法，但注意了评说的策略，不挫伤他的积极性。

以上这一问，可以说一石激起千层浪，其效果是我在上课前没料到的，经学生这么一说，他们也融入了自己所获得的"物外之趣"中，在情景体验中，了解了获得"物外之趣"的方法——仔细观察、善于联想和想象。

上完一课后，再温故，从温故中知新就会有许多新的理解与体会，就会知不足。我认为这一课是实施新课程中上得比较成功的一课，但是通过课后反思，我发现了设计中有一个很严重的问题，在"疏通文义"环节中，虽进行了修改，活跃了课堂气氛，激发了学生的学习主动性。但是，留给学生讨论的时间不充分，造成各小组只管其承包的那段，而忽略了对整篇课文的学习。由此我思考了解决的措施：可先给十分钟就整篇课文进行学习，理解大意，然后以抽签的形式确定各小组深入讨论的段落，再进行竞赛抢答，这样效果会更好。

> 李镇西点评：潘老师的课富有魅力，这是学生公认的。但魅力源于潘老师善于反思。这堂课已经上完，在有些老师看来，就没有必要再多想了，但潘老师依然认真写下这样的反思，由此我们明白——特级教师是这样炼成的！

"尴尬"中的收获

潘玉婷

今天下午第一节下课后,我来到二班的教室准备上课,学生见到有其他老师进教室听课,都很有礼貌地向老师问好。

预备铃响后,杨宇上台进行课前演说,然后我开始导入新课的学习,第一个环节是预习稿的展示,负责字词展示的小组一上台,组长就高声介绍道:"老师们、同学们,我们是第三小组,我们负责字词的展示,下面请同学们跟着我读字词。"我一看小黑板,着实吃了一惊,因为我发现有三个字音是错的,我的脸一下红了,因为我培养学生用工具书的习惯已经有了三周,学生展示还没有出现这么严重的错误!

我有点忍不住了,本打算打断他们整齐的乱读声,但我最终难受地等他们读完,我刚要发话,三组组长发话了:"同学们,请你们仔细看看,有没有注错了的音?"这时我才恍然大悟,原来是他们设置了一个陷阱,把我都迷惑了,我庆幸没有贸然打断他们。

这时候,有学生主动上黑板纠正读音,三小组又带领学生齐读字音,读完后又问全班同学有没有要补充的字音。有位学生站起来补充了"鬓"字,三小组一位小男孩挺可爱的,马上小声地说:"我来解释一下鬓白的意思，它就是鬓白了。"学生大笑，认为没有必要解释。有学生比画着说："是头两边的头发白了。"突然有学生说："我查了词典'倔强'的倔应该读四声。"有不少学生开始应和着。另外一部分学生大叫："应该读二声，我们也查了词典的。"我灵机一动借鉴了三小组的做法说："我也查了词典，应该读四声。"我看到了说读四声的学生满脸喜悦！

学生继续展示第三道思考题，这个小组对诗歌内容的理解很到位，只不过语言表述不够简洁，下面的学生也没有质疑。预习稿交流结束后，我让学生轻声读课文，要求把导学稿上的拼音注在书间，再次熟悉诗歌内容。学生读完后，我再次问学生"倔强"的"倔"应该读几声，没有想到所有学生很大声地告诉我读四声。

最后朗读环节，第一节和最后一节全班齐诵读，中间由男女生交替诵读。结束后，我让男女生互相评价，结果他们不愿意互评，他们采取的自评，都说到了自己的优点。还有位女生挑战男生读的一节诗歌，同学也为女孩的勇气鼓了掌。

下课铃响了，我对几个小组的表现做了评价。由于第一小组设置了一个悬念，超出了预计的时间，但是我感到了只要给学生足够的展示空间，他们一样是教学创意高手。当然，我也在总结中提了建议，这样做费时较长，建议他们要及时纠正错误。这时学生对我说："老师，我们发现了错误，我们有点紧张，也就跟着三小组乱读了。"是啊，毕竟是初一的孩子，基本又是农村出来的孩子，一紧张就忘了！

最后我建议学生再次在语言环境中落实"倔强"的读音。第二课时上课时，就有学生告诉我应该读二声，因为在具体语言环境中倔强是刚直不屈的意思，而四声的倔强没有此意，同学们把掌声送给了他。我也借此说道："老师借鉴了三小组同学的方法，用陷阱的方法告诉同学们两层意思：第一，唯师不如无师；第二，词义要放在具体的语言环境中去理解。"学生会心地笑了。

我想单从课本身来说有太多缺陷，但是正因不完美才生出了枝节，这个枝节也是一种教学的资源。对于初一的孩子来说，尊重他们是为了让他们更主动地去寻找学习的乐趣，鼓励他们是要激发他们的"创作"能力，引导他们是要让他们懂得一些方法。

> 李镇西点评：把课堂交给学生，并不是说教师就袖手旁观。其实，这样的课，教师更紧张，他得细心观察，紧张思考，捕捉机会，随时引导。特别是当课堂上出现意外的时候，展示教师智慧的机会就到了——当然，也不完全是展示教师的智慧，其实也是展示教师如何展示学生的智慧。这话有点像"绕口令"，其实，看看潘老师这堂课，其含义就一清二楚了。

我看见春风了

马露萍

朱自清的《春》除了条理分明，画面优美，他使用的写作手法对初一学生来说既是新知识，也是掌握的重难点。怎样让学生易懂、好掌握呢？

这是我课堂的一个片断——

我先对同学们说："前面我们赏析了'草报春''花争春'两幅图画。知道了文章运用了多种修辞手法来描写景物，还用了正面描写和侧面烘托结合的写作手法。如果说，草的绿、花的艳是我们用眼睛能看到的，那么，风呢？对无色、无形，看不见、摸不着的风，我们又怎样感知它的存在呢？"

思考片刻，有同学说："如果树在动，我们就知道有风。"

我继续问："还有吗？"

其他同学还在思考，教室里一片沉默。

看来得启发一下。怎么启发呢？我采用迂回战术："那么，老师问你们，在熙熙攘攘的人群中，你往往能一眼分辨出谁是你的妈妈，靠什么呢？"

同学们一下子活跃起来："我们用眼睛看到的呀！"

我又问："那我们能感知哪个同学的声音好听，哪一位歌星的歌我们喜欢，这又是靠什么呢？"

学生回答："靠耳朵来听的。"

"我们还能辨别出事物的味道，什么不好吃，什么好吃……"我说。

没等我说完，学生就回答："靠味觉！"

"我们能感知花香……"

"嗅觉！"

我把话题引向他们的爸爸妈妈："我们在犯错误时，爸爸的巴掌毫不留情地刷在我们脸上；当我们哭泣时，妈妈的手温柔地抚摸着你。你们靠什么感觉到的？"

学生说："触觉！"

我回到课文："好！同学们，现在大家看到课文中写'春风'这一节，用我们刚才点到的生活经验，看作者是怎样让无色无形的风出现在我们的感知中的呢？"

同学们根据我刚才的提示，在小组内进行了热烈的讨论，纷纷地，不等举手，就站起来给我描绘了一幅优美的春风图——

生1："'吹面不寒杨柳风'是用触觉来感知东风的存在；'像母亲的手'说明春风的柔和、温暖、舒适；'风里带着新翻的泥土气息'是用嗅觉感知风的存在；'牧童的短笛……'用了听觉和视觉来描写春风……"

生2："我想象，在春和日丽的春天，农民们在地里辛勤地劳作，翻新泥土；和风吹来，泥土的芳香扑鼻而来；树上，鸟儿在繁茂嫩叶当中呼朋引伴；远处，牧童的短笛在跟清风流水应和着……这一切，都构成了一幅和谐的春风流水图。这无味无色的风有形了，这不正是风在唱春天吗？风有形啦！风有情啦！"

生3："老师，我看见春风啦！我看见春风像一个白衣仙女，浑身散发着幽香,在和鸟儿、牧童跳舞嬉戏呢……"

孩子的最后一席话,把大家带进了一幅美妙的境界,一下子赢得了同学们的掌声。那一刻,我也激动无语。

哈!不用我再多说了,我的这块"砖"还抛得可以吧!而收获的来自学生的"玉"更让我喜不自胜。当然,课堂气氛远比我这里的文字描述生动多了。不信,欢迎你来我的课堂一起分享语文之美和智慧之美。

> 李镇西点评:语文之美,有时候就是语言之美;而语言是生活的描绘,因此语文之美也就是生活之美。如何把文字变成画面?马老师用生活化的语言把学生引入生活化的场景,以此启发学生,深入浅出,且符合学生的心理特点,更吻合学生的生活体验,给了学生互动的空间,给予了孩子展示的舞台,于是,"老师,我看见春风啦!我看见春风像一个白衣仙女,浑身散发着幽香,在和鸟儿、牧童跳舞嬉戏呢……"我再次感慨,学生的能力与其说是我们的"培养",不如说是给学生以心灵的自由。给学生以心灵的自由,就是给学生以思想的自由,感情的自由,创造的自由——当我们无视学生的潜在能力,把他们当做"低能儿"进行"培养"的时候,学生的表现也许让我们不甚满意甚至失望;但是,如果我们充分信任学生,给他们提供机会并积极鼓励、激发、诱导其展示自己的智能时,学生所迸发出的创造性思维火花常常令我们惊喜。

《故宫博物院》小插曲

周 艳

那天要学习新课《故宫博物院》，我依然精心地设计好了开场白，我一直认为语文课要想激发学生的学习兴趣，开场白起着举足轻重的作用。

师生互相问好之后，我用饱满的热情说道："同学们，正式学习课文之前，我有一个问题要问问大家，答对有奖。"

孩子们兴趣来了，纷纷说："快说，快说。"

我问："世界四大宫殿究竟是哪四大？"

"故宫。"小李反应很快。

我发给她一颗糖作为奖品，并表扬她："真聪明，昨天还要求大家预习的课文，看来她是认真预习了课文的。正确，的确有故宫……"

我话音还未落，人群里传出来了一个声音："还有子宫！"紧接着教室里一片笑声。青春期的孩子对这些问题比较敏感，所以笑声是此起彼伏。

刚才认真思考问题的氛围被破坏殆尽。很显然这个答案是胡说八道的，而且可能是故意扰乱课堂，哗众取宠。

哄笑之后，教室安静了下来。大家开始观望我怎么处理这个同学。

遇到这样的学生和这样的场景，是有点让人头疼，骂他一顿吗？那课还怎么上呢？再说，骂未必能起到教育的作用。我想，与其干戈相向，不如玉帛相对。

于是,我问道:"刚才是哪位同学的答案?"教室里依然是一片静默,气氛有些紧张。

一个男孩脸红红的不好意思地站了起来,用手摸摸头:"老师,我……"他低下了头,静静等待我的处理。

我走到他的身边,发给了他一颗糖,说:"其实,你答得真好!"

同学们有些惊讶,不理解我为什么还要表扬这个捣蛋的孩子。

我继续说:"不仅仅因为他联想很丰富,而且子宫的确是人类最伟大的宫殿!"我的表情庄严而神圣,同学们也严肃起来。"说到子宫,真的让我们人类肃然起敬。它是胎儿的宫殿,是我们所有人当然包括在座的同学们的生命的摇篮,因此,我的确认为它是世界上最伟大的宫殿,也是最神圣的宫殿。对着伟大而神圣的宫殿,我们应该怀有敬意,而不应该轻漫地谈论。而且,这节课我们不研究这个问题,我们把这个问题交给生物老师,下次生物课的时候再讨论,好吗?好了,同学们,我们还是回到刚才的话题吧。"

一场可能的冲突终于没有爆发。教室里恢复了平静。

经过大家的讨论和我的启发、点拨,明确了:

世界四大宫殿是:第一,中国的故宫;第二,英国的白金汉宫;第三,法国的凡尔赛宫;第四,美国的白宫。

然后我们开始了这节课正题的学习。

> 李镇西点评:本来是要学生讨论建筑上的"四大宫殿",有学生却大叫"子宫",明摆着是有意捣蛋,哗众取宠。这考验着教师的智慧。面对一触即发的冲突,周老师首先"偷换概念"表扬了这个男孩,然后又很自然地把这个小插曲上升到敬畏生命的高度对学生进行引导,让一场哄笑的闹剧化为一片肃静的思考。既化解了可能爆发的冲突,又节外生枝地丰富了学生对"伟大宫殿"的认识。

给他一个支点

刘显勇

面对每一个在内心潜藏着成功渴望的孩子,我常常会想到阿基米德那句经典的名言:"给我一个支点,我可以撬起地球!"在一个相对的时间段,每个孩子都可能需要一个适时而必要的支点。

所以,我经常在想,这一个发呆的孩子,那一个焦躁不安的孩子,他或者她,他们需要的心理支点是什么?这个支点怎么给到他们脚下,而又如何不让他们察觉?

这是一节自习课,我要和孩子们一起订正一张课后练习卷的答案。在讨论的过程中,我一边讲解一边移动着观察学生是否都在订正答案,我发现小健的桌上没有试卷。这是刚刚转学来到班上的孩子,学习基础很不好,字写不清楚,有潜在学习动机但是缺乏良好的学习习惯,丢失试卷在他并不是稀罕事。怎么办?让他这个时候再去复印一张试卷?不,在这个时候告诉全班同学他没有试卷,只会让他再受一次哄笑,于事无补还分散了大家的注意力。我想起还有一张导学稿他也没有完成,而这份导学稿正好在办公室没有拿下来,等会需要发给同学们回家订正。

于是,我决定让他去拿这份试卷,我不动声色地说:"请你去办公室把大家的导学稿拿下来，知道我的办公桌在哪吗？"他紧张而努力地点点头。我想他清楚我是发现他没有试卷了，他急急忙忙地走了。过了一会他低着头灰溜溜地回到了教室，说："没有啊，没找到！"我说："你是不是没有找到我的办公桌？"全班同学都笑了，这笑声似乎在说"这么简单的事情都办不了"！这个时候马上有经常跑办公室的同学大声叫："我去！我去！"怎么办？我觉得不能让他在全班同学面前丢这个脸，那意味着在全班同学面前宣布他的无能，对他这样一个还没有在同学中得到认可的孩子，所受到的心理打击可能是他无法承受的。

我于是再仔细陈述了一遍导学稿的位置，"在办公桌旁边的那张白色书柜上面！不要紧张，再去找找看！"他于是又急忙折回去找。他走后，全班同学又善意地笑了，我乘机引导说："不能让他在这么简单的事情上都认输，大家要给他鼓励呵！"全班同学又笑了。

这一次，他没有让大家失望，顺利而松了一口气似的把试卷交到我的手里，兴奋地说："找到了！"全班同学默契地报以掌声，他有点不好意思，快速地回到了自己的座位上，我对他说："你的试卷似乎就在里面，把它找出来，一起写一写吧。"他照做了，接下来的时间里，他一直都很认真，眼神专注。也许是因为我给了他台阶，也许是因为他得到了掌声。

每一个孩子都需要支点，特别是自信心、上进心不强的孩子，所以，发现那个支点，把那个支点悄悄地送到他们身边，谁敢保证，明天他不会成为"撬起地球"的那个阿基米德呢？

> 李镇西点评：似乎这里的智慧更多地来自教育爱心与尊重，对人的细心呵护是教育的一种重要意义，看似漫不经心的课堂处理当中蕴藏着教师对真善美的体悟和冷静的应对，对于其他同学，相信这也能起到善意、良性的引导。

《桃花源记》课堂一景

邓万霜

在教学《桃花源记》的时候，初二（1）班的同学们针对课文内容的理解提出了自己的疑问。

敖同学提出："请问文中'此人一一为具言所闻，皆叹惋'是什么意思？"下面立即有几位同学举起了手。有一位同学就说应该理解为：这个人把自己听到的事都详尽地说给村人，村人听了后都感到很感叹和惋惜。大家也都赞同这样的理解。

这时，我趁机提了这样一个问题："那么，同学们能否说说此处渔人究竟对村人说了哪些方面的事？而村人又为什么会感叹和惋惜呢？"

这个问题对同学们来说好像有些突然，但是很快就有几位同学举起了手。

第一位同学说："我觉得应该说的是：原来外面发生了那么多事，可惜我们都不知道。所以他们很惋惜。"

第二位同学说："我觉得应该说的是关于这些年外面朝代的更替，而村人感叹和惋惜的是这期间老百姓所受的苦难。"

第三位同学又说："我觉得应该是说他们在这里待得太久了，对外面的世界的巨大变迁不得而知,因此感到惋惜。"

这时,对于这个问题的理解出现了不同的意见,于是我便问全班同学:"你们觉得这几位同学谁的理解最合理?"结果下面的同学却仍是各执己见。

于是我提醒同学们说:"请同学们结合原文语句仔细思考,看什么样的想象才是最合理的,最符合这篇文章的原意?其实文章里有原话可以作为你思考的依据的。"

于是同学们又回到文中,这时有同学小声在下面说道:"此中人语云:'不足为外人道也。'"

我顺势再问:"为什么?"

这个同学有些胆怯地回答说:"如果是因为不知道外面的变迁而惋惜的话,村人就不会说出'不值得对外面的人说(这里的情况)'这句话了。"说到此,他似乎不知道该怎么继续说下去。

这时另外一个同学已经迫不及待地举起了手,看来他已经明白了。他又补充道:"村人这样说的目的就是不希望他们宁静幸福的生活受到外界的干扰,所以他们不可能会因为不知道外面的变迁而感到惋惜的。"

此时我感到我已无需赘言,学生的发言都很精彩,思考也很到位。因此,我只说了这样的话:"请让我们用真诚的掌声来感谢以上几位同学的精彩发言。"

最后我做了这样的点评:"所以我们应该有丰富的想象,但是我们的想象要合理,要符合文章的实际。因此,我们哪位同学的想象是最合理的呢?"同学们都说是第二位同学的想法最合理。

虽然原本计划的这部分的点拨一点也没有用上,但是我却感到如此轻松和幸福,因为学生自己的思考、自己的理解、自己的表达才应该是学习中最重要的部分。

这个场景让我感触的是,在处理这个问题时,一定要充分相信学生的能力。一定要提供一个能让学生充分思考、思维碰撞的平台，只有这样学生才会有一个理解和内化的过程，而不仅仅是被动吸收知识，而且这样也有利于增强学生的学习兴趣和提高其学习效率。这其中需要我们老师能准确把握这转瞬即逝的机会，切忌心急，应该引领学生慢慢体会，慢慢理解，无论对错，必须是学生自己的表达。

> 李镇西点评：课堂是漂浮于热闹的表面还是真正深入地研讨，往往取决于教师能否敏感地捕捉到有价值的问题，并引导学生通过自己的思考"跳起来摘到那个苹果"，这样的苹果是最甘甜的。邓老师这个课堂片断特别值得肯定的是：她把学生的发散思维成功地引导到了语文文本的研读上，并最终实现了发散思维的凝聚结晶。这是每一位追求专业化发展的教师所应该修炼的课堂技艺。

给老师加两分

郭继红

今天是实习老师小陈上课,我坐在教室后面听。同学们对新老师很感兴趣,有的挤眉弄眼,有的趁老师没注意,躲在背后叽叽喳喳。我安静等待,打定主意不到万不得已不插手。

小陈老师正在提问:"哪位同学知道木兰替父从军的原因是什么?请用书上的四句原文回答!"无数双小手举了起来。

阳亮说:"是'阿爷无大儿,木兰无长兄,愿为市鞍马,从此替爷征'这四句话。"

苗育明不同意:"我觉得应该是'军书十二卷,卷卷有爷名。阿爷无大儿,木兰无长兄'这四句。"

罗熊紧跟其后:"我赞成。刚才阳亮说的后面两句是结果,我不同意。"

"不对不对,我认为是'昨夜见军帖,可汗大点兵,军书十二卷,卷卷有爷名'!"不知是哪个同学叫起来。

同学们各执己见,教室里热闹起来,可是谁也说服不了谁,局面显得有些混乱。

没有经验的小陈老师似乎有些慌乱,她不知该制止谁,只得扯高嗓音,喊出结论:"我的答案是——'军书十二卷,卷卷有爷名。阿爷无大儿,木兰无长兄'这四句。"

话音刚落,教室里比刚才还要喧哗:"为什么呢?"同学们议论纷纷,不停追问。小陈一时着急,愣在那里,说不出话,直向我投来求助的目光。

怎么办?是直接走上台去替小陈讲下去,还是大声训斥学生闹闹嚷嚷,不懂纪律?我在心里想着。急中生智,我决定既要维护小陈的主讲教师地位,又不能打击孩子们思考的积极性。于是,我像学生一样高高举起了手:"陈老师,我要回答问题!"同学们都向我投以好奇的目光。

"我同意陈老师的意见。在'军书十二卷,卷卷有爷名。阿爷无大儿,木兰无长兄'这四句中,前两句交代的是大的社会原因——国家打仗,男子要服兵役;后两句说的是小的家庭原因——木兰父亲年纪大了,又没有其他兄长等青壮年可去。从这两个方面原因凸显木兰的爱国爱家爱亲人。'昨夜见军帖,可汗大点兵'这两句还没有具体涉及木兰家,而'愿为市鞍马,从此替爷征'这两句是说木兰考虑之后的决定,这几句不能算作准确交代木兰出征原因的句子。"

同学们都鼓起掌来,我想,不能因为我的发言而打击了学生的积极性,于是又趁机说道:"其实我是仔细听了苗育民和罗熊的发言才受到的启发。如果你们仔细听其他同学的发言,也能回答正确!"

小陈老师受了我的启发,也灵机一动,及时弥补刚才的疏漏:"给苗育明和罗熊各加操行分一分!表扬他们善于动脑,回答正确!同学们今后要向郭老师学习,认真倾听他人意见,回答问题主动举手!"

得到老师与同学的肯定,我像一个孩子般欢天喜地坐下了,教室里再次响起雷鸣般的掌声,不知是谁叫了一声:"给郭老师也加两分!""哈哈哈哈——"开心的笑声回荡在周围。说也奇怪,接下来的时间,对其他同学的发言,大家都听得格外专心,没有谁心不在焉了。

我为小陈能妥善机智处理这事而高兴,也为同学们认真倾听他人意见的进步而喜悦。

> 李镇西点评:当实习老师出现窘态时,既不能打断她的教学,更不能损害她的威信,又要正确地引导学生,本来是坐在后排听课的郭老师采用了通过"参与"来"干预"的方式,即把自己当做一个普通学生,自然而然地参与课堂讨论,用自己的正确看法去影响学生。在学生眼中,郭老师毕竟是老师,于是,孩子们用自己特有的调皮给老师以奖励:"给郭老师加两分!"这种自然的引导,这种和谐的氛围,不正是我们的期盼吗?

你想当怎样的"老子"?

郭继红

初冬的阳光透进窗玻璃,教室里的每一个人都很安静,我惬意地讲着课,同学们专心地记着笔记,沙沙的书写声听起来真是悦耳。

"拿过来让老子看一下嘛!"晴天霹雳般突然爆出这一声,把大家都震呆了!寻声而去,原来是小伟!他正拼命把旁边同学的笔记本往自己桌上拖。看见大家的目光都盯着自己,他嬉皮笑脸地指着同桌辩解道:"他太不够意思了,不拿笔记给我看!"同学们望望他,又瞧瞧我,等着看我怎么处理。

我们这些城乡结合部的学生啊,小小年纪成天把"老子"放在嘴上,出口成"脏"是家常便饭!真想痛骂他一顿,让他长长记性!可是阳光这么和煦,孩子们的眼神这么晶亮而充满渴望,我能破坏这种氛围吗?要知道一旦怒火冲天就容易造成师生之间的僵持对立,这堂本来令人惬意的课就砸了!

"小伟,你是想做古代的老子还是现代的老子呢?"我突然灵机一动微笑着问。小伟对我的反应感到非常吃惊,他嗫嚅着问:"什么是古代的老子?""古代的老子姓李名耳,传说长相奇异,长耳过肩,是春秋时期著名的思想家。他主张清静无为，认为人们只有内心宁静，才能无所不为，快乐生活。你能做到安静听课，不打扰别人，就离古代的老子不远了！"旁边的一个男生笑着扯扯小伟的耳朵："耳朵这么短小，一点也不像老子哟！"

小伟的脸微微有些泛红，他尴尬地嘟囔着："那我就做现代的老子……""小男孩要等到结婚成家，有独立的经济能力，担负起教育子女的责任，才能在儿女的心中成为令人尊重的'老子'。"我郑重其事地解释着。"哈哈哈——小伟，婚都没结就想当老子……"同学们都笑起来，小伟摸摸鼻子，也不好意思地笑了，我们的课堂在笑声中继续愉快地进行着……

下课了，我把小伟请到一边，悄悄问他："小伟，你还想当老子吗？""不想了，我保证。"他斩钉截铁地说，"都是因为平常在家听惯了我爸说老子，不知不觉也说顺口了。""现在当好儿子，长大才能当好老子，那样才能成为不光在嘴巴上逞能的老子，而是顶天立地的男子汉！"我告诉他。他答应了，欢蹦乱跳地离开。

看着他天真而小小的身影，我不禁若有所思："该找他家的那个'老子'谈谈了！"

> 李镇西点评：面对课堂突发情况，批评是不可避免的。但怎样让批评不着痕迹，而又能使教育对象愉快地接受，这就可以看出教师的修养和机智。郭老师巧妙地利用双关语来和讲脏话的孩子积极交流，不仅借此契机给学生增加了课外知识，又不着痕迹地对学生进行了纠错教育，既保护了学生的自尊心，也维护了课堂的和谐气氛。妙！

老师，我要做作业

郭继红

今天是放寒假的第一天，电话铃突然响起，话筒里传来小磊急切的声音："老师，我要做作业！"

我感到万分吃惊：小磊，一个智障少年，一个父母只希望平平安安待在学校，平时听不懂，从不交作业的孩子居然主动要做作业！我疑心自己听错了："小磊，你为什么要做作业？"

"散学典礼我生病了，我不知道作业是什么，我要做作业！"他在电话里很认真地说。

于是我给他布置了他力所能及的作业，并叮嘱他认真完成。"好，我要好好做。"他答应着。

放下电话，惊喜之余我不禁想起了那一幕。

走廊上，老远就听见十二班的教室里传来一阵阵哄笑，我暗自纳闷："都打上课铃了，怎么还没安静？"轻轻地推开门，赫然看见坐在第一排的小磊正趴在座位上抱头大哭。

小磊难道是受了欺负？

我关切地问："小磊，怎么了？"他抬起头，泪汪汪地，直嚷："不见了——不见了——""什么不见了?""哈——哈——他的文具盒不见了!"几个调皮鬼同学的话语中带着几分幸灾乐祸的味儿。我压根不想让这节课砸在斥责逼供上,可是不找到文具盒小磊是不会停止哭泣的。

我灵机一动,发动群众:"同学们,我们一起帮小磊找文具盒吧!以小组为单位,先找找自己的抽屉,看有没有同学开玩笑放在那儿了,再找找周围,仔细查看边边角角,最先找到的小组有奖。"

立马有同学猴急地问:"老师,什么奖励?"

"找到你就知道了!"我笑道,"相信你们这些小福尔摩斯能行。"

大家分头行动,都忙活开了。小磊也停止了哭泣,抬起头来诧异地望望同学,又望望我。"小磊,同学们正帮你找文具盒呢,你自己也找找看。"他眼睛里的悲伤消失了,兴奋地开始在桌前桌后寻找。

很快,小磊的文具盒在大背投电视机的后面找到了,全班一阵欢呼,都等着看我怎么奖励找到文具盒的小娟同学。我说:"小娟,请你把文具盒亲自交给小磊,好吗?"

小娟点点头,走到小磊面前。

"小磊,你该对小娟说什么呢?"我启发道。

"谢谢!"接过文具盒的那一瞬间,小磊竟然恭恭敬敬地给小娟鞠了一躬。刹那间,热烈的掌声在教室里响起。

我激动地说:"同学们应该都明白了,这掌声和小磊的感谢就是对小娟最大的奖励。同时,她的助人为乐精神也为她的小组赢得了荣誉,给他们小组加三分!相信,以后给小磊开这样玩笑的同学会越来越少,更多的人会像小娟这样继续帮助小磊,让咱们十二班成为一个和谐快乐的大家庭!"话音刚落,我发现那几个调皮的学生你看看我,我看看你,都不好意思地笑了。

说也奇怪,这节课上得特别顺畅,每一个人都心情愉快,课堂气氛活而不乱,就连听不懂、坐不住,时不时哼哼歌、下下位的小磊也出奇地听话，安静地坐着在本子上写写画画……

我的思绪又回到了此刻，小磊的话让我惊喜，更让我庆幸：那节课没有因气急而破坏课堂气氛，没有把小磊放在同学们的对立面，既维护了调皮学生的面子，又调动了同学们热心助人的积极性，这一经历对小磊对全班对我都是一次激励和教育。

> 李镇西点评：民主课堂需要调动每一个孩子的积极性，需要每一个孩子的参与，可几乎每个班都总有那么一个或几个孩子因为种种原因而"按兵不动"。所以，如何激发这些孩子的积极性，就成了一个有价值的课题。郭老师故事中的小磊，一个智障少年，从不爱学习到后来居然表现出强烈的学习欲望，主动问老师假期作业，其间的艰难过程远远不是一个故事能够穷尽的。但是，郭老师善于抓住偶然出现的突发事件，调动学生集体一起鼓励小磊，让他感到温暖，增强自信，这无疑为他后来的学习进步奠定了良好的基础。

议论文,我这样入手

唐 燕

终于还是到了要啃"议论文"这块硬骨头的时候了。

最近,整个语文组在议论文如何入手——是先讲有关知识,还是先学文章再在学习文章的基础上进行总结的问题上发生了分歧。有的老师认为直接给理论知识,学生不容易理解,应该在学习之后来总结;有的老师则认为议论文学起来本来就困难,如果事先没有相关知识做铺垫,学生可能根本就学不懂。经过大家的激烈讨论,我们决定先将相关知识讲给学生,然后让学生在实际的例文中去得到验证。

课堂开始了,我按部就班、一股脑儿地将所有知识丢给了学生:"议论文是对某个问题或某件事进行分析、评论,表明自己的观点、立场、态度、看法和主张的一种文体。议论文有三要素,即论点、论据和论证。论点的基本要求是:观点正确,认真概括,有实际意义,恰当地综合运用各种表达方式;论据基本要求是:真实可靠,充分典型;论证的基本要求是:推理必须符合逻辑……"

学生慌忙地记笔记,然后抬头望着我,一脸茫然。看来死的教条、干瘪的理论并不能启发学生的智慧呀!如何才能改变这沉闷的课堂气氛呢？我该怎么办呢？

突然想起曾经看过一场精彩的辩论会，辩题是"如果刘备和曹操去应聘中国国家足球队的教练，谁最合适"。那场辩论，各辩手旁征博引，妙语连珠，给我留下了极其深刻的印象。对呀，我为什么不能把这个活动用到课堂上来呢？何况学生们刚刚学习了《隆中对》《出师表》，他们对这两个人物也比较熟悉，何不来场辩论，既提高同学们的兴趣，也借此让同学们体会议论文的有关知识呢？

于是，我对昏昏欲睡的学生们说："我们来场辩论赛吧！题目是'如果刘备和曹操去应聘中国国家足球队的教练，谁更合适'。"

听说要进行这样有意思的辩论，学生顿时来了兴致，各小组讨论激烈。顺势，我请了两位同学做正反两方的组长，并要求他们将本组的观点工整地写在黑板上，其他同学对自己所支持的观点进行分析阐述。

辩论开始了，佳佳首先发言："我认为刘备比曹操更适合当国家队的主教练，因为一支有战斗力的队伍，团结最重要，而刘备礼贤下士，最善于团结群众，因此我认为刘备更合适。"

"要说礼贤下士，我认为曹操比刘备要做得好得多。他不仅善待贤才，更难能可贵的是他还能接纳他以前的敌人，你看陈琳以前写文章把曹操骂得狗血淋头，但当陈琳前来投靠的时候，曹操不仅接纳了他，还重用了他，岂不是比刘备心胸更宽广，更重视人才吗？"逍逍反驳道。

小欢立刻补充："除了善待人才之外，我还认为就个人能力而言，曹操明显胜于刘备，他五次三番把刘备打得落花流水，落荒而逃，官渡之战曹操能以少胜多，就是其能力的最好证明。"

"说曹操能力比刘备强，我可不同意，赤壁之战中曹操险些丢了性命，他怎么就比刘备强了？而且刘备跑得快呀，虽然有时候是逃跑，但不可否认他跑的速度快嘛！这不正是足球教练需要的特质吗？"小伟也当仁不让……

辩论会进行得如火如荼，同学们提出了很多新奇的论据。两位组长就同学们提出的理由进行了总结，并板书在黑板上。

正方：刘备比曹操更适合做国家队主教练。

理由：人缘好；灵活，跑得快；虚心听取意见……

反方：曹操比刘备更适合做国家队主教练。

理由：礼贤下士；自身素质高；对工作投入……

辩论结束了，我的目的也达到了。我说："同学们，大家看，我们黑板上正、反方所写的观点，它其实就可以作为论点。它紧紧围绕刘备和曹操谁更适合国家队主教练这问题阐述了自身的看法和立场，在议论文中这样的句子就被称为'论点'。"

同学们点头，似乎有些明白了。"那么什么是论据呢？"学生问。

"论据不就在黑板上吗？组长在黑板上总结的理由就是用来支持论点的东西呀，换句话说'用来证明论点的事例或者道理就叫论据'。"我接着说，"而同学们刚刚激烈的辩论过程其实就叫做'论证'，因为你们是在利用论据来证明中心论点。"经过了这样一个环节同学们对议论文相关知识理解得更透彻了，在此基础上，通过全班讨论，有关于论据的类型以及议论文语言的特点等知识的理解也就水到渠成了。

看着学生们轻松的表情和跃跃欲试的写作激情，我不由感慨：所谓的"感悟"，应该是有"感"才有"悟"，生搬教条、死记硬背可不是解决问题的最佳办法。因此作为课堂上的"引导者"的我们，一定要多动脑筋，多想办法，帮助学生找到突破难点的最佳路径。

> 李镇西点评：把枯燥的议论文写作知识，通过一场辩论巧妙地转化为学生内在的表达需求，打破"写议论文"的庄严感和神秘感，让学生不知不觉地进入了议论的状态，这是唐燕老师的智慧，也是我们的追求。

我的一个"小阴谋"

唐 燕

作为语文老师,我经常在幻想,如果有一天我们可以不给学生布置"家庭作业"了,那该多好呀!有这样"大逆不道"的想法并不是我想偷懒,不愿意给学生批改作业,而是真的觉得学生太累,语、数、外、物、化哪一科不得读读写写练练呀?好多孩子经常晚上回家赶作业赶到半夜12点。因此每一次给他们布置作业时我总是精挑细选,尽量减轻他们的负担,尽管如此,很多学生还是不能理解我的用心良苦,不是作业质量差,就是早上来抄作业,甚至有些学生为了免于重做而私藏答案,这不,这周我又抓到了两个抄答案的。

该怎么办?还是按以前的老办法?以前,凡是有抄作业或者抄答案嫌疑的,我总是先将这些同学找来,跟他们斗智斗勇一番,这些孩子呀,哪有那么老实就交代了的?只有逼得他们哑口无言了,他们才会乖乖地承认,接着我就苦口婆心地一顿思想教育,进而要求他们把抄的作业重做,并交出答案。我想这也可能是大多数老师处理这类问题的做法。是呀!除了这样,我们这些做老师的还能怎样呢?现在的孩子,首先你不能用过重的言语骂他,怕伤他的自尊;你更不能动手打他,因为那违反师德；你也不能放学后留他，因为害怕晚了之后路上不安全。那么我们还能怎么做？我们只能轻言细语地给他讲道理，让他知道他这种行为是多么愚蠢，多么不应该，让他知道他自以为很聪明的手段，终究逃不过老师的"法眼"。实话实说，在我的"严打"之下，抄作业的现象是越来越少了，但也不知怎的，每一周老有那么一两个同学硬要来碰一碰我的"高压线"。

"这样可不行！"我对自己说。因为这种方法首先不能有效地解决问题，一小部分学生老有侥幸心理，即便是被我发现了，也顶多是重做，对于他们来说并不是什么难事，因此这种现象"禁而不止"；其次是采用这种方法老让我自己在做重复性的工作，使得自己也疲惫不堪。那么到底该怎么办呢？

下课了，我找来今天抄答案的两个同学小明和小利，我打开他们的作业，他们俩非常警觉地对视了一下。我仔细地观察他们的表情，揣度他们的心理。我想他们知道事情暴露了正在想托词吧！他俩抬头望着我，可能想看看我的表情，老师的表情是有些生气还是怒不可遏？今天这一关是好过还是不好过？正当他俩心里七上八下的时候，我突然笑了，"小明、小利，昨天的作业稍微有点难度，很多同学都做得非常不好，错了好多！老师没想到你们俩完成得这么好！"我故作开心地说道。

他俩顿时红了脸。我接着说："因此我想请你们帮老师一个忙，怎么样？"他俩有些意外，不解地望着我。我说："明天我想请你们俩给大家讲讲，首先给大家介绍介绍我们要怎么学才能把一篇课文学得像你俩这么好，其次给大家讲讲这些题该怎么做，注意哦！我希望你们不仅仅是给大家讲答案，更重要的是要让大家明白答题的思路和方法，好吗？""老师，我们……"他俩欲言又止。"没关系的，我相信你们一定能做好，就像你们能完成这些难题一样！"我笑吟吟地看着他们，然后得意洋洋地回到了办公室。

当天下午放学，我惊异地发现对学习一向不感兴趣的小明和小利居然还在教室里刻苦努力呢！陪他们留下来的还有几个语文成绩比较好的同学。"这下可知道着急了！"我颇为得意。

第二天一上课，我迫不及待地将他们请上讲台，并请同学们把最热烈的掌声送给他们，我说："这两位同学虽然平常的语文成绩并不拔尖，但他们非常努力，这次他俩的作业完成得最棒，真值得表扬！不仅如此，昨天我给他俩布置了给大家讲习的任务之后，他们用心准备，甚至放学了都没有及时回家，所以大家一定要好好听他们的讲解哦！"言罢，他俩便断断续续、结结巴巴地开始讲解。说实话，成绩本来就不怎么样的他们不可能讲出多少道道来，不过这样一来，既让他们扎扎实实地钻研了知识，也给那些老想着抄作业的同学上了无声的一课，这也可以算作某种另类的"敲山震虎"吧！

> 李镇西点评：唐燕老师的"小阴谋"实属大大的"阳谋"，因为既保护了学生的自尊心，又起到了老办法起不到的教育作用。虽然这种处理方式还有待进一步完善，但面对教学中的老大难问题，想着怎样跳出用老了的招式，敢于并善于琢磨智取的办法，这就迈出了成功的一大步。

看着第二美丽的人

汤明月

有的孩子常常在上课开始时很难一下做到安静，起立坐下之后总要嗡嗡几句。怎么能在一上课就抓住孩子们的心？这成了我的课堂研究小课题。

今天下午，上完体育课之后紧接着便是语文课。我一走进教室，迎面而来的是一片兴奋吵嚷之声，心里自然有点窝火。但是，我压住了即将升腾而起的怒火，转念一想，孩子们正在兴头上呢，也可以理解，我不如来个避其锋芒、以柔克刚。

于是，我悄悄皱起的眉头又舒展开来，微笑着问孩子们："你们刚刚上完体育课啊？"还没有冷静下来的学生当中有几个声音回答我："是啊！"我再问："体育课大家玩得开心吗？"这次多数同学都注意到我的到来了，回答："开心啊！""那你们想不想和体育课一样好玩地上完这节课呢？"这次几乎所有同学都听到了我的问题，异口同声回答："想！"然后他们开始提醒个别还没有安静下来的孩子："上课了，别说了！"我顺势正色说："那就请大家都安静下来吧！"这下教室里彻底安静了下来。

我舒了一口气，笑着对一张张等待的脸庞说："孩子们，汤老师有个疑惑想大家来帮我解答一下：世界上最美丽的人是谁啊？"

"是母亲！"许多孩子兴奋而异口同声地答道。（因为之前刚上了《金色花》与《荷叶·母亲》，孩子们最后得出"'母爱最伟大，母亲最美丽，要默默回报自己的母亲'的结论"，所以他们自然便这样回答。)

我笑着点着头："啊，你们和老师的想法不谋而合呢！那，你们眼中第二美丽的人又是谁呢？"

被调动思考的孩子们站起来说出医生、警察、清洁工……一个孩子答道："是老师！"

我高兴地接过话茬儿说："看来，世界上第二美丽的人还真的很多，没想到老师我也是世界上第二美丽的人呢！"

孩子们不禁哄地笑了，我顺势开玩笑说："既然我是世界上第二美丽的人，你们是否应该深情款款地望着我呢？"

"应该！"孩子们空前整齐地叫出来。

"那你们等下一坐下来，可千万要目不转睛盯着第二美丽的人啊！上课！"我也笑着回应他们。

几十双眼睛果然带着笑意地望着我。一堂课有了良好的开始。

……

以后，每次我来上课，学生起立坐下后，就有学生会悄悄提醒大家："看着第二美丽的人！"全班学生的眼睛于是都投向我。

> 李镇西点评：我经常对老师们说："把难题当课题是最好的教育科研！大到如何转变班风，小到怎样吸引学生的课堂注意力，都可以进行教育科研。"我校年轻的汤老师用她这一小小的"科研成果"印证了我的说法。上课伊始，怎样吸引学生的注意力？这正考验着教师的智慧。"世界上最美丽的人是谁啊？"这一小小的问题，激起了学生的思考，巧妙地把学生的心引到了课堂。微笑是最好的语言，幽默是最佳的润滑剂，用来自学生生活的问题引起学生的思考，把学生的注意力吸引到课堂上来，这是汤老师的成功之处。而这样的成功，其实是每个老师在每堂课都可以享受的。

在玩中学作文

秦咏梅

临近期末,紧张的复习让老师和学生都倍感疲倦。尤其是今天又要讲"作文的语言",学生都知道作文的语言很重要,可是涉及具体的操作,他们就犯难了。这样的作文复习课怎么上?很多孩子已经对传统的作文课不感兴趣,甚至有孩子对我说:"老师,您就别讲作文了,讲了也没多大效果。"那么,到底怎么才能让学生既有兴趣又有实际收获?

我把学生的习作在脑袋里梳理了一下,学生的作文应该说已经基本入格,但是要写得精彩还是要在语言上下工夫才行。他们的语言缺乏感染力,主要表现在过于口语化,过于啰唆,过于方言化。那么针对这点,我觉得让他们领会语言的书面化是当务之急。而最书面化的语言就是成语了。于是我眉头一皱,计上心头。

上课了,我宣布这节课上作文,我看见孩子们无奈的痛苦表情似乎在说:"老师,别浪费时间啦!不如让我们多背几个生词更实惠。"我没理睬他们的眼神,继续宣布今天的作文练习主要是一个内容,用你平生积累的成语表扬或者贬斥某个对象,注意要有主题,不能有粗俗的话语。

同学们一下兴奋了起来。我要求每个小组先由小组长确定主题,然后组员们各有分工：翻成语词典的，查参考资料的，相互商量出主意的，专门做记录的……忙得不可开交，一阵忙碌下来，进行小组之间的交流。其中有两个小组做得比较好，现展示如下——

主题：褒扬某组男同学

玉树临风的某某同学，你静如处子，动如脱兔。你那炯炯有神的眼睛，闪烁出睿智的光辉。上课时你聚精会神的样子，让我佩服得五体投地。运动场上，你生龙活虎，看似漫不经心的你成绩总是让我们瞠目结舌。

主题：假设贬斥某人

你目不识丁，不学无术，还舞文弄墨，附庸风雅。

那一次，你怀着狼子野心，当了一次不速之客，丧尽天良，卖国求荣，却又是那么不堪一击，最后你们这伙鸡鸣狗盗之徒如丧家之犬地逃出了金碧辉煌的太岁府。出来以后，你又去拈花惹草，哗众取宠，惹是生非，图谋不轨要荼毒生灵。

告诉你们：若要人不知，除非己莫为，人家也会以其人之道，还治其人之身的！

听我们一句：苦海无边，回头是岸；放下屠刀，立地成佛！

这组同学在展示的时候，其他同学笑成一片。其他小组的展示也很成功。活动结束后，我又让每个小组都做了小结，都觉得使用成语，语言简洁，含义却很丰富。

最后每个同学都拿出自己模拟考试的作文来，针对语言进行修改，因为有了先前的训练，同学们心里有了底，改得比以前更有针对性，效果也比以前好多了。

也许不是学生不喜欢作文课,而是他们在每次听了老师的课后找不到操作的具体方法,这也是我们做老师的要努力探索的。也许这次小小的活动是不能解决学生作文中的所有问题,但是这次学生高涨的热情让我看到了作文训练的新的思路。

> 李镇西点评:不能说仅仅靠这一堂课,就能彻底提高学生的写作水平;但通过这堂妙趣横生的课,学生对写作中成语的运用的确有了比较深切的体会。他们的写作兴趣也许由此开始。从思考教什么到思量怎么教,这体现着课堂智慧的深入。秦老师在课堂设计中深入把脉学生需求,结合学生实际,生发出了活动教学的智慧火花。在活动中,课堂行为从老师传授变成了学生交流,在快乐的交流中既实现了孩子的领悟,又让课堂活跃了起来,把抽象变成了形象,在学生心中能够留下更深的印象。

此时无声胜有声

付廷刚

今天的语文课是第四节,大家都知道,每天上午的第四节课,那效率是打折的,不说一半,至少百分之二三十,那也很正常,上课的效率是绝对减弱,因此,我在想该怎样才能让同学们既不讨厌我又会积极去参与课堂的教学活动呢?

刚好,今天要上的是《核舟记》,那是一篇较长而且比较难上的课文。至于又要同学们能熟读成诵,那就更有难度。我想,要是能让同学们熟背这里的精彩语段,那不知道要多难,真是难于上青天啊!

但是,虽然它难,如果我能将它化难为易,又能调动学生积极性,那不是两全其美吗?

对!就这样定下来。

我反复思考,于是确定本节课的重点就是疏理"中峨冠……"这段的字意,难点就是诵读和背诵。教法就是小组展开诵读和背诵比赛,如果这样做好了,其他几段完全就迎刃而解,可依葫芦画瓢了。

随着舒缓的音乐,第四节的铃声响了,我快步走向教室。一阵沁人心脾的美味香扑面而来,那伙食团的佳肴不知吸引了多少人的饥渴的胃。

我在想，今天的课会是以怎样的结尾来收场呢！

开场白结束了，我对同学们说："同学们，我们今天来次革命，请同学们结合课下的注释，自己翻译'中峨冠而多髯者……'这一段，并且能熟读成诵，力争背下它。如果没能翻译的或不能背诵的，我们就请他和他邀请的朋友，一起表演一下这一段的东坡赏画图，怎么样？"

"好！"同学们一阵欢呼。

听说要表演节目，同学们很有热情，整个教室的学习氛围可热烈了。有的在认真翻译，有的在认真读书，甚至有人站起来大声朗读，更有甚者还在过道里走着读。我看到此景，心里舒坦多了。

……

"好了，同学们，前面的两个环节：翻译和诵读都表现得很好，我们进入第三个环节，那就是背诵本段。"我说。下面立刻有几个同学把头埋了下去，还有的把舌头一伸，生怕我抽着他。看见此景我想，我就直呼学号吧，这样对同学对我都有好处，也免得同学们说我私心呢！

"13号！"一声未落，同学们就开始议论起来，我正纳闷呢，忽见李强站了起来，哦！我明白了，同学们刚才议论的就是他，因为他可是个困难户。

同学们在议论："他死定了！""看他怎么整！""表演，表演！"好像他早就是死定了，肯定背不了一样。

突然，我的心一下子也紧张起来，哎，老天爷也会捉弄人，怎么就抽到这个呆小子。我反倒为他担心起来，我心想，只要你小子开口，能背多少算多少，反正同学们也不会奇怪。

"中峨冠……峨冠……峨……"一开口就哑巴了，我用一种希望而又喜悦的眼神注视着他，希望他能从我的表情中获得力量。他仰起头，努力地想着，嘴里重复着，非常希望能记起，因为他的确在表演方面挺害羞，那可会要命的。但是不管他怎么努力，那"多髯者"三个字就是出不来，真是急死人了，我心里想，小子你能背三句话，我可以给你一个台阶下。

"峨冠……峨……冠……"那声音越来越小，越来越弱，完了！我想。

突然，李强的眼睛一下子睁大了，那眼神分明是从死亡中找到了希望。他两眼注视着一个男生郑德明，原来郑德明右手正在脸上从左颊向下做捋胡子的动作，只听李强"哼"的一声，"中峨冠而多髯者为东坡……"，哈哈，他能背了，一个小小的动作对他的启发，那简直太有用了！当他背"佛印……"时，又有困难，此时，他又看了看郑德明的动作，只见郑德明用右手掌摸着头顶擦了两圈，"佛印绝类弥勒……"，郑德明又双手拉着衣领往外拉了几下，"袒胸露乳"，小郑又抬头仰了仰，"矫首昂视……"

啊，这个平时的调皮鬼，居然在这个时候，想出这种怪招来帮李强完成背书，简直没有想到。

当然，同学们有的也马上反对："不行，作弊，作弊！""不算，要表演节目！"鬼怪精灵的谭华将马上跳起来，而且那左腿抬得老高，左手不停地向天空直戳，好像在提醒我，要求我罚李强表演，又像在示威，这种背书是不行的，绝对不能过关。

此时的我，突然在心灵深处激起一层层热浪，这种方法不失为一种学习的良策呀！同学们不理解那不要紧，我引导引导就可以的。说实话，今天如果没有那个动作，李强真的是菜板上的兔——死定了。可这无声的动作不但救了他，而且我看对他以后的学习一定有帮助，果然，随着"珠可历历数也"几字刚落，哗！一片热烈的鼓掌。哦！哦！那是对李强的祝贺、理解、鼓励、支持。因为他是我们的困难户，可他完成了被认为无法完成的任务。

"下一位，19号！"哈哈，钟琪琳，又是一个困难户，那可是半天拉不出来的"牛",我的妈,他要是能背,我怎么都不敢相信。

"小钟,能背不?"我问,并想,你如果说"不能",那我就做顺水人情,算了吧。"试一下吧!"嘿,今天真邪啦,他居然吐出这样猖狂的话来,平日半天说不出一个字的"牛",今天居然敢挑战。

"好,你就给大家展示一下吧!"

"中峨冠而多髯者为东坡,佛印居右,鲁直居左……"唰,掌声一大片,今天这堂课,可要炸了,简直太神奇了。随着同学们的掌声他一口气背到了"东坡右手持卷端,左手……"只见谭华将左手在同桌的背上来回抚摸,钟琪琳一看,马上应声又背下去"左手抚鲁直背……","其两膝……"

又有同学坐在桌子上,抬起腿,使劲向中间靠拢,"其两膝相比者,各隐……"这样他背到"诎右臂支船"时,一位同学更做出了一个标准的模特造型,让他轻松背完,更引起同学的哄堂大笑。

一堂看似凝重、任务困难、不可完成的课,在同学们的这种无声语言的引导下,产生了奇特的效应,整节课在轻松、欢快中完成。

看来,肢体动作在课堂上同样可以传教,它给我们带来是此时无声胜有声的独特课堂效应呢!

> 李镇西点评:学生一次看似作弊的行为,却让付老师将计就计,引发了一次课堂教学方式的变革——当然,说"变革"可能夸张了一些,但作为一种激发学生兴趣的技巧,至少可以说是教学改进。这里的"改进"不是教师本人自作主张的玩花样,而是尊重学生,听取学生建议,改善课堂。付老师在这一点上显示了他的智慧。

课本剧表演大 PK

刘懿萱

初一的课堂改革进行两个多月了,虽然还有一些习惯需要培养,有一些制度需要规范,但学生们的很多表现都让我惊讶万分。总是以为缺少教师亲身的教导,学生们会不知所措,但他们在这段时间里却表现出了令人刮目相看的创造力和想象力。比如说,展示课的主持工作我就请科代表去担任,我只是在前一天简单地交代他要做的事就没再插手细节上的安排,第二天的课就由他们两个学生从头到尾全权指挥了,效果一点不比我亲自主持差。这堂课也获得了听课老师们的好评。所以,这次安徒生的名篇《皇帝的新装》我依然打算把课堂全权交给学生,相信他们能给自己一个惊喜。

上课的前一天,我布置了预习的任务,上课之前,我告诉学生:"《皇帝的新装》这篇文章我不打算讲了,只给你们一节课的时间来准备课本剧,确切地说是准备半节课,剩下的半节课就要在全班进行展示,然后我要在全班选出表现最出色的演员来担任主要角色,其他同学配合,终极目的是明天中午,你们将和我教的另外一个班在操场上进行课本剧表演的大 PK,届时将邀请班主任来观看。"

同学们一听说都兴奋起来。我趁机提出了要求：全班分成三个大组，每组要完整地表演完整个剧本；每个大组有三个小组，每个小组承担一个部分的表演，可以各选各的角色，但一个大组要整体配合，场景的转换要自然；每个大组有一个总导演进行各组工作的协调，每个小组的导演由小组长担任，负责本组的工作，小组长向大组长报告，大组长向我报告。谁先准备好谁先表演，按出场先后分别加3分、2分、1分，表演总分为20分，分别为内容5分、场景道具5分、表演10分，最后看哪一个大组分值最高将获得最高的加分。另外还有一个重要的评价，就是对演员的评分，满分也是20分，全班算起来一共有9个皇帝、18个骗子、9个老大臣、9个官员，还有其他次要角色，最后将选出分数最高的学生来担任相应的角色参加班级之间的大PK。

　　任务布置完毕，我将9个小组分成3个大组，整个课本剧分成三个部分，再选出了"总导演"，又强调了平时展示课上在课本剧表演上的不足，比如没面向观众、声音小等方面的问题。说完我就走下讲台了。

　　因为我出示的加分细则中先上场的加分更多些，所以学生们一点不敢懈怠，大组长安排了，立刻进行小组合作排练，整个教室里气氛非常热烈，人人都在积极参与，因为每一个人都可以有一个角色来担当，大家都做得很认真，很开心。我穿梭在各小组之间，适时给予表扬和建议，看到他们高兴的样子，自己也很快乐。

　　十分钟以后，有一个小组报名了，几分钟后三个大组都准备好了，我看了看时间，刚好半节课。表演开始了，第一个皇帝是班上很有表演天赋的一个女同学，她居然戴了一顶纸做的王冠，校服披着当皇袍，还拿了我的教鞭，在一头捆着红领巾就算是权杖了，看她像模像样地踱着步，我忍不住笑了，好可爱的学生啊！天晓得这么短的时间他们怎么想出来的。还有他们的台词，加了好些现代语言，还有好多网络名句呢，听起来格外有趣。我发现，他们总是能在故事的框架里随心所欲地加一些搞笑的台词和动作，逗得台下哈哈大笑，虽然偶尔有点重点不突出，也已经很不错了，我心里赞叹不已。

时间很快就过去了，三个大组都顺利完成了表演，因为后一组在表演前会给前一组提出意见，所以他们会有意识地避免出现同样的错误，表演就一组比一组精彩了。最后，大家又一致评出了最出色的演员，他们将参加明天的班级大 PK。

下课后，我把各组的组长和选出的演员们集合在一起，作了简单的安排。选出总导演一名，负责所有的工作安排。又为各组分配了任务，有道具组，有服装组，有群众演员安排组，有纪律维持组等等，总之每个小组都有自己的任务，这样各做各的事，才能让学生们感觉到这就是全班所有人的荣誉。

第二天中午自习时间，我和两个班的班主任来到操场，把学生安排坐好，又在两个班中间留着一条小道以便游行的时候使用，演员们即将在操场上进行"公开较量"了，这可是锻炼胆量和音量的地方哦！今天的表演可以说是强强联合：各组最优秀的演员和最好的道具都将亮相。这次抽签决定上场先后顺序，首先表演的是一班，王冠和权杖已经鸟枪换炮，涂上了漂亮的颜色，做了精美的装饰，皇袍也变成真正的皇袍——黄色的皱纹纸做的，看来，道具组是动了脑筋，花了工夫的；台词更精简，更有趣了，说明剧本组也在行动；当皇帝趾高气扬地游行至群众中间时，所有"百姓"都异口同声地高呼"裸奔，裸奔"，把我们逗得哈哈大笑。这群众演员安排组也真够机灵的，"裸奔"一词，实在太精简，太巧妙了。整个表演期间都是笑声不绝，还吸引了其他班的学生来观看，两位班主任也格外开心，都感叹孩子们的创造力确实不可小瞧啊！

表演结束以后，我以采访为名考了学生们几个文章中的重要问题，他们答得很好，说明他们是理解了文章的主旨的，自主学习取得了比较满意的效果。整篇文章虽然只花了一节正课的时间，但学生们通过小组合作探究和亲自体验表演，得到了比老师讲更多的快乐和体会，语文老师们又何乐而不为呢？

  李镇西点评：我至今还记得五年前我刚到武侯实验中学当校长时听刘老师课的情景。那时候她满堂灌，学生却听得很不认真，有的学生根本就不听。刘老师讲得很累，效果并不好。可是，随着课堂改革的兴起，刘老师把课堂交给学生，每次语文课都给孩子们带去了欢乐，也给刘老师带来了成功。课本剧演出，只是刘老师课堂改革的一个片段。但我们从这个片段中已经感到，有时候学生需要的只是一个舞台，有了这个舞台，学生会给我们惊喜的。

"母大虫"风波

唐剑鸿

明天准备上《智取生辰纲》。我给学生布置的预习作业是：1. 知道至少3个《水浒传》中主要人物的江湖绰号；2. 能复述文中故事；3. 概括文中一个人物的性格特点。

我还告诉同学们明天上语文课时，有一个小小的预习检测。答中者将有奖品。

话音刚落，同学们就兴奋起来了，有几个同学已经在下边嚷着"行者武松""花和尚鲁智深""智多星吴用"等。看着这种场面，心想明天的课必定热烈精彩，心中不禁一阵暗喜。

第二天上语文课时，我早早来到教室，同学们大都在讨论着预习作业。上课时我把几个用信封装着的奖品往讲桌上一放，立即引来同学们的一阵惊叫。坐在讲桌下的张鑫还站起来伸手摸了摸讲桌上的信封，回头还向后边的同学做了个鬼脸。

我用手势和眼神示意孩子们安静下来。孩子们个个都坐得笔直，眼睛亮闪闪地盯着我。这时我发现坐在教室后边靠窗户的谢松却趴在桌子上并用书盖着头一动不动。谢松这家伙平常可是一点都坐不住的，上课调皮捣蛋，多次故意扰乱课堂纪律，班中科任教师一提起他都头疼。咦，这家伙今天是真的生病了，还是故意引起我的注意想回答我今天的提问？我看着谢松咳了两声，谢松立刻睁开眼睛看了我两眼，又把眼睛闭上了。这下我心里有底了，他就是想引起我的注意，想在今天课堂上回答问题露露脸。我会心一笑，连谢松都想积极参与，今天的语文课肯定精彩。

我提高声调："今天我检查的第一个题目是请说出至少3个《水浒》中主要人物的江湖绰号。"话音刚落，同学们的手都齐刷刷地举了起来，有的同学还喊着"我来""我来"。

可全班只有谢松没举手。我看着谢松变着声说道："今天我可要把第一个领奖的机会交给可爱的谢松，请谢松起来回答。"谢松故意揉了揉眼睛慢吞吞地站起来，并从裤兜里摸出一张纸条。我想：看不出这家伙今天是有备而来呢！

谢松故意拉长声音："母大虫——顾大嫂！"

"母夜叉……"瞬间全班的哄笑打断了谢松的回答。谢松自己也笑了起来。旁边的刘婷笑声尤为尖利，并失控地拍打着桌面对着谢松叫着："母大虫、母大虫……"谢松用眼睛瞪着刘婷吼道："我看你就是一条母大虫！"刘婷毫不示弱回骂了一句："你妈才是母大虫！"全班的笑声戛然而止。

我没想到原本期望精彩的课堂刚开头就要终止了。我急忙大叫了一声"大虫"并转身在黑板上写下这两个字。同学们的目光瞬间被吸引到黑板上。

然后我问道："谁能告诉我'大虫'在《水浒》中是哪种动物的代称？"

班长陶李脱口而出："老虎。"

我接着追问了一句："《水浒》中打虎英雄是谁？"同学们齐声喊道："武松"。"他的外号是？""行者。"

看着同学们的回答情况，感觉孩子们的情绪并没有受到大的影响，但谢松和刘婷的情绪却不好，都趴在位置上玩着书和笔。我于是对同学们讲道："《水浒》中梁山好汉的绰号都是褒义的，大多表现其过人的长处和本领。在108位好汉中仅有3位女性，这三位皆是武功高强、侠肝义胆的女中豪杰。开始时谢松回答了一位。现在我想请两位女同学和谢松共同完成后边两位。由谢松提人名，女同学答绰号，凡答中者有奖品哟！"

谢松呼地一下站起来："我说一个难的考倒你们——扈三娘？"学习委员曾兰立马站起来答道："一丈青。""唉，这么利害！"谢松感叹道。我立刻把奖品发给了曾兰，引起同学们一阵羡慕。"还有一位女英雄，我希望刘婷回答并能轻松获得奖品。"谢松看着刘婷道："孙二娘？"刘婷立马答道："母夜叉。"我立刻叫同学们掌声祝贺刘婷并向刘婷发了奖品。刘婷转脸对着谢松挥挥手中的奖品，并做了一个胜利的手势。我接着说道："今天谢松的作业做得不错，我将给谢松奖励一份奖品。"还没等我说完，谢松不断说着"谢谢"，并奔向讲台来拿奖品了，引起同学们一阵大笑。

笑声过后，我和同学们的课仍在精彩地进行着。

> 李镇西点评：课堂教学机智更多地体现于对突发事件的处理，而所谓"对突发事件的处理"，其实是对"人"的处理。这里的"人"当然指的是学生。就事论事，往往忽略了对人的尊重；而只有目中有人，对事的处理才能最后体现于对人的尊重。剑鸿的这个案例证明了这一点。

课间聊出来的智慧

唐剑鸿

下午第一节课结束后,我还在为班上的一个学习小组连续几次的课堂展示不成功而气恼。回到办公室倒了一杯水来到走廊上,看着廊外金黄的银杏树叶发呆。忽然听到我们初一语文组组长刘懿萱老师在四楼办公室阳台上风风火火地喊着:"唐剑鸿,唐剑鸿快上来,快上来。"我猛地回过神来,以为是学生出了什么事,三步并成两步冲上楼去,老远就问道:"啥事,啥事?"楼上办公室内已有几位我们语文组的老师。个个笑嘻嘻地看着我。唐燕老师调侃道:"你这个大忙人可真听我们刘大组长的话哟,招之即来,挥之即去。"

雷敏说道:"我们叫你来是让你别老是待在办公室。我们都得到校园里多走走,享受一下阳光,欣赏欣赏校园美景。"

"好的,好的。"我笑着回答,并准备和组内老师向室外走去。

刘组长走到我身边问:"刚才喊你时,你发着呆,是被银杏树的美景给迷住了?"

"那里哟,我是被班上几个娃娃给气住啰。"

"什么?你还会被班上几个娃娃气住?不会吧。"

其他几位老师一听,全都围了上来。大家七嘴八舌地问:"什么事,什么事?"蒋强博老师在一旁说道:"你们别老是谈工作好不好,走,看风景去。"可紧跟着却问了一句:"唐哥,啥事哟?"引得大家一阵哄笑。

我伸了一个懒腰说道:"没事,就是班上有个小组最近几次课堂展示做得很不好。"

组内年长的徐芬老师非常关切地问:"这个小组到底是一个什么情况呢?"

"这个小组嘛,最近一段时间语文课堂上的展示都很不好,尤其是上堂课。这个小组准备极不充分,全组参与不积极,发言无精打采,就连平常发言积极并有深度的小组长这节课也不发言啦。"

"这个事呀,"鲁老师感叹道,"可能现在全年级二十个班每个班都有这种情况,我班上比你班上还严重。"

刘老师笑着说:"那就让我们听听剑鸿原来是如何培训这个小组的吧。"

"我呀,原来就是培训他们上课时讨论应积极主动,小组展示准备要充分,小组成员应全面参与,发言时声音要响亮,还要有肢体语言。这个小组以前有几次被我叫到办公室先在我面前展示一遍,我给出建议后然后再到课堂上去展示。虽有点进步,但反复性极大,与其他小组的差距也越来越大。"我摇了摇头叹息道,"前两个月还没见着有这么大的差距嘛。"

"不要着急,我班上这种情况还不止一两个小组。我最近在同学们展示课上规定,凡展示得不好的小组,由同学或我当堂评定。课后到办公室向我交300字的反思,并重新展示,经过我的指点后,还须找时间在全班重做一次展示。如果还展示得不好则必须交500字的反思,就必须到旗台上去展示啰。"小蒋老师得意地讲着。

组内最年轻的陈莎急忙问道:"效果怎样?"

"还不错,感觉学生进步挺大的。"小蒋老师却皱着眉接着说道,"可是……"

"可是什么呀,这个方法太好啦。学生就得去逼一逼。你这一招我可得好好学一学。"小陈老师高兴地叫了起来。

徐老师轻声地问了一句:"这样行吗?"

"唉,别提啦,本来我还是挺得意我的方法,昨天收到一张小纸条画的是老师拿着皮鞭在唾沫横飞地吼着让学生展示的漫画。我现在也正苦闷着呢。"小蒋老师叹着气说。

徐老师缓缓说道:"我也遇到过类似的情况,处理方式上与小蒋有相似的地方。对于课堂上展示时表现不好的小组,下来后我都会和他们一起找找原因。然后和他们一起把展示的内容和形式讨论一遍并一起演练一次。通常情况下孩子们的展示会有显著的提高。我或者鼓励他们,你们小组如果再给同学们展示一次的话,肯定是最棒的。经过培训,许多小组在下节课全班展示时都会有不一样的地方,也大多会赢得同学们的掌声。"

"这种方式还真不错。"大家都禁不住赞叹。

小唐老师还赞道:"难怪徐姐班上的孩子越来越喜欢上语文课。"

"还是我们徐老师有经验,佩服佩服,我应多思考,多改进。"小蒋老师笑着说。

小唐老师接着说:"我们还可以变通地使用学校规定的课堂内小组评价表。我主要以给每个小组进行奖励性加分为评价核心,并且加分到一定程度后可以到我这儿换取对应的奖品。这样还是能较好地调动他们参与的积极性。"

"这个主意也不错。"刘老师称赞着,并接着说,"其实我们在培养小组的学习热情和激情时方式就应多样化。但原则有一条,就是不能挫伤娃娃们的积极性。我们在分析问题时要挖深一点点。比如像剑鸿老师的那个小组的问题,哈哈,是不是在哪次上课或课后培训孩子的过程中严重挫伤了娃娃的积极性?"

"哎呀,我想起来啦,两周前一次课堂上由于这个小组准备不充分,展示不成功,我在课堂上大发雷霆,骂这个小组是全年级最差的学习小组。唉,难怪后面几次对这个小组的培训,都让我隐约觉得娃娃们有点消极情绪和抵触情绪。"

一阵闲聊,我收获满满。我开心地说:"Thanks!美女们,帅哥们,拜拜。我要去准备准备啰,第二节课后我得去找找这些娃娃们。"说完我就跑出了办公室。

大家在后边喊道:"别跑,还没看风景呢?"

我顾不得他们了,继续朝教室跑去,身后传来阵阵笑声:"哈哈……"

> 李镇西点评:多么和谐而生机勃勃的语文教研组啊!连课间休息都在讨论激励学生的策略。课堂改革所收获的,不仅仅是学生的进步,还有教师的成长。一个个难题,就是一个个课题。攻克课题又是同伴互助的过程,一个教研组就是一个学习共同体。正是在这样的氛围中,教师成长起来了。

老师，您欠我们钱了！

王晓萍

本学期，我校全面推进了课堂改革，各个年级开展得如火如荼，每位老师更是想尽办法让自己的课堂更加生动、有效。我们七年级，更是将这场改革视为自我发展的一个平台，希望能在各方面得以提升。

我所任教的两个班是年级上很为棘手的班，尤其是二班，更是因为种种原因，备受年级的"瞩目"。总的来说二班学生主要有如下优点：一、大部分学生头脑相对于同层次班级的学生来说一点不差，有一小部分还表现得较有灵气；二、女同学思想单纯，学习上不是特别懒惰；三、绝大部分学生的集体荣誉感较强。但是，缺点也不少：一、班级上对待学习态度的"贫富差距"大，有部分同学态度非常端正，让人感动，但有个别学生却几乎在七年级刚开始时就放弃了学习；二、男生和女生之间在各方面的表现上差距大，女生普遍乖巧听话，男生却有极大部分表现很差；三、整个班级掉队的学生所占的比例太大，以某次大考成绩来说，我看到该班几乎有近一半的学生处于年级后面位置；四、该班在很多方面的风气都不太正，各种各样的事情都出现过；五、班上出现不止一个，而是四五个很"独特"的学生，由此影响了一批人，一批人再去影响一大批人……

尽管这个班存在我刚才说的那么多的缺点,但在平时的教育教学中,我却常常放大他们的优点,所以才不至于出现一系列的问题。放大他们的优点,再结合学校推行的课改,才使我的语文课堂不至于沉闷,大部分的学生愿意多多上语文课。

首先,我要放大的是他们的集体荣誉感。我认为只要认为"荣誉"是高尚的,这个人就是没有自我放逐的,就是可以不断进步的。当然,所谓"荣誉"和标准的高低也有关系。我认为,认清学情再来确立标准会更好。二班孩子从入校时来说就是各个小学中有待改进的一批,因此,他们听说有人来听课时便觉得应该做到比平时好很多倍就已经很不错了。于是,我决定先从点点滴滴处引导他们知道荣辱来自何处。我常常在每节课花几分钟讲讲我的学生时代,告诉他们那时候我所在的班级是如何团结的,并抓住每一个小小的瞬间表扬他们有很强的荣誉感。比如,老师看见小雯主动将属于自己班级范围的垃圾拾起来,科代表将班上所有同学的作业本整理得干干净净等,这些表扬个人的同时,更是将重点放在班集体的大局上。我告诉他们,整个班集体的荣誉就是自己的荣誉,班级强则我强。

要实行小组合作的模式,我认为平时小组的荣誉要多于班级荣誉的。因此,让小组内部团结起来、合作起来、进步起来才能使班级的九个组之间形成良好的竞争风气。于是,表扬和鼓励就成了常常使用的妙招。比如:小乐组长为他们组的组员来向我讨说法啦,在小珊组长带领下,他们组每天的早读都很专注啦等等,这些都可以成为表扬他们的理由。即使有时实在找不出表扬的理由,创造条件也要表扬。比如,小杰明明刚走完神,才回过头来,但是眼神比刚才明净了,我就说:"老师刚刚转过头来发现有一双忽闪忽闪的眼睛看着我,眼睛里发出了对知识渴望的光芒,我相信,这一组的同学都是像小杰一样认真专注,他们组今天因为小杰的表现而特别突出。"每次表扬的时候，我几乎将对个人表扬的分量压到最低，而是将小组的荣誉放得很重要，同时，顺便也把各个小组间竞争的火点起来。

于是，出现了像标题那样的事。小伟那天找到我，很严肃地对我说："王老师，你欠我们钱了？""啊？"我很是费解。经过他一解释，才反应过来是怎么一回事。

开学不久，我就买了一本书，叫《小眼看美国》，对其中的一篇很感兴趣。美国的学校为了激起学生的学习热情，学生如果平时表现好，就发一些类似兑换券的东西，到了期末，就能用自己累积起来的券换成各种物品。这给了我很大启发：美国的学校是以学生个人为单位的，学生只注重自我。以我们现在的评价标准，如果照搬照套的话，可能到期末贫富差距会很大，有很大一批学生会失去兴趣，甚至因为找不到成功感而失去对学习的兴趣，尤其是像二班这样的班级。于是，改良！

我向学生们宣布：每个同学都有可能因为各方面的表现而得到一张兑换券，但是，不是个人独自拥有的，而是小组共有的，由语文组长统一保管，每个星期统计一次，并列出班级小组间的排行榜。半期一次兑换，东西丰富多彩，绝对有诱惑力。

消息发布，各个语文组长都纷纷行动起来了，对小组成员进行动员，一副即将投入战斗的模样。果然，无论是"五步三查"的哪一个环节，各组之间都争先恐后做到最好，小组内部通力合作想方设法表现亮点，就想本组在排行榜中居于前三名。要是谁为本组争得了荣誉，那他本人就特别神气；如果谁抹了黑，那小组长就要主动做思想教育工作了。

最开始，我将发的凭证叫"虚拟货币"，每张 10 元。但是，后来每当学生说来找我要钱的时候，我总觉得很不好听，非常的物质化。于是，将"虚拟货币"改为"智慧基金"，因为是靠自己的各种智慧挣得的，是应该珍惜的。改了名字之后，我发觉，效果仿佛要"高尚"些了，当然，这只是玩笑话。但是，在让学生们明白要用自己的智慧追求人生这个道理上还是有些意义的。下次，再有拖欠的事发生，希望学生能对我说："老师，你欠我们智慧了！"

实际上，在探索课堂改革的路上，我只是摸着石头过河，整个过程中有很多的曲折反复，直到现在，问题还很多。但是，我觉得，至少，我是在进步，学生也在进步。

> 李镇西点评：和市区学校比起来，我校地处城郊，以前其实就是农村学校。生源大多是当地失地农民的孩子和进城务工人员的孩子，所以学生各方面的素质特别是文化基础绝不是很好的。当然也有一些不错的学习尖子，但学生之间的差距很大。知道了这个背景，就能理解王晓萍老师教学的难度了。王老师的可贵之处乃至智慧之处，在于"放大他们的优点"，并将个人荣誉转化为集体荣誉，而且她还借鉴美国一些学校的做法，经改良后成为"智慧基金"，用此去激励学生。可见，只要心中真的装着每一个孩子，智慧总是有的。对孩子的爱，能够让一个老师变得聪明起来。

小明的变化让我好高兴

曾维刚

昨天，2010级的学习生活告一段落。在与孩子们共同相处的日子里，给我感触最深的是17班的小明在悄悄变化成长。

这位小明同学两年来给我的感觉是：对待语文的学习不认真，两年来语文成绩都不尽如人意。就拿这次期末成绩来说吧，只考了58分。但是我查了他的其他科成绩，数学、物理都还不错，至少及格了。看来小明有偏科趋势。

抓住这次学习的机会，我先就小明的期末成绩给他进行分析：语文学习存在的问题就在于他的不重视，距离及格的标准就差区区两分——踏踏实实把背诵默写弄好都不至于那样。我边分析，边观察小明，他脸上渐渐露出羞涩的表情。我知道分析初有成效。

因此在暑期这段学习时间里，我就很关注小明同学，我明白分析的初效还必须用我的关爱来进一步巩固：背诵默写抽同学上黑板时，我估计小明能完成的，就请他上黑板完成，然后趁势表扬一番。那一刻，我知道小明心中渐渐升起了一份成功感。

此外我对小明同学的帮助也注意落实到细节：比如这段时间的复习

中需要旧教材，而小明没借到，所以在课上朗读、抄写时，我就把教材摆放在他的课桌上，和他一起分着看。小明虽然没说什么，但此时此刻，我明白小明心中慢慢有一种被人关心的甜蜜感。

这时，我有了信心——那就是在以后的学习时间里还要多多关注小明，这和教育原则是吻合的——你关注多少，就会收获多少。

我一定要让小明享受到学习语文的幸福。

我知道这时的小明同学已经开始树立起学好语文的信心。我的任务就是要不断激发他，保持这个信心的持续度。

8月25日，暑期中的最后一轮学习开始——我早早来到他的课桌旁，观察他已经做好了上课的准备：课本、笔记本放得整整齐齐。我心里有点高兴哟！原来的他，才不会这么做呢。

接下来就是学新课的过程——学习《沁园春·雪》，课中我又不停地观察他，他认认真真地不断做着笔记，原来的他，是不会这么做的。

第一节课就在我不断关注他和他的同学们中结束。第二节课时，小唐主任通知可以先领书了，我问谁愿意去，他率先举起了手，愿意为同学们服务。领回那么多书可是一个苦差事。在他和几个同学的汗流浃背中，各科书被同学们拿到了。当同学们争先浏览新书之时，可爱的小明同学却在忙碌着收拾新书的包装纸，又累得满头大汗。我及时表扬了小明，我观察到他的眼睛中闪过一丝亮光。

我明白了，对待小明这样的同学，就是要善于发现他们的闪光点，并让这些闪光点渐成燎原之势。

事实证明，只要我们真正关爱孩子，孩子是会体察到的，并且会把感受到的关爱化为行动。在进入九年级的学习中，小明的语文学习成绩是月月拔高，近期的期中考试居然已到达78分，就快成为优秀级别了。

我相信小明同学一定会达到优秀的。他有信心，我更有。

我一定会继续关注小明和小明们，争取让他们在语文的学习中有所进步。

  李镇西点评:"我一定要让小明享受到学习语文的幸福。"这句话真让我感动!这是一种爱,更是一种责任。为了小明"享受到学习语文的幸福",曾老师倾注了多少心血啊!不仅仅是知识的补习,还有信心的确立,更有成功感的体验……曾老师想了那么多的办法,让我感到她真是太有智慧了。其实,对学生的爱,能够让老师变得聪明起来。的确,任何一个爱学生的老师,都会富有智慧的。

四边形复习课

朱 青

在和同学们一起学习了四边形一章之后,我总是要安排一节复习课复习总结几种特殊四边形的区别及联系。在这样一节课上,我带着同学们做完基础知识的梳理后,就给各个学习小组布置了一个任务:用树状图构建知识网络。

在各个组长的组织下同学们都挺认真地做了起来。我就开始到各组巡视。

突然我看到有一个组的情况不对,有两个男生鬼鬼祟祟地在画啥东西还在偷笑。联想到这两个同学平时的表现——学习不认真,爱上网,我皱着眉头走向这两位同学。

两个小家伙非常狡猾地发现我朝他俩过去了,感觉到不对,赶紧把纸一藏然后装作一本正经看书。我把藏在书下的纸抽出一看,好家伙!原来在画电影《变形金刚》中的机器人。幸亏我发现得早,他俩刚刚画了框架。

我正准备批评这两位同学,突然感到教室过于安静。回头一看,原来同学们都看着呢!看着同学们的眼神,我冷静下来了。想到批评的确可以制止这一种不良行为，但是我能因为这个别同学影响大多数同学的正常学习吗？这种批评看似严格课堂要求，但此时明显不合适。

于是我拿起手中的画对全班同学说："请大家看一看，这一小组总结的特殊四边形全面吗？"

同学们都笑了："不全。"

更有同学凑上前一看："这不是一个机器人吗？只有正方形！"

旁边同学搭腔道："好丑喔！"

全班大笑！

我接过话题："看来有些小朋友要好好学习一下了！"我特意加重了"学习"两字的发音。我一边说，一边偷偷看了这两位同学一眼，发现两人脸都红了，心想够了。

于是接着对全班同学说："这给我们一个提示，各组听好新的任务啰——各组自由发挥用你认为最好的方法总结特殊四边形的区别和联系，各组中心发言人准备好解说词，我们将评出最有创意奖，小组活动时间10分钟，开始！"

话音刚落，教室那一个热闹，同学们那热情前所未有，让我心花怒放。

不一会，各小组完成了任务，开始总结解说。有用机器人解说的，有用宝剑辨析的，还有用人体消化系统诠释的……最后全班一致评出最有创意奖——一个小组巧妙地用我们所学的所有的四边形组成一个昆虫的头像。

我没想到，面对原本"应该"批评的行为，我不但没批评反而转化为对教学的改进，这样一来，数学课竟然收获如此激情！而同学们的思维一旦放开竟然是如此的令人惊讶！

> 李镇西点评：教学智慧不是在教室之外，而在课堂之中。而且，有时候不是在教师的计划之内，而在教师的预设之外。学生的一次犯错，在有经验的老师那里，往往成为一次开启学生智慧之门的前奏。当然，教师能够做到这样，仅仅有经验是不够的，关键是对犯错误的孩子要有一种从容、宽容、包容的心态。朱青正是这样的老师。所以，他能够"化腐朽为神奇"。

一次奇特的练习

朱怀元

2009年12月31日是四班在本年度的最后一节数学课。我想送他们一件特殊的元旦礼品。

无论是学习好的还是学习不理想的学生都有一个共同的心理特点——都希望受到父母、老师、同学、朋友的肯定以及赞赏，而不希望受别人的冷眼。所以我在预备铃声刚敲响时，高兴地迈进教室，愉快地对同学们说："今天要送给大家一件特别的元旦礼物，相信你们会因为这件礼物的获得而高兴，相信你们会因为收到这件礼物而过得更开心，想要吗？"

顿时，同学们的眼神齐刷刷地汇聚在一个点——我的手上，他们仔细地观察着我的手和口袋。30秒后，一个同学试探性地问道："朱老师，要考试？"一听此话，几个数学比较落后的学生说："不会吧？这可不是一件让我们高兴的礼物，要是父母知道了，我们不是收到了相反的礼物吗？"

见此情景，我觉得我该把礼物拿出来了。我用一个暂停的手势让同学们静了下来，说："今天大家收到的礼物有它的特殊含义：一、今天，我们初中生活过去了一半，过去的好与坏都随它成为历史，所以我们要做上一个标记；二、这件礼物由我和你们每一个人共同完成，任务是完成试卷中的部分内容，时间是这节课，要求是不看同桌的答案，但可以翻书，也可以举手向我求援，最后把你们的进步告诉你们的父母，你们的父母一定很高兴收到你们送给他们的这个元旦礼物，同时也是送给你们自己的礼物，是不是？"

"是！"

"要不要？"

"要！"在同学们的齐声回答时，卷子飞到了每个人的手中，个个专注地做着我事先圈定的习题，就连平时只能做几分的孩子都认真地在做题。对公式、定理不清楚或忘记了，就翻书对照；手臂也犹如雨后的春笋冒出来，向我求援；我也犹如勤劳的蜜蜂不停地穿梭于同学们中。不知不觉，下课铃声响了，紧接着就听见有的孩子说："怎么这么快就下课了呢？朱老师，我们再做几分钟嘛。"

看着孩子们的认真劲儿，我快乐着。中午，我用两个多小时的时间批改完他们的试卷，结果比平时理想几倍。下午，当他们拿到试卷时，脸上都露出了微笑，也都愉快地对我说：朱老师，元旦快乐！

通过这节课，我又收获了一个激发孩子学习兴趣的一个小招数。八年级的孩子对数学不感兴趣的原因在于知识增多，基础差的孩子找不到学习的乐趣。老师如何引导孩子主动地参与每节课堂活动，激发他们学习兴趣的连贯性，正是我们不断探索的课题。

> 李镇西点评：这份礼物的确有意思！明明是做题，孩子们却愿意做；原因是朱老师在题目中埋藏着一份善意，也是一份期待，那就是让每个孩子享受成功。他想把这份成功作为新年礼物献给孩子们。而孩子们最后收到的，不仅仅是比平时理想几倍的分数，更是一种成功感和信心！

课堂小乐趣

万 平

每个星期三的数学课都是排在下午第二三节连堂,而前一节就是体育课。

这可增加了我的教学难度。每到星期三我提前到班上去,总看见这些孩子们小脸红彤彤,气喘吁吁地从楼道跑进教室,半天都静不下来。上课了,有孩子还在和旁边的同学说话,或是还没有进入状态,精神不好,趴在桌上。

为此,我苦恼了几个星期。开始的时候上课就多提醒,或者发火,或者干脆停下来等大家调整好了再上课。但是,我觉得长此以往,学生也厌烦了,课堂效率也很低。

后来我调整自己的方法,每次星期三下午上新课之前,就讲一个小笑话调动学生的积极性,把注意力转移到我这里,孩子们果真被我吸引了,想把课听下去。有时候我在课上还使用幽默的语言进行师生互动。

有一次,当讲到不等式的时候,我发现孩子们很容易把 $X>1$ 且 $X<5$ 写成 $1>X<5$,也就是不等号还不能熟练应用,我就很幽默地说:"不等号的方向应该是朝同一个方向,不是你们平时穿的名牌'靠背'(kappa)。所以不是背靠背的，是一个方向的。"孩子们一阵大笑。后来有孩子课后就告诉我，现在终于领悟了，而以前每次都写错。他们还告诉我，现在觉得数学很好玩，我笑着说："我也希望你们能愉快地学数学。"

像这样把数学与生活联系起来的例子还很多。记得在讲二次根式的化简时，很多同学对于分母中存在二次根式这种情况的化简容易忘记，我就笑着对他们说："对于这种化简，就是找好朋友。"同学们一听可乐坏了："万老师说的什么呀？什么找朋友呀？"我停顿了一下，笑着说："就是找平方差的另一个朋友。"同学们马上笑着说道："哦，简单！"后来遇到这类题型，同学们都开心地说："就是找朋友嘛。"

在这样轻松愉快的环境下，星期三下午的数学课不再是我的老大难，而是我充分发挥自己智慧的地方，而且效果比灌输式的高效很多。当每遇到问题时，我就提醒自己多动脑，总能想到办法的呀！

> 李镇西点评：我曾经给老师说过好课的标准之一，就是"有趣""有效"。有趣，就是对学生有吸引力；有效，就是学生有收获。"有趣"是手段，"有效"是目的。无论多么重要的知识，如果老师讲得乏味，学生不爱听，最后还是不会"有效"。让课堂有趣的策略有很多，但语言的幽默无疑是最重要方式之一。万老师的课堂，再次证明了这一点。

他急得哭了

李勇军

上午第一节是我的数学课。上课后照例是按照"五步三查"步骤学习：引入新课、出示本节学习目标，然后组织各学习小组进行对学、群学等。我一边巡视检查，一边指点、答疑，忙得不亦乐乎。每个小组的同学学习积极性比较高，人人都有事情在做，都在参与，讨论热烈，神态专注，有的小组还争得面红耳赤。看到这些我心里感到比较欣慰，将近一个月的训练终于开始见到效果了。同学们逐渐熟悉并喜欢上了这种上课模式，我的成就感也越来越强了。

在学生群学的同时，我开始分配这节课将要展示的任务。根据今天的内容，只安排了五个学习小组在全班进行大展示。接到任务后，这五个小组也开始在数学组长的安排下，明确了分工：两个人上黑板板书，其余同学在下面进行小展示，为大展示进行准备，一切都是在正常进行。我一边检查有任务的小组的准备情况，一边还要进行指点、提示，同时还去巡视没有任务的小组参与、准备情况。当我来到第六小组时，我发现这个组并没有进行讨论，而且陈电培同学正在抹眼泪，旁边还有几个组内的同学在劝他。

我一见这情况，刚才心中的喜悦一下就烟消云散，不禁顿时火冒三丈，立刻大声喝道："怎么回事？其他组都那么认真地在参与，只有你们组还在吵架，太不像话了！"数学组长魏敏同学小声地说："李老师，我们组讨论了，没有吵架，真的没有。"我一听就更火了，"身为组长不仅不带好头，错了不承认，还想狡辩，太让我失望了！赶快组织讨论，下课后再找你们。"他们小组见我非常生气，只好灰溜溜地回位继续讨论，但看得出来有几个同学心中还是有些委屈。为了不影响课堂进度，我决定先放放再说，等下课后再处理这件事，于是我继续到其他组去巡视、检查、指点，然后开始进行五个组的全班大展示，这几个组也展示得很顺利。

　　下课后，我想到开学这段时间以来对第六小组的付出与他们的进步，又想到今天他们课堂上的表现，我心中感到非常郁闷，不由叹道：唉，任重道远啊！我班的学习小组是开学时分的，由于对刚进校的初一新生不够了解，小组分得不是很均衡，没几天就发现这个第六小组的问题最多：学习习惯普遍不好，预习较差，上课爱讲小话，乱扔垃圾——这个小组的位置上最脏。而且这个组的陈电培同学最让我操心，开学第一天我就认识他了：班上个头最矮，戴着一副黑框眼镜，小眼睛总喜欢透过镜片东张西望，坐得也是东倒西歪的，一看就是那种习惯差的学生。开学没几天就证明了这个判断：每天午休不睡觉，总去打扰别人，上课自习总要讲小话……这些都不说了，甚至还发生了一件更让人哭笑不得的事：那天我正在办公室改作业，班上一个同学急匆匆跑进办公室说："李老师，不好了，陈电培打老师了！"我一听，头都大了，急忙冲进教室，把陈电培同学喊到了办公室。一问才知道事情原委：政治课上，独学时陈电培同学不认真，和组内同学讲话，老师提醒了几次后仍然不改，老师就让他站起来，并没收了导学稿，但他的态度还是不好，嘴里还唧唧咕咕的。下课后五十多岁的政治老师叫他到办公室去，他坚决不肯，老师就拉他走,他却突然打了老师一拳,让老师和全班同学目瞪口呆!问他为什么要这样做,他说老师只没收了他的导学稿而没有没收另外两个讲话的,他觉得不公平很委屈。我自然免不了一顿苦口婆心的教育,还好,陈同学认错态度不错,事后他也找政治老师认了错并赔礼道歉了之。

了解、经历了这些事后,对第六小组我没少花工夫,好几次中午时间我把这个小组的六名同学组织起来,开会交流,鼓励他们要努力战胜自己,改掉小学的坏习惯,一切从头来。还教他们小组要团结,学习上要互帮互助,习惯改正上要互相提醒、督促,对陈同学也单独谈心好几次。慢慢地这个小组有了一些进步,学习积极性也高了不少。

郁闷之后我的心情也平静了不少。下课后我把陈电培和数学组长魏敏同学一起叫到了办公室。我让他们两个坐下来,我先把这段时间我对他们小组的帮助与他们的进步先讲了一遍,坦言今天的表现让我很失望很郁闷很不理解。然后我问道:"你们组今天课堂上为什么要这样做?"组长很委屈地说:"李老师,我们组记住了你这段时间的帮助,我们组今天是在很认真地讨论,真的。""那陈电培为什么在哭,肯定是组内同学在吵架或欺负他!"这时陈电培说:"李老师,你说话不算数,明明你昨天说好让我们组今天继续上黑板去展示,今天你却不安排我们组,我觉得好委屈才哭的!"组长说:"昨天我们组上黑板展示时,你表扬我们组有进步,还许诺让我们组今天继续展示。"经他们这么一说,我也想起来好像是有这么一回事。这下我才发现自己处理事情太武断了,于是马上给他们两个说:"对不起,我搞忘了昨天的话,今天也错怪你们了,请你们原谅李老师。"他们没想到我这么快就认错了,也立刻说道:"李老师,没事儿了。"多么可爱的孩子,却被我误解了!

下午班务小结时,我把这件事在全班讲了,首先承认了我的错误,然后表扬了第六小组的进步,特别是他们组在课堂上这种积极上进的精神,值得全班同学学习。课堂上我们是主人,就是要积极参与,大胆展示。

> 李镇西点评：勇军是我校数学教研组长，课堂改革自然身先士卒，一马当先。读到勇军这个故事，我想起了有一次我上语文课让孩子们分组研讨，然后展示，结果有一个平时不怎么发言的男生哭了！后来一问才知道，那堂课没有人和他讨论，他急哭了。今天看到勇军课堂上的陈电培同学，我不禁感慨：我们总是觉得孩子小，基础差，所以不让他们讨论，不让他们展示，但实际上，孩子们的体内蕴藏着多么强烈的参与欲望啊！让学生成为学习主人的前提就两个字：信任！

没有结束的故事

方 琼

小王，是一个长相十分英俊的小男孩，小小的眼睛很可爱，笑起来的时候眯成了一条缝。对人非常热情，尤其是对老师，课前课后都会主动帮老师拿东西，可以说是人见人爱——除了上课！

读到这里，大家知道这是一个不爱学习的孩子了。是的，课堂上的他十分调皮，不是拨弄女同学的头发，就是玩同学的笔袋子、抢别人的导学稿，甚至找旁边同学聊天。所以，向我告状的同学也是络绎不绝，每每坐在他身边的同学都想换座位，"逃离苦海"。而且，不仅同学遭殃，课桌也成了他摧残的对象——破相、文身、修复，无辜的课桌就这样被他折腾着。这个顽童呀！真让人气恼。可每每我想向他"发威"的时候，他又会做出一副"忏悔"状。每次违纪，当我用眼神制止他的时候，他马上会露出不好意思的神情，停止一切小动作，让我又有些于心不忍。可刚想放过他的时候，他又来了，上课说话了，玩东西了，逗同学了……没完没了。

第一次数学单元检测，他考了18分——全班最低。为了帮他找到问题，我找他做了单独谈话。

我对他说:"小王,其实你很聪明!"

他很惊讶:"我还聪明?我只考了 18 分呀!"

"当然聪明,从开学到现在你没有认真上一堂数学课,就考了 18 分!"

他的脸一下子红了。

我说:"我们打个赌吧,只要你上课认真听讲十分钟,下次数学考试你肯定超过 30 分。如果你超过了 30 分,老师就送给你一个小礼物。"他迟疑了,他不相信自己可以超过 30 分,但最终他还是答应了我。为了能提高他学习数学的积极性,赶上别的同学,我常常利用课余时间给他辅导,然而他的基础着实差劲,连把 0.25 化成分数都不会。要想提高他的成绩可是一场持久战啊。可我告诉自己:不能放弃!

终于第二单元的测试时间到了,说实话我比小王更忐忑,我害怕经过一个月的辅导,他在这次考试中还没有进步。如果真的没有进步的话,将彻底摧毁掉小王好不容易培养起来的兴趣和自信。令我高兴的是,在第二单元检测中,他考了 31 分。这对他来讲可不是一般的意义哦,欣喜若狂的他并没有接受我准备给他的钢笔,而是换取了我桌上的一个花瓶。对我来讲,这也是一个很好的开端,我相信 31 分为他增添了很多的信心,也让我看到了希望,这并不是一个无药可救的孩子,他是那么的聪明,只要努力一点,就会让他少一根刺。

半期考试结束,家长会马上就要开了,小王和几位同学来到我的办公室,在我的办公桌前面磨磨蹭蹭的,我说:"你们有事吗?"他们说:"没事,我们就是来看您,嘿嘿!"

哈哈,小心思被我看出来了。"放心吧,家长会上我不会批评你们的,不要担心!"我说。几个小子如释重负地说:"谢谢方老师,我们以后一定好好表现!"

上课铃声响了,确定了学习目标之后,我组织同学对学、群学,看到同学们都在积极地讨论，我心里特别高兴。突然，又有同学告状："方老师，小王他用剪刀剪我的头发。"这是班长的声音。我不由得火冒三丈："小王，扣5分。"我看见他狠狠地瞪了我一眼，我也没有理他，继续上课。

第四节下课，我正准备去吃饭，小王来了："方老师，对不起，今天我错了，不该剪同学的头发，更不应该瞪你白眼，这是我写的检讨！""我没有叫你写检讨啊！""我觉得应该写。"

他的检讨这样写的："方老师，对不起，我知道自己错了，你可千万不要不管我了啊，你不管我，我就完了。我以后要做到以下几点：1. 按时完成作业。2. 认真上课。如果我做不到，你就叫我请家长。"这样的一个孩子，怎么能不为他感动呢？罗马不是一天建成的，孩子的成绩和习惯也需要我慢慢提高。

后半学期，他的老毛病还是屡屡再犯，但是我没有请过一次家长；因为我知道他恐惧请家长；而对教师来说，动辄用请家长来恐吓孩子是最无能的表现。我想再给他机会。

转眼间到期末了，他数学考了19分，很显然数学成绩没有实质性的提高。这时，我又收到了他的一张纸条："方老师，我想问您一句，这次期末考试我考得这么差，您对我失望没有？请您再给我一次机会，我下学期会好好学数学。方老师，你不能再发脾气了，会伤身体，最后祝您过一个好年！"

多么单纯敏感的孩子！在学业上，他可能不能算一个好学生，但就情感而言，他是健全的，他懂得感激，知道对错。他的数学成绩暂时还很不理想，甚至可以说是相当糟糕，但我相信他总会有进步的。更重要的是，我相信这并不能阻碍他成为一个善良而睿智的人，对一个孩子来讲，成人比成才更重要！

李镇西点评：这的确是一个没有结束的故事，因为故事还在继续。常常读到某些优秀教师这样的"事迹"——某个后进生因为老师的一次谈心而感动，于是进步了，入团了，考上大学了，等等。说实话，我对这样的神话从来不敢相信。教育，特别是对后进生的转化，是一个相当艰巨而漫长的过程，哪有那么简单啊！关键是教育过程中的坚忍不拔，以及对孩子向善的坚信不疑。新教育实验有一个理念，就是"相信种子，相信岁月"。既然我们把真善美的种子播进了孩子心中，就让岁月去见证吧！

有这样一位男生

唐 丹

我感觉我越来越喜爱教师这个职业,也越来越喜欢和学生在一起。和学生在一起我心灵永远感觉是年轻的,心灵永远充满阳光!我和学生在一起发生过很多令我感动的故事、伤感的故事、生气的故事、高兴的故事……

通过这一学期的工作,我悟出一个道理——不管学生再差,都要给他希望;每个学生其实都希望自己优秀或者受到老师的表扬,后进生这方面尤为突出。所以,对每个学生来说,激发他们的自信心,看到自己的长处、看到自己的希望、看到自己的目标十分重要。老师的一句话、一个动作、一个眼神都可以给他们很大的鼓励。

班上有这样一位男生,他头脑很聪明,反应也很快,管理能力也不错,就是学习很不踏实,自律能力较差,上课总是集中不了精力,爱找别的孩子说话,老爱破坏纪律。我一直关注着他,发现他很喜欢表现自己,很爱在老师面前展现自己,很喜欢得到老师的肯定,就是表现的方式不恰当。

发现了他这个表现欲望了以后,我在心里就暗自地想:既然他管不住自己,不如给他一点权力,让他来管理其他人,从而达到自律的效果。为了能让他上课好好听讲不影响其他孩子,有一次上复习课,我写了几道数学题在黑板上,让同学先自己练习。大概过了20分钟以后,孩子们差不多都完成了,于是我说:"哪个聪明的孩子愿意上黑板来给同学们讲一下你的解题思路?"同学们都把手举得高高的,他也把手举了起来,而且嘴里还急切地说:"老师,我来!我来!"一副急于表现自己的样子。

机会来了!我想。于是我把机会给了他。结果他讲得很好,思路很清晰。

"真不错!"我在班上大肆地表扬了他,看得出他很高兴,脸上挂满了笑容。

下课后,我趁此机会对他提出了上其他课的要求:"你很聪明,如果每节课上课都能像今天这样的话,你会很出色的,会成为老师的得力小助手的。"

他认真地点头表示愿意按老师说的去做。我不禁想,学生的确需要老师的鼓励,需要老师的赞赏。一句简短、到位的表扬往往会让他们欣喜若狂,高兴不已,甚至改变一个孩子的一生。

现在,这个孩子虽然成绩还有待进一步提高,但是我感觉到他对学习的信心更多了,为了让班级变得更好,喜欢到老师那里为班级出谋划策。虽然这离优秀还很远,但是这样的变化对他来说已经相当了不起了。老师让他看到了希望,而只要有希望,孩子就会慢慢变得更好!

> 李镇西点评:唐丹老师工作时间不长,却因为善于思考总结而悟出了许多教育的真谛。"学生需要老师的鼓励,需要老师的赞赏。一句简短、到位的表扬往往会让他们欣喜若狂,高兴不已,甚至改变一个孩子的一生。"是这样的。唐丹老师,我把你当学生,我也鼓励你,并注视着你走向成功与辉煌!

太 极

范景文

　　他，老是上课走神，老是不完成作业，老是听写单词过不了关，老是……

　　他，绘画很出色，尤其是画马，栩栩如生；特别爱帮助同学和班级做事情；书写很工整；我们班的班徽班旗都是他的作品……

　　"他"不是两个人，是一个人，小纬同志。海拔不算高，眼睛也不勾魂，坐在教室里也不算"麻雀"级别的人物，但我们对他的关注度很高。一学期下来，按照学校的学生自主管理手册，操行分被扣得七荤八素了，要他写的计划说明可以出小册子了，着实让我头疼！

　　"中午你到我办公室来，咱们一起背单词好吗？"

　　"太好了！"

　　"我们就十个十个地听写怎么样？"

　　"我一定能写起的！"

　　果然，在我们共同的努力下，他真的都能过关，上课展示的时候他还能代表他们组和别组PK呢！

　　又是一节英语课，这节课的第一个环节是单词听写，按照要求每组的 C1C2（注：本文中的所谓"C1C2"之类的符号，指代的是小组内不同层次的学生）上黑板写单词，B1B2B3 改，可他们组是 C1C2C3 和 B1B2，正当组长犹豫让不让他上黑板的时候，他自告奋勇地说："ME! ME! 今天中午 Cathy（注：我的英语名字）给我听写了的，我都 pass 了！"

哎呀，我听着他那中英夹杂的话，心里还真为他捏了把冷汗：这半期以来从来都没有被组长要求到黑板上做过"技术"活，今天也才第一次在我这儿过关，平时就是和其他任何组的 C 比较起来都要弱些，要是今天又被 PK 掉了，不光是组员们要数落他，我俩一中午的辛苦白费，最重要的是他的自信，我还能到哪里去找回来？我心里小算盘飞快地拨着，他已经拿起了粉笔……

1 组 100 分，2 组 100 分，3 组 90，4 组 80……快轮到他们 9 组了，我眼睛飞快地扫描了一眼，呀！还是错了两个，有 80 分，怎么办？和 4 组比较起来？

有了！

"OK, look at here, can you tell me what's the difference between group 4 and group 9?（好，大家请看，你们能告诉我 4 组和 9 组比较有什么区别吗？）"

"Group 9 is better!（9 组强多了！）"孩子们争先恐后地评价着……

"Mr. 小纬，不仅比平时错得少多了，书写还超越了 group 4，我们给他掌声好吗？"我学着他用中英文混杂着说道。

热烈的掌声响了起来……

9 组的组长来劲了："Cathy 能给我们多加 5 分，给小纬个人加 1 分吗？"

事实摆在眼前，当然没问题的。可我做出很为难的样子看着大家，"YES! YES!"

顺理成章地给小纬同志加上了一分，他面带微笑站在自己座位旁傻笑着，近在咫尺的我能感受到他内心那种胜利的喜悦。

英语课继续上，他对着组长大声呼喊着："LET ME TRY!（让我来试试!）"

下了课，我呆呆地坐在自己的座位上，为自己的小聪明傻笑着想："我能不能用这样的机会把他扣掉的操行分补回来呢？"

说动就动，我立刻找来他们组长，"你们组今天表现得不错啊！尤其是 Mr. 小纬！"我假作评价，思考着怎么把话题引到修改他们的组规上去。

谁知道组长比我还积极："就是，我还怕他上去给我们组丢分呢！结果……嘻嘻！下课后他可积极了，上个厕所回来自己在背单词呢！"组长得意洋洋地说，好像都是她的功劳一样，其实她不知道听到她的这句话，我这个"大组长"比她还要得意几万倍呢！哈哈！

"就是，这种积极性我们得保护好，得再好好表扬表扬。"我故作镇定道，一边翻出今天他们交上来的操行分本子，"哟，今天他得被扣掉一分礼仪分，好像是红领巾没有带。这样扣下去怎么了得？太打击人了！"

"Cathy，你看能不能这样，如果他能在课堂上主动发言，并能讲解一道题，可不可以抵消他作业没有完成或是其他方面所扣掉的分数？这样也是在学习知识啊，只是方式不同罢了。"

知我者，我孩儿也！爱死你了！

"嗯，这个主意不错，聪明，我看行！这样吧，你和你们组的同志们商量下，体现在你们组规上就好了！"

"好的！我这就去和他们商量！"组长美滋滋地跑了。

我走到办公室门口，轻轻地关上门，我在办公室里使劲地蹦啊跳啊……

李镇西点评：嗯，这个太极打得不错！教育上的所谓"太极"，在我看来就是从容不迫，不动声色，以柔克刚，了无痕迹……面对一个让人头疼的孩子，范老师不是直截了当地批评，而是用鼓励的方式慢慢转变他。但这个故事让我称道的，还不是"太极"，而是范老师对那个孩子的鼓励不是以教师自己的方式出现的，而是通过学生集体——小组的方式体现出来的。不过，范老师也不是直接给小组的学生说要如何如何鼓励谁谁谁，而同样是不动声色地引导——这也是一种"太极"，让孩子们去鼓励。范老师是"狡猾"的，但这"狡猾"恰恰是因为她的真诚和她的爱。

我的一堂英语课

张清珍

Unit 10 I'm going to be a basketball player.

Period Two（Section A 3a—4）实况转播

教师课前须知

1. 这是一节在民主教育理念下采用的"五步三查"教学模式的英语课。民主教育理念具有以下特征：充满爱心、尊重个性、追求自由、体现平等、重视法治、倡导宽容、讲究妥协和激发创造（不面面俱到）。

2. "五步三查"：独学（一查）、对学、群学（二查）、展示、课堂反馈（三查）；40分钟：10分钟归老师用，其余归学生。

3. 学生分组：4—6人，根据成绩、男女、性格、气质划分。

4. 培训组长，制定组规。

5. 每组推荐一人（不固定）负责一个单元的课堂教学主持工作及任务的分配。

6. 主持人（学生）分配任务：

第三组（导学稿 Section A 3a—4 的知识连接）

第四组（导学稿 Section A 3a—4 的自主学习的 3 小题）

第一组（Page 61 3a）找短语

第六组（导学稿 Section A 3a—4 的合作探究）

第七组（导学稿 Section A 3a—4 的展示提升）

第五组（导学稿 Section A 3a—4 的达标测评第 1 题）

第八组（导学稿 Section A 3a—4 的达标测评第 2 题）

第九组（导学稿 Section A 3a—4 的达标测评第 3 题）

导学稿

课题：Section A 3a—4　　　课型：新授　　　授课时间：2010.12 执笔：张清珍　　审核：卫述香　　审批：易琼　　学生班级：　　姓名：	
【学习目标】 　1. 继续复习以 when 引导的时间状语从句，并掌握一般将来时的句子结构。 　2. 了解 Tian Tian 的梦想职业以及她如何实现这一梦想。 　3. 学习运用 be going to do…结构。 【重点、难点】 　1. 继续复习以 when 引导的时间状语从句，并掌握一般将来时的句子结构。 　2. 学习运用 be going to do…结构。 【知识链接】 　用所给单词的正确时态填空 　A: What _____ you _____ (be) when you _____ (grow) up? 　B: I _____ (be) an actor. 　A: _____ you _____ (move) to Hollywood? 　B: No, I'm going to move to New York. 　A: And how _____ you _____ (become) an actor? 　B: Well, I _____ (take) acting lessons. 　A: When are you going to start? 　B: I _____ (finish) high school and college first.	【教法、学法指导】 备注（教师复备栏或学生笔记栏）

【学法指导】
1. 朗读并背诵 P61 的单词。
2. 独立完成 P61 3a,了解 Tian Tian 梦想的工作,并用红笔画出 Tian Tian 为了实现她的梦想,她要做的事情。

【学习流程】
■自主学习:家长签字:_____
1. 朗读并背诵 P61 的单词。
2. 独立完成 P61 3a,了解 Tian Tian 梦想的工作,并用红笔画出 Tian Tian 为了实现她的梦想,她要做的事情。
3. 翻译下列短语:组内交流后,再展示。
1. 有趣的地方_____ 2. 听起来像_____
3. 许多美术展_____ 4. 找一份兼职_____
5. 存钱_____ 6. 同时_____
7. 举办美术展_____ 8. 给父母买一座大房子_____
9. 旅游全世界_____ 10. 退休到安静而美丽的地方_____

■合作探究:
检查 3a 的朗读及理解
1. 朗读:组内朗读;组与组间比赛朗读或个人朗读。
2. 独学后,小组交流完成对话,再全班展示。
A: Tian Tian, nice to meet you! I'm a reporter from CCTV.
B: Hello! Nice to meet you!
A: Excuse me, what are you going to be when you grow up?
B: _____
A: And how are you going to do that?
B: First, _____
Then _____
Next _____

A: Where are you going to move to be an artist?
B: _____
A: Why are you moving to Paris?
B: _____
A: I wish you can be a good artist. Thanks!
B: You're welcome.

【展示提升】
1. 仿 3b 和 4 编对话,组内展示后,再全班展示。
2. 用 be going to…写出你或者其他人要做的五件事
1) _____
2) _____

3) _____
4) _____
5) _____

【达标测评】
一、请选择恰当的选项填空
(   )1. His father sometimes _____ him on Sundays.
　　　A. is going to see　　B. is coming to see　　C. comes to see
(   )2. Where is your brother? He _____ in the next room.
　　　A. cooks　　B. cooking　　C. is cooking
(   )3. Why _____ some bananas?
　　　A. not buy　　B. don't buy　　C. not you buy
(   )4. _____ are you going there? By bus.
　　　A. How　　B. What　　C. Where
(   )5. I _____ the CDs to you if I have time tomorrow.
　　　A. will return　　B. return　　C. returned
(   )6. If I have time, I _____ the TV show Home With Kids.
　　　A. is going to see　　B. is coming to see
　　　C. comes to see
(   )7. When he _____ up, he _____ a player.
　　　A. will grow, is going to be　　B. grows, is
　　　C. grows, is going to be

二、汉译英
1. 她长大了想当一名画家。(when, grow up)
　_____

2. 我们打算搬到像法国那样美丽的地方去。(move to)
　_____

3. 你经常上表演课吗？(acting lesson)
　_____

4. 长大时我要做我想做的一切。
　_____

5. 他打算明年退休到安静而美丽的某地。(retire, next year)
　_____

三、句型转换
1. My dream is to travel around the world. (同义句)
　My dream is to travel _____ the world.
2. Nacy is going to see a movie. (否定句)
　Nacy _____ _____ going to see a movie.
3. I was at home yesterday evening. (用 tomorrow evening 改写)
　I _____ _____ _____ at home tomorrow evening.

4. I'm going to do the job for a year or two. (同义句)
I'm going to do the job for _____ _____ _____ _____ .
5. I spent 5 yuan buying the pen. (同义句)
I _____ 5 yuan _____ the pen.

【自主反思】
知识盘点：
1. 短语
1)_____   2)_____
3)_____   4)_____
5)_____   6)_____
7)_____   8)_____
9)_____   10)_____
2. 重点句
1)_____
2)_____
3)_____
4)_____
5)_____

心得感悟：

实况转播

（旁白：）随着预备铃的响起，同学们开始了新的旅程——这一次小主持人带领我们要遨游的是 Unit 10 I'm going to be a basketball player, Period Two (Section A 3a—4)。同学们在紧张地做课前准备，小主持人走上讲台，大声地领读起该单元单词了，大家随之熟练地跟读起来。自从学校实行课堂改革以来，讲台再也不只是老师的领地，课堂也不仅仅是老师的个人秀，而是同学们主动展示自信、展示能力的小舞台，而我们的 Miss Zhang 会变成"闲人"，站在一旁很欣慰地看我们的表演。看！同学们的表演开始了！

Host（主持人）：I'm very happy to be the host this class. Nice to meet you! Today, we're going to learn Section A 3a—4——going on talking about our dream. First of all, let's go over the first three parts（学习目标、重难点及学法指导）. Then let's discuss our tasks in groups. Well, go!

（旁白：）各小组根据主持人的要求学习了该节课的学习目标、重难点及学法指导后，就各组的任务展开了热烈的小组交流、讨论，有的用英语，有的用汉语，还有的用双语，可以说是热火朝天。这时我们的 Miss Zhang 很是"悠闲"地在各组间"游动"，或是听听，或是看看，或是"指指点点"，或是和他们"混为一谈"。嗨！这样当老师多"清闲"！看！同学们的展示开始了！

Host（主持人）：Ok! Stop our discussion. Let's welcome Group Three!

（旁白：）第三小组的同学快速以八字形站在他们写的题旁边，个个信心十足，自信满满。她们要展示的是"知识链接"——题型是对话（用所给单词的正确时态填空），目的是巩固第一节课所学的 be going to 的用法。

S1：What are you going to be when you grow up?

先看后面一个空，它给的是 grow，再看人称是 you，所以用 grow；再回过头来看前面，因为已经说了是你长大后，很明显是将来时，所以第一个空填 are，第二个空填 going to be。

S2：I am going to be an actor.

因为是将来时，所以带入 be doing 的结构，答案为 am going to be。

S3：Are you going to move to New York? No, I'm going to move to New York.

因为是将来时，人称是 you，所以第一个空填 are，第二个空填 going to move。

S4：And how are you going to become an actor?

因为人称是 you，所以用 are，又因为是将来时，所以用 going to become。

S5：Well，I am going to take acting lessons. When are you going to start?

因为是将来时，所以用 be going to 的结构就是 am going to take。

S6：I am going to finish high school and college first.

这个也是将来时，也应该用 be going to do，就是 am going to finish。

S1（组长点评）：我们这道题很简单，只要把对话读一遍，就知道是复习 be going to 的用法，所以每个人回答得很好，讲解也很清楚。

Host（点评）：方法太单调，不过我认为他们最难得的是把都海调动起来了，值得向他们学习。

（旁白：）我同意这一说法，都海是谁呀？年级上排名八百好几的，但今天他动起来了，值得高兴。别高兴了，快看，全班都站起来了，怎么回事？哦，是这样的：主持人说这个板块是今天学习的中心——3a、3b，也是同学们展示的高潮部分，为了让同学们对文章的理解更到位、更好地展示"合作探究"中的第二题，她做了点"创意"改动。好，不说了，赶快看她是怎样改的吧。

（旁白：）哦，主持人叫大家齐读 3a，她想让同学们先感悟一下 3a 这篇短文——Tian Tian's dream job。然后是第一组的同学展示他们找出的短语，嗨！这组的板书真漂亮！噢，他们竟然比导学稿"自主学习"第三题的短语还多了几个，他们学得真到位啊！看，他们还要求其他同学用红笔在书上做笔记呢。第四小组的同学上台了，他们是找出文中的重、难点句，同时还要讲解，这篇短文好像没有很难的句子，他们较轻松就处理好了。现在上台的是第六组的学生，瞧他们那高兴劲儿，他们要完成的是"合作探究"中的第二题——要求是"将 3a 短文改写成对话",这题难,他们不知道? 这时第六小组女生们的声音已经响起了,他们的对话开始了……

  Girls：Tian Tian, nice to meet you! I'm a reporter from CCTV.

  Boys：Hello! Nice to meet you!

  Girls：Excuse me, what are you going to be when you grow up?

  Boys：I am going to be an artist when I grow up.

  Girls：And how are you going to do that?

  Boys：First, I am going to find a part-time job for a year or two and save some money. Then I am going to be a student at an art school in Paris. Next I am going to hold art exhibitions because I want to be rich and buy a big house for my parents.

  Girls：Where are you going to move to be an artist?

  Boys：I am going to move to Paris.

  Girls：Why are you moving to Paris?

  Boys：Because Paris sounds like a city that I could enjoy.

  Girls：I wish you can be a good artist. Thanks!

  Boys：You're welcome!

（旁白：）对话完成得太漂亮了,现在我明白了他们上台时为什么那么自信了,因为主持人刚才的全班朗读、理解（找短语和找重难点句）是为完成这个题做铺垫的。主持人,你太有才了,你这改动太有"创意"了。不过 3b 和 4（谈自己的梦想）的知识运用咋样呢? 赶快看吧!

  L（组长）：We're from Group Seven. Let us show our conversations about our dreams to you. Please listen to us carefully.

  The first pair：

  S1：What are you going to be when you grow up?

S2：I'm going to be an engineer.

S1：How are you going to do it?

S2：I'm going to study math very hard.

S1：Where are you going to work?

S2：Chengdu.

The second pair：

S3：What are you going to be when you grow up?

S4：I'm going to be an artist.

S3：How are you going to do that?

S4：I'm going to be a student at an art school.

S3：When are you going to start?

S4：I'm going to finish high school and university first.

S3：Where are you going to work?

S4：I'm not sure yet. Maybe, Beijing.

The third pair：

S5：What are you going to be when you grow up?

S6：I'm going to be an actor.

S5：How are you going to do that ?

S6：I'm going to take acting lessons.

S5：Where are you going to move?

S6：I'm going to move to Tokyo.

Host（主持人点评）：由于时间关系，我代表我们展示的几个小组点评如下：首先，同学们在独学环节准备较充分，所以各小组展示都很精彩；其次，每个组的参与度是100%，说明每个组都不服输；还有同学们展示时很自信，声音也很洪亮，希望大家以后保持。

（旁白：）下课铃响了，还有"课堂检测"未做呢！

Host（继续说道：）另外，很感谢大家这节课对我工作的支持！遗憾的是：这节课的内容没上完，"课堂检测"只有放在下节课讲了。

　　（旁白：）是啊，只要个个学生有了学习的主动性，有了学习的自信心，"课堂检测"就放在下节课讲有什么大不了嘛，你说是吗？

课后感悟

　　今天这堂课每个小组都表现得很出色，同学们都能够很自信、准确地给大家讲解每一个题。看得出来，同学们在自主学习时都付出了努力。为了尽可能讲得准确，同学们在家里查资料，在学校问同学、问老师。每一位同学都十分配合小组，尽了自己的最大努力，把自己查到、问到的知识在小组交流，使小组能够讲得更精彩，这是很好的现象。这种小组合作学习使学生们摆脱了被动学习，实现了学生主动、积极地学习。从独学、群学，再到展示，学生们所掌握的知识得到进一步的强化。而且，还增加了小组的团结合作，增强了班级的凝聚力，使小组、班级更团结，更默契。学生们在询问老师、同学时不仅获得了知识，还强化了学生与老师、同学间的友谊。但是也有个别同学趁机说"小话"，没用心听讲。今后，我们还应加强小组的管理，使小组合作学习更加精彩。

　　李镇西点评：对英语课，我不敢冒充内行做什么"点评"，但我确实想表达对张老师的敬意。张老师在我校算是老教师了，无论当班主任还是英语教学，那都是顶呱呱的，因此是全校老师心目中德高望重的名师。但就是这么一位可以说是功成名就的老教师，搞起课堂改革来，也是那么认真——虚心学习，认真研究，大胆探索，放手尝试……总之，张老师把课堂交给学生，于是她的课再次呈现出了别样的风采。

少拿考点重点难点说事儿

许忠应

前几天上课下来,很郁闷,更别说体会幸福与快乐了。这种郁闷来源于课堂。课堂上虽然没有学生讲话,但明显感觉有一部分学生对于英语学习的放弃。要想完成一节课堂任务,那就是一个字"拖","老牛拖破车"。我就是那一只老牛,无可奈何还有几分恼怒的老牛!

郁闷的同时,我也在不断找原因。找来找去,不外乎:首先,学生的预习复习没做到位;其次,主动参与意识不强,学习动机不明确,上进心不强;还有,家长不配合,素质太低等等。总之尽量回避自己的过失,还找了几个现象来证明,这不是我自己的责任。每一次课堂设计,我都做到了全力以赴,以学生为本,从来都是准备充分信心满满地跨进课堂。又比如,同样的课堂设计,在基础不一样的九班和十班两个班上出来,效果有很大的区别。因此推断:肯定是班级的问题,学生的问题!其实,在这种推卸责任的思想的指导下,就不会去仔细观察和思考,其实在基础相对好一些的九班里,仍然有一部分学生坐在课堂上没有动起来,收效甚微或者没有。但由于在九班里,也还有一部分同学能动,所以课堂还算看得过去。而在基础不好的十班,老师拖不动这种感觉当然很明显了。

这部分学生，不是不愿参与，更多的是不能参与。面对我的斥责，他们只能选择沉默，越来越沉默。师生关系似乎也在无形地对峙着。这样的课堂，当然都不会愉快了。

课，只能这样设计了。一时找不到其他办法，我请学生给我提建议。其中，好几位同学谈到："老师，你好久没让我们在课堂上做游戏了。""多做一点游戏吧。"我看见这些建议时，心里还有几分不满：初二了，教材难度这么大，内容这么多，还想做游戏？真是的！时隔一天后，我静下心一想：既然有这么多同学在盼望，也别让他们太失望了。

今天上到了 Unit 8 Section B 部分，内容牵涉动物的单词，也不太难。于是，用新学的六个单词 turtle、hamster、mouse、spider、snake、goldfish 组织了一个游戏。六人小组分工，一人代表一种动物，教口诀 "hamster down, hamster down, after hamster, snake down"，同学们边说、边做着下蹲，满脸的灿烂。在老师的启发下，各小组有了自己的奖惩规则，甚至有小组对此游戏进行了改编 "hamster dance, hamster dance……"，将下蹲随机变成了各种动物跳舞、唱歌、做鬼脸等等。太有创意了！这是"差班"的孩子吗？六位组员，由于害怕跟不上，被惩罚，无一敢走神，而且每个同学在酣畅淋漓的笑声和快乐中学会了很多单词。紧接着，进入猜谜游戏环节。我的目的是在谜语中介绍若干语言点，顺便检测前一个游戏中对新单词的掌握情况。令我没想到的一幕发生了，早就被我"判了死刑"的小斌、小柱、小勇等等，高高地举起了手！他们都答对了！他们居然看得懂这些谜语，说得出才学的新单词！随后的听力训练中，同学们也一改往日的漫不经心，他们是那么的专注！

今天，一个小小的课堂环节的改变，就让课堂效果增强，师生关系改善，我和学生的课堂幸福感都得到了极大的提升。兴趣才是最好的老师，看来，今后的课堂也不能太急功近利了。别总是把考点重点难点时常记在心里挂在嘴上。适当的时候让这些东西都见鬼去吧，细节处真正考虑到学生的需要，点燃了兴趣，也就能让生命之光更亮！光越亮，阴暗之处方能越少。

> 李镇西点评：仅仅是那么一点游戏，就点燃了学生的热情，激发了他们的兴趣，课堂因此而活跃了起来。为什么这么简单的方法，许老师在这之前没有想到呢？我认为这不是疏忽，而是心态决定了许老师不太容易想到。因为许老师更多的是埋怨学生，责备学生，斥责学生。但所幸许老师还拥有一定的民主情怀，她因此主动请学生给自己提意见，于是，游戏便出现在课堂中了。我相信，和许老师有着同样郁闷的老师，会从许老师这次小小的课堂变革中受到启发的。

一节意外的课

郑 聪

那天下午刚打上课铃两分钟,黄老师急匆匆地来到办公室:"我班小雪出了意外,我得马上带她到医院,可我十四班有课,你看……""你快去,我来上课。"我说。

十四班是年级上比较让人头疼的班,英语成绩从进校开始就是最差的,班上还有几个不爱学习专爱捣乱课堂的孩子。走在去十四班的路上我不担心纪律只是不停琢磨:如何让十四班每个孩子在这节课上有所收获?还没进教室我就听到学生在说:"来了,来了,郑老师来上课了!"

走进教室,没人说话了,由于我从事年级德育工作,对待违反纪律的孩子有些严格,所以他们都用一种比较畏惧的眼神看着我。我想这样上课效果一定不好,以前我听黄老师说过14班的孩子没几个爱学英语,更没几个参与到课堂的口语练习中,刚好本节课学习形容词的比较级,我决定以游戏的方式让所有的孩子参与其中,从而初步学会今天的内容。

"今天我们要用形容词的比较级进行游戏和小组比赛,大家有兴趣吗?优胜组可加分。"我开始用煽动的语言和充满感情的声音调动他们的情绪,遗憾的是只有一两个人回应了我,其他人一筹莫展地望着我。

"没关系，相信大家一定会感兴趣。为了后面你能加入到游戏当中，现在请同学们先跟我大声念：I'am taller than you. I'am healthier than you…"我的声音和表情极为夸张，加之所说内容较简单并贴近生活，孩子们受到了感染也开始大声跟着念。

三分钟的热身练习后，我们开始了游戏。我先说规则："孩子们，我们的接龙游戏很简单，请你找到自己的优势，用比较级的方式说出自己比别人好的方面。用句型 I'am... than you。接不上的要为大家唱首英语歌。每个小组3分钟的准备时间。"

听到这一规则，刚才没怎么认真的那几个调皮孩子慌神了，赶紧拉住旁边的同学询问自己该怎么说，毕竟以前的英语课他们大多从不开口。一时间，孩子们都忙活起来，有人在查字典，有人在问我，都想用英语来表达自己比别人好的方面。毕竟每个孩子都有自尊心，都希望说出自己比别人强的方面。

游戏过程中每个孩子都说出自己的优势，那些对英语学习没热情或基础太差的孩子结结巴巴说完一个句子后，我总是送上一句"VERY GOOD"或是对他们竖起大拇指。他们乐滋滋的样子让我备受感染。

轮到张剑（他是班上有名的捣乱课堂、不爱学习的孩子）时，他眼巴巴地看着我，他知道有很多孩子在等着看他的笑话，可他的确什么都不会，于是我小声地说："我说，你重复。"他跟着我说出了他比别人高，比别人壮。他挺神气地重复着我教会他的那两句英语，直到下课了他还在重复，真是个天真的孩子。不知不觉下课铃声响了，孩子们还意犹未尽。

"今天你们能用英语表达自己比别人强的方面，郑老师希望十四班所有的学生能学好英语，能在其他方面比别的班强，能做到吗？"

"Yes, we can."他们用上了我这节课教的另一句话。

离开教室，我对自己这堂意外的课感到比较满意。孩子们只有在学习中发现自己的优点，找到兴趣，才会投入到学习中。

> 李镇西点评：课是意外的——因为英语老师要送生病的学生去医院，所以郑老师临时代课；但郑老师的智慧并不意外——对学生的爱以及平时积累的经验，让她很容易也有效地将孩子们的热情调动了起来。其实，郑老师也没有什么高招，无非就是让游戏点燃孩子的兴趣。但这样朴素的尝试，却往往被我们一些老师所忘记。

老师你骗人

李明飞

这是期末考试成绩出来后的第一节英语课。从上课一开始,一贯表现积极的陈洁同学就无精打采地坐在自己的位置上,满脸的忧愁和痛苦。我利用学生独自学习的时间走到了她的身旁。她没有以前学习英语的激情和专注。

"今天,人不舒服吗?"我俯下身子小声问道。

"没有。"她懒懒地答道。

"与同学闹矛盾了?"

"没有。"同时摇摆着脑袋。

"那,有什么困难能告诉我吗?"

"老师你骗人!你曾经说,说过……"她的双手捂着双眼趴在课桌上哭泣,教室里非常安静,其他的同学都惊奇地看着我和陈洁同学。

"我欺骗了学生?我欺骗了什么?我应该怎样处理?"这些问题立即闪现在我的大脑中。

大约两三分钟后,陈洁的情绪有所缓和,抬起了头,旁边的同学递上了一张纸巾。

我站在了教室中央:"也许李老师曾经欺骗了同学,先给大家道歉,尤其是陈洁同学,不过我很希望知道是些什么事儿,不知陈洁同学能否愿意现在告诉全班同学和我?"

"李老师,你曾经说过只要我按照你讲的方法,努力学习英语,就一定会有好成绩的,可是这学期我一直很努力的,基本上是按照你说的去做的,可期末考试成绩还是没有提高,有些不如我努力的同学成绩比我好。李老师,或许是我头脑笨,记忆力差,刚才有些失态,对不起!"陈洁同学说。

在我接手这个班的时候,陈洁的其他学科都很好,就英语较差,但她学好英语的愿望很强烈,曾多次问我学习英语的方法。我的确说过这样的话,她的确也在学英语中下了很多的工夫。这次考试成绩无疑对她学好英语的信心是一次很大的打击。我意识到,我当时所说的话太绝对了。

的确,老师不经意的一句话,有时会给学生带来希望,有时会给学生带来失望或痛苦,因而自己以后要注意言语的严谨,以避免给学生带来伤害。

但面对现在的陈洁,我该怎么办?

我大脑快速运转着。我决定继续给她以鼓励,但语言要更科学严谨。我看到同学们正看着陈洁,我突然想,何不把我的鼓励转化为整个集体对她的鼓励呢?于是,我对大家说:"大家对陈洁同学的成绩怎么看?"

"陈洁平时的确学英语很努力,我认为她太看重这次期末考试,很紧张,因而没有正常发挥。"刘静同学首先说道。

"或许这次复习的内容与我们的考试内容出现了一些偏差,因而这次成绩不理想,但凭她学英语的劲头,会把英语学好的!"赵珊珊说。

"陈洁,不要因为英语成绩暂时不理想而怀疑自己的能力。"张鹏说。

……

一时间，很多同学都发表了自己的看法。

我总结道："同学们，陈洁同学的英语学习过程与这次考试成绩，以及大家的积极发言，让我认识到这世界上并非一分耕耘，就一定有一分收获。有时候，你可能用的种子不好，水土不对，再遇上坏天气，结果下了最大的工夫，反不如那些天时地利人和都对，却没有努力的人收获来得好。尽管不见得一分耕耘能换来一分收获，但我深信耕耘的人总能有较多的收获，这就好比守株待兔可能碰上一只自己撞上的兔子，但绝不可能比得上主动出击的猎人。"

陈洁的表情不再沮丧，她又恢复了信心。

李镇西点评：老师有时候为了鼓励学生，往往侧重于某一点而忽略其他方面，这是可以理解的。李明飞老师不必自责。可贵的是，李老师后来引导同学们讨论此事，将教师的鼓励转化为全班同学的鼓励，陈洁同学感到的就不仅仅是老师的关心，还有集体的温暖。

"放纵"他一次

李 娜

还有不到二十天,初三的学生就该毕业了。对于我班一些孩子来说,因为基础太差,他们早已没有了奋斗的目标,等待他们的只是考后对职高的选择。面对这样的情况,老师是无能为力,家长也是束手无策了吧。即便如此,我的英语课上的单词听写,也不允许任何人可以不参加听写的。这种要求其实对选择职高的学生没多大帮助,反而会让他们产生反感,觉得听写是一种负担。但是为了维持班级的学习氛围,我不得不这样做。

今天的英语早读,波波(一个后进生)将单词默写完以后(对于后进生,只能默写出简单的单词,因为他们听不懂老师念的单词),立刻从抽屉里拿了一本《青年文摘》出来。因为他坐在第一排,这一举动一下被我注意到了。我纳闷着:大胆,居然在英语课上拿出课外书来读。于是我走过去,严厉地对他说:"收下去,把单词表拿出来继续背。"我的威严使他二话没说就拿出了英语单词表来。我显然满足了自己的欲望,但是看到他也只能在那装腔作势,突然一个想法从脑海里闪过:你只要读教科书就行了,不要去读其他的什么东西,以免分心——这恰恰是苏霍姆林斯基对于一些老师对待差生的教育的批判，而此刻的我不正是他笔下的这类教师吗？只有短短几秒钟的时间，我改变了："波波，你还是继续看你的《青年文摘》吧。"他可能很意外。三年了，我很少在课堂上这样"放纵"他们，他高兴地重新拿出了《青年文摘》。听写完了，早读课结束了。当我走出教室的时候，我看到了波波快速地从抽屉里又拿出了那本书，很专心地继续着……

三年以来，可能很多学生早已对课堂失去了兴趣，可是不得不在老师的强力压迫下装作在课堂上学习。刚才听写完后的几分钟时间，如果我坚持让波波背单词，他可能一个也看不进去，即使背到了第二天也会一问三不知。《青年文摘》里的故事，或许真的打动了他，至少这本杂志能使一个在课堂上完全看不到青春灵性的孩子这般痴痴地迷恋着。我总是在给他们说要做善良诚实的人，学习没有学好不要紧，但个人品德最重要。三年的絮叨使他们改变了多少呢？或许以后能影响他们的不是我的唠叨，而是课外读物对他们的启发吧。对于后进生，学习真的不是他们力所能及的，但他们也该享受本该有的快乐呀，老师慷慨的一次"放纵"，可能就是他们难得的一次快乐了。

李镇西点评：很难说李娜老师这个故事中写的做法可以推广——那不是放纵学生不学习吗？但李娜对波波的这次"放纵"，的确体现出一个朴素的教育道理：教育，应该让孩子快乐，并且有收获！快中考了，可像波波这样成绩特差的孩子靠什么作为支撑度过最后一段初中时光？强迫他学他根本不懂的内容吗？那样做的后果如何，所有老师都是知道的——不但没用，反而让他对老师对学习对学校产生一种刻骨的仇恨。李娜老师的"放纵"，让波波这一个特殊的孩子至少享受了些许快乐，而且多少会有些收获。教育不能没有分数，但如果这个分数对某些孩子来说的确无法获得的时候，请记住，我们教师还有比分数更重要更值得追求的东西——那就是对人性的呵护！

一次天衣无缝的配合

谢国强

课堂上，我正在复习乐音三要素的区别，两手大幅度地划动着，绘声绘色地给学生表演着。

"我爱你，爱着你，就像老鼠爱大米……"教室里突然一阵手机铃声响起，顿时鸦雀无声，就连正在睡觉的那个同学也伸长了脖子瞪大了眼睛，学生可能预料暴风雨就要到来。

略一观察和分析，我就判断出这铃声是从一个女生的手机里传出来的。她也很紧张。

我想，三令五申不让带手机进学校，这可好，竟然在课堂上响起来了，我一般比较严厉，但是这次我竟然没有发火，或许沉浸在自己刚才绘声绘色的表演中吧！此时，全班同学都看着我，而我举起的手还在空中如同卡碟了一样，就那样傻傻地举着。

如何收场呢？怎么处理好呢？发火显然不行，那样会破坏本来很好的课堂气氛和师生关系；但如果装作没听到也不妥，全班都听到了，正看着我怎么处理呢！

我灵机一动："请问刚才那位睡觉的同学，是你的手机响了吗？"

那位同学站起来，说："不是！真的不是我的手机。"他表现出很冤枉的表情。

"那你听见了吗？"我继续问。

"嗯，听见了。"他一脸茫然，不知道我为什么要问他，紧张中睡意全无——这正是我要达到的目的。

他更没有料到我接着问："你知道是谁唱的吗？"

"杨臣刚唱的。"他放松了。

"你是根据什么判断的？"

"音色。"

"很好，请坐！"我得意地对大家说，"看我多有水平，音乐说响就响，恰到好处，看来这部分知识不需要复习了，连睡觉的同学都知道。只不过刚才的乐音变成了噪声，把你吵醒了。"

全班同学哄堂大笑，连那个带手机的女生也不好意思地笑了。虽然我自始至终并没有批评她，甚至她可能还以为我不知道是她的手机发出的声音，但她不好意思的表情，让我感到，没必要批评她了。

此时的课堂气氛空前高涨，学生都兴奋地听着，回答着，思考着，回答问题特别积极。

> 李镇西点评：这个课堂插曲不仅仅是有趣，更表现出谢老师的教育机智。何谓"教育机智"？在我看来，所谓"教育机智"，就是教师面对突发情况迅速作出正确的判断，确立应对办法，并马上变成行动。课堂上出现手机铃声，面对这突发情况，谢老师不动声色，用看似轻松实则暗含智慧的方式，一箭多雕，巧妙地化解了"危机"。当然，谢老师之所以能够拥有这些智慧，不仅仅是因为他"聪明"，更因为他发自内心对学生的尊重。

坚守承诺，赢得尊重

许开旭

课外之余偶与同事聊起有关学生的一些轶事，无论老师还是学生对我的课堂管理评价都会说出同一个字："凶"。也许年轻气盛，也许上课音调高、响度大，声音的穿透力强、衰减慢的原因等等。

起初还觉得用"凶"字刻画有点过火，后来一想，的确如此。一般情况我都会提前候课，当走到教室后门或前后门中间，学生会相互告知："安静，许老师到了！"听到这样的话心中窃喜，至少学生还听招呼，无需多管，课堂的进程与知识生成会按照老师的意愿进行，自己的辐射能力强，心中的满足感油然而生。

不错，课堂的语气、神态、眼神是师生间信息传递不可缺少的元素成分。随着教龄的增长，感到学生受知识多元化的影响，在课堂兴致不高，自己的课堂教育管理作用与能力黯然失色，站在课改的十字路口迷茫、徘徊，职业倦怠滋生并占据了上风，甚至在课上发无名之火，偶尔还带有骂字。好了，火发了，学生静了，但课堂无趣了，师生间多了一堵墙，无奈！

反思的结论：解铃还须系铃人。

一天，我将学生第一次带到互动教室。活动场地变了，学生多了一分新鲜感，有说有笑，座位便是他们相争的焦点。铃响了，眼保健操开始了，但女生还未安静，我于是批评了一女同学，同时又错怪一位男生。课后，我主动征求几位同学的意见，其中一位对我说："许老师，你的课上得很好，但希望你不要在课上出现骂声。"

顿时，我倍感羞愧，无地自容。我知错改错。时隔半年，一次作文训练中，那位给我提意见的同学这样写道："我对许老师不要说骂字没有多大的奢望，也并没放在心上，只是说说而已，但到现在，许老师真的一句脏话都没有了。我突然发现，一句不经意的话，真的让老师改了，许老师在默默履行承诺，我佩服。"

当看到这段文字，我的心是多么舒展，是多么幸福。我才真正意识到李校长对我们培训的一句话："在面对学生和同事时，我们扮演的是桥而不是墙。"找到解开学生心扉的钥匙：情感沟通、履行承诺。这也许就是李校长所说的"最好的教育莫过于感染"！

李镇西点评：许开旭老师多次给我说，他也有很多想法但就是不擅长写。这篇文字不长，确实谈不上有多高的文字水平，但很真诚；不但真诚而且揭示了一个教育真理：对学生的尊重，是打开学生心扉的钥匙。是啊，当我们自以为有尊严而无视学生的尊严时，学生表面上顺服，心里却看不起我们；当我们把学生当成平等的朋友来尊重时，学生也会给我们以真正的尊严。

相信孩子一定能行

余沐诤

言是我的好朋友昌平兄班上的一名学生。我没有教这个班时，早就听说了关于言的太多不遵章守纪的行为，昌平兄也多次向我提及言。本学期，我担任了言的物理学科教师，上第一节课时，我发现言就在讲桌前的这一小组并且是靠讲台最近的学生。第一节课下来，我发现言听课时非常认真，参与小组合作也比较积极，除了不爱动笔、不会记笔记之外，没有其他什么大的毛病。

过了一天，又去给言的班上课，这节课我发现全班就缺少言一个同学。经过询问才知道，言就是这样，上一天课就要找一个理由缺席几天，家长为其找理由帮助言这样做。

课后，我到昌平兄那里核实了同学们说的这种情况，昌平兄告诉我，已和言的父母取得了联系，其父母反馈的情况是：言今天不想上学，因此就让他在家休息休息。对于言的这种情况，我真的感到很意外，但同时我也想找个机会和言沟通一下，再深入了解了解他的情况。

下午巡视各班时，我看到了言正在昌平兄的办公室写东西。走进时，我发现这个不爱动笔的孩子写得一手比较漂亮的钢笔字，并且书写相当工整。我情不自禁地对言说道:"言,你的字写得真好看!"话音刚落,我发现低着头的言的脸上分明露出了一丝微笑,并小声地招呼我:"余老师好。"我顺势坐在了靠近言的凳子上,开始了与言的谈话。

不知不觉半个小时过去了,通过与言的谈话,我对言有了一个基本的了解。言是一个聪明的孩子,但父母并不关心孩子的学习,基本上只是关注孩子的温饱而已,对其他方面基本上是不闻不问,家长会从来都不会参加等等。言自己想学好,并且希望得到班上同学的认可,同时言也感觉到班主任和科任教师对他都很好也很关心,也觉得自己的这种行为对不起关心他的老师们,但自己缺乏控制力。

交流沟通要结束时,我对言说:"从现在起,我们共同来完成一件事情:保证每天到校,不缺席,我专门进行监督。"言点头表示同意。

时间过得很快,一周多过去了,言做到了每天到校,但时常有迟到的情况发生,针对这种情况,我首先对言这一周以来的表现当着全班同学进行了肯定与表扬,并对言提出了第二件需要做的事情——实际上是对他提高了要求:保证到校不迟到。言很自信地点头表示同意。

一学期过去了,言也在昌平兄的特别关注和全体科任教师的关心下完成了一件又一件看来根本不能完成的事情,言也变得上课积极主动起来,许多行为也得到了全班同学的认可。期末考试结束后,言高兴地对我说:"余老师,物理我肯定考得及格了,其他科我也有进步的哦。"

看着不断进步的言,我有了如下思考:

一、对于学生存在的问题,要主动去与学生沟通交流,通过沟通交流,发现问题的本因,为解决问题提供基础。

二、要善于抓住沟通交流和教育的机会,让沟通交流变得自然流畅。

三、对问题很多的孩子的教育要采用循序渐进的办法,不要期望一次让这样的孩子将所有的问题都解决完。

四、要充分利用班级团队的力量,和学科教师采取联动的方式,形成教育的合力。

五、要及时发现学生的优点并及时给予表扬与肯定,让学生在自信中不断成长与进步。

> 李镇西点评:什么叫"教育科研"?在我看来,教育科研不只是写论文,而是实实在在地研究每天遇到的难题。我说过,把难题当课题,就是最好的教育科研!既然是"把难题当课题",就有观察、思考、记录,这都是科研。而科研的成果也不是什么发表了论文,而是转变了学生!谢谢余沐诤老师这个故事为我这个观点提供了令人信服的案例。

让学生感受千年一遇

余沐诤

2010年1月15日下午,我国迎来本世纪首次日环食天象奇观,本次日环食食甚时间最长达11分08秒,这在上下一千年是没有的,因此本次日环食天象堪称千载难逢。

日环食天象完整出现在成都上空的时候,正是课间,借助一张深色塑料纸我完整地观察到了这一天象后,带着一种莫名的兴奋走进了九年级A班的教室。

出于物理教师的专业本能,我问道:"现在正在发生着的千年一遇的日环食天象,从物理学角度讲是什么原因形成的?"我期待着同学们异口同声地回答出正确答案:光沿直线传播。因为这个问题太简单了。

但结果出乎我所料,这么简单的问题,只有几个同学做出了正确的回答,大多数同学表现出一种毫不关心的样子,真让我纳闷,这明显不是这个班的风格。正当我准备批评之时,我发现有几个上课平常根本就不会分心的同学却在偷偷地瞧着窗外。

"怎么?课间还没有看够,还想看?"于是我没好气地点到其中一位唐同学。唐同学站了起来,怯生生地回答道:"老师,对不起,我不应该看窗外。"

"好，坐下吧，认真点。"但唐同学并没有立即坐下，并举手示意我他还有话要说。"你还有什么问题吗？说吧！"

"老师，我们全班根本没有看日环食！"

"是吗？孩子们，为什么课间没看呢？"

"因为七、八年级进行期末考试，关闭了铃声系统，上一堂课的老师不知道下课了，所以我们连课间都没有休息！"

哦，原来如此。

"那你们想看吗？"我轻声问道。

学生异口同声："是！"

A班学生在我和科代表的组织下安静有序地来到了大梯步前的平台上，一张张期盼的眼睛在一双双小手的保护下仰望太阳。

这时，我想起了孩子们这样去观察肯定无法达到较好的效果。我快速跑回办公室，给孩子们拿来了我用于观察的深色塑料纸，分成不同的小块，传递给了每一位孩子。

五分钟后，学生们带着一种满足感回到了教室。一阵小小的兴奋后，学生很快进入了学习的状态，这堂课所有学生无一例外地认真参与其中，效果明显高于最近的几堂课，真出乎我的想象，同时我感觉到他们和我一样愉快。

下课了，一群学生围着我说道："谢谢你，老师，你没有让我失去这千年一遇的机会，真的，我都以为我要留下这个遗憾了。"

听着他们的话，我不由得吃了一惊，我差点铸成大错，让孩子们失去这个千载难逢的机会。看来以后还得细心些！

李镇西点评："看来以后还得细心些！"细心什么呢？我认为是细心尊重孩子的好奇心，细心保护孩子的探索精神，细心利用任何一个可能利用的教学资源……生活即教育，自然也是教育。尽量把生活和自然的各种现象有机纳入课堂，这样的老师是明智的。

寻找和制造机会转变学生

孙明槐

很多上课开小差、讲小话的孩子，都希望得到老师善意的提醒，如老师走到其桌子边轻轻敲敲她的桌子，走到她身边拍拍她肩膀，或用眼睛示意她，或点她起来回答问题；而不希望老师揪住不放，喋喋不休，为此再批评个没完。所以这些孩子希望老师既提醒他们认真听讲，又给他们留足面子。

但对有的学生来说这一招是不管用的。我教过一位学生叫秦妮，九月份开学上课一个月时间，她可以说是一个让人感觉非常恼火的学生。上课要么看小说，要么玩小东西，要么听 MP3，要么找同桌不停地讲小话，要么照镜子，要么弄头发，要么一副满不在乎的样子，作业也不交，偶尔交来的作业明显看出有抄袭的痕迹……让人上课的心情非常不好。在开始一段时间上课出现这些问题时，我没有批评她，就把她点起来回答问题，她回答不正确时，也没有批评她，就让她坐下，而是轻轻地拍拍她，或摸摸她的头，给她以十足的面子，可她毫无感觉，或根本不领情，丝毫没有体会到我的苦心，有时甚至反而变本加厉。

我不得不找她谈话了。下课后把她叫到一边，指出她这一段时间来课堂上存在的一个个问题。她也心悦诚服地点点头，解释了她存在这些问题的理由：她理科不好，没信心学好，也没心情学习理科，更没能力学好。我自然也给她讲了许多道理，打了许多比方，问她是否愿意认真听讲，她点头同意。可好景不长，她反复性太大。

在学生反复无常时，老师千万要沉得住气，这时老师是需要耐心的，老师如果一动摇，所有的努力将前功尽弃。对她的有些问题要"视而不见"，忽略不计，并且要多给她一些帮助，比别人多一些关爱和倾斜，而且这些行动要化于无形，目的是树立她的信心，改变她的认识。

于是我决定要制造机会，就在九月底学校举行的第一次月考，我针对秦妮一人作业中的错题和最基础的化学知识出了化学月考测试卷。考前要求全班同学订正近一月来化学作业中的错题，我要检查订正的结果，不懂的问老师。

在一节课后我让秦妮帮我把化学仪器送到办公室，顺便让她把自己的错题订正情况给我看。结果她根本没订正，原因是"不会做"。我没有批评她，而是针对她的错题主动地单独给她一一讲解，然后让她把某些题的解答及理由讲给我听（要她讲的题就是要测验的那份试卷中的某些试题，当然考题的形式是稍稍改动了一下的，要让她看不出这一点），我确信她确实弄懂了，才让她回去。

机会终于来了，在这次化学考试中，她考了70多分。这是一个改变她认识的难得机会，在全班对她进行了表扬，同时也反驳她理科学不好的认识，并不是理科学不好，关键是没有认真学。这时再找她谈话，消除她心中理科不好的错误认识，并确立新的目标（当然新目标不能太高，在稳定的基础上，让她通过努力奋斗是可以实现的目标，因为她的自信心还需要通过考试得的分数来进一步巩固和建立），也给她明确指出实现新目标的一些具体做法。并制订实现不了目标的惩治办法——奖励或惩罚买棒棒糖，我们还用了小孩子拉钩的游戏。

与此同时，我也给她更多的帮助，让她成为我的化学科代表，便于更多的时间交流和接触，更加关注她，时时给她打气，甚至有意识地开点小灶。

在第二次月考中，她化学考了80多分，这时她看到了她的努力付出与回报成正比，也看到了希望，更加信心十足。从此，她的化学学习行为来了个180度的大转变：不再是被动地学习了，上课她认真多了，积极地投入，认真地记笔记，有时还主动地问问题，很少开小差，作业也是一丝不苟地完成，不再有抄作业的现象；对不会做的题目还会主动来问我，在化学课堂上变成了一个积极活跃的可爱学生，她从讨厌化学而变成了喜欢化学。

附：秦妮给我写的一封信

敬爱的孙老师：

您好！我是第一次给您写信，也不知道该写些什么好，但我知道对一个真心对你好的人，你也应该真心地对待那个人。

刚开学，我自知自己的理科成绩很差，所以，也就根本没打算好好学，抱着对理科无所谓的态度来上学。渐渐地，我对理科失去兴趣，造成了严重地偏科现象，成绩一落千丈，对自己更是失去了信心。

后来，上了初三，也就多了一门理科——化学，因为原来自己对理科失去了的信心，所以也就根本没打算学，更别说要好好学。

一上理科的课，我就开小差，听mp3，看小说，睡觉，说小话等等，反正就是老师讲他的，我做我的，我们两不相干。当然化学课也一样，第一次月考，我化学竟然奇迹地考了70多分，物理和数学也奇迹般地考了60多分，这些对我来说简直就是个奇迹，而我在班上的名次也变成全班第三名，这对我来说更是个特大的惊喜，就觉得自己是在做梦，但事实告诉我这是真真实实的，并不是梦。

在一次上完化学课后，您把我叫到教室外面，当时，我还在想："完了，她找我干什么？是不是要挨骂了？"

结果，您并没有骂我，而是只问了问我的月考成绩，然后笑着对我说："你上课那么不认真也能考那么好，如果再认真一点的话，是不是会更好？甚至还有可能上90分……"我也只是笑了笑。

然后您接着说："秦妮，你以后上课要更认真哦，你看，你不认真听课都能考这么好，这说明你对化学学习还是很有天赋的哦，说不定再加把劲儿，还能上90分的，是不是？"

我听着听着，也笑着点了点头。

你看我点了头又继续说："那好！我们来个约定，如果你能在以后的考试中能上90分，我奖励你一个棒棒糖；那如果你上不了90分，你要给我一个棒棒糖，好不好？"

我越听越觉得有趣，就连连点头说了声："好！"

您满意地点了点头，说："那我们拉钩钩。"我笑着伸出了小拇指。

您说："不准反悔哦，我们拉了钩钩的。"

"好！"

"嗯，那我们这样约定了哦！"

"嗯！"

最后，我们就用这种幼稚的约定维持到了现在。

如今，我从以前的讨厌变成了现在的爱和喜欢，这一切都要感谢您，在您的真心付出下，我爱上了化学这门科目，成绩也在渐渐地上升。

我真的很感谢您——孙老师，谢谢您对我的帮助，谢谢您的真心,谢谢您提出那个幼稚的约定……

最后,我祝您身体健康!万事如意!

秦妮

2007年12月17日

李镇西点评:人们常说"失败是成功之母",其实,对学习困难的孩子来说,失败非但不是成功之母,反而是下一次失败之母。有时候,自信比知识更重要。相信自己能够学好,这是学好的重要条件之一。孙老师深谙此道。所以,她耐心地和秦妮做着一个有意义的实验,其实也是一个有趣的游戏:用善意的作弊换取孩子的信心,用一个棒棒糖奖励孩子的进步。后来,孩子果真有信心了,果真有进步了。要知道,这个孩子以前是讨厌化学的啊!可现在却成了喜欢化学的科代表。为什么会有这样天翻地覆的变化?因为"成功是成功之母"!

冲动的奖励

谢肖明

2009年12月，成都市骨干教师跟岗培训在武侯区进行，我校成为了全市骨干化学教师的培训点。受学校教务处和教研组的安排，我将在这次跟岗培训中上一节新课的展示课，时间定为12月第三周星期三第二节课。12月初，在教研组的老师共同研究下，我选定了这节课的内容为九年级化学下册第八单元课题一《金属和金属材料》。很快，我确定了上课的方案、实验，编制了导学稿，制作了课件等等，一切都准备就绪，就等着那天按照我校"五步三查"的模式开始进行这堂课了。然而到了这周的周二我不得不因为自己的一次冲动的决定推翻了前面几乎所有的准备，使这样一堂非常重要的展示课很失败。

推翻我前面准备的原因是我临时改变了上课的班级。这学期我担任了两个班的教学任务：五班和十五班。五班学生成绩好，思维灵活，学习习惯比较好；十五班的学生大多厌学，成绩很差，学习习惯更是惨不忍睹。在准备过程中我毫不犹豫地选择了五班，所有的课堂内容都是为五班的学生量身定做的。在我备课期间也选择了两个和五班几乎同等水平的班级预演了课堂的内容。我相信这堂课一定能成功。

周二中午，我在办公室再一次检查教案、导学稿和课件，因为这天下午第二节课就是五班的课，将开始组织学生进行自学，以便在明天的课上展示。时间不知不觉到了1点55分，就快开始第一节课了。第一节课是十五班的课，十五班的两名科代表到办公室来拿作业和实验仪器，因为还有两三分钟时间，我就让她们稍等我一下，我再对课件上的一个问题进行修改。随后我和她们一起走向教室。在路上，科代表之一的张瑶问我："谢老师，你做课件干吗啊？"我答："学校安排我明天上一节公开课。"张瑶说："在五班上吗？"我答："是啊。"张瑶自语："我就晓得，我们读了三年初中还没有哪个老师在我们班上过公开课。"我心中一震，冲口而出："要不就在你们班上吧。"走到教室，已经打响了上课铃，教室里依然如故：说话的，睡觉的，准备开始看课外书的……只有几个学生拿出了教材准备上课。还没等值日生喊起立，我就大声地说："我要向大家说件事，明天我要上一节公开课，就在你们班上！"刹那间，说话的学生停住了嘴，睡觉的学生伸直了背，看课外书的学生抬起了头，所有的学生眼睛中都带着不可思议。刘富成大声地问我："你真的敢在我们班上啊？"我答："有什么不敢的！"刘富成说："你不怕我们捣乱啊？"我说："大不了校长喊我下课嘛。那你会不会捣乱？"刘富成说："那我今天回去要赶快把校服洗干净了明天穿。"全班大笑。我说："我相信大家明天一定能上好课，不会有同学捣乱，不会有人丢自己的脸。今天这节课我们就自学明天上课的内容。"我马上让张瑶到办公室拿准备好的导学稿及教材发给同学。每一个学生都用我从来没见过的态度认真地完成导学稿。大约10分钟后，有学生小声地说了句："这些题好难哦，明天咋上啊！"我突然反应过来，这是按照五班的标准准备的导学稿，按照5班的水平准备的课，现在倒是痛快了，明天的课怎么办？没办法了，只有破罐子破摔了。我让学生不做导学稿了，只是认真地看教材，并向他们保证明天上课的问题他们一定都会。

上完了第二节五班的课,我找到教研组长孙老师和十五班班主任邹老师,告诉他们明天我会在十五班上这堂展示课。她们的表情和学生一样难以置信,两位老师甚至很巧合地都说了同一句话:"你自己要想好哦!"

虽然我连夜修改了课件、导学稿,重新做了准备,但是这样一节匆匆忙忙的课效果可想而知。但是在课堂上我看见刘富成真的穿着洗干净的校服(甚至还特地洗干净了脸),平时上课爱聊天的几个女生争着回答问题,从来不认真听课的李明带领全组同学展示他们准备好的实验,还有好几个男同学刚刚理整齐了头发……我觉得这堂展示课对十五班全体同学来说是很成功的。虽然他们的成绩仍然很差,但是从这节课后再没有学生在我的课堂上睡觉,没人聊天,没人看课外书,每个学生都想表现出认真听课的样子,就算他听不懂也是认真盯着黑板。这样的转变难道不是对我的"冲动"的奖励吗?

一堂失败的公开课换来学生的尊严与尊重,真划算!

> 李镇西点评:这个故事,我读到两个字:"良知"。我们平时说了多少次"尊重每一个孩子",可在行动上,我们往往更尊重那些成绩好的学生。当听到成绩不好的学生说:"我们读了三年初中还没有哪个老师在我们班上过公开课。"谢老师"心中一震",这里的"一震",源于朴素而真实的良知。他冲口而出:"要不就在你们班上吧。"这里的"冲动"也是一种良知。我赞赏谢老师这种"冲动",更希望这种"冲动"成为我们平时的行动——不要只盯那些成绩好的学生,并用他们来表现自己的"课堂教学艺术",而应该多把眼光投向成绩不那么好的学生,因为他们更需要我们的尊重、我们的鼓励和我们的欣赏!谢老师最后一句话说得特别好:"一堂失败的公开课换来学生的尊严与尊重,真划算!"

吃出健康

唐文真

俗话说:"人是铁,饭是钢,一顿不吃饿得慌!"说明吃对人是多么重要,但是如何吃才对人的健康有益呢?

这学期开学的第一周,生物课的教学内容就是《人体的营养》,其中一节就是《合理膳食》。

在以往的教学中,我通常会按照教科书中的要求,先给出均衡膳食的标准,以及青少年对营养物质的特殊需要,指导学生的日常膳食习惯、调整饮食结构。对认真学习、关心自己和家人健康的学生有一定的作用,但对于其他学生则收效甚微。

这学期,我根据学校教学改革的要求,改变教学方式,以下是我这节课的课堂实录——

师:同学们,过年一定吃了好多好吃的吧,能给老师分享一下吗?

教室里立即像炸开了锅一样,七嘴八舌说开了:鱼、虾、水果、火锅、海鲜……

师:同学们吃了那么多好吃的东西,说明现在人们生活水平提高了,想吃什么也不愁了！好吃的东西太多了！现在老师想请五位同学到黑板上写出你最喜欢吃的食物和最不喜欢的食物名称（多少不限）。

大多数学生都高高举起了小手！我点了五位同学，其余学生很不情愿地把手放下了。

张勇：喜吃鸡、鸭、猪肉，不吃苦瓜、香蕉、蛋、鱼；

李洁：喜吃鱼、虾、茄子、连白，不吃蛋、纯牛奶、肥肉、奶油；

冯楠：喜吃猪肉、鸡肉、火锅，不吃胡萝卜、苦瓜、西红柿；

唐建：喜吃烧烤、冰激凌、猪肉，不吃苦瓜、胡萝卜、鸡蛋；

周雪：喜吃火锅、方便面、饼干，不吃肥肉、牛奶、豆腐。

下边同学看到黑板上五位同学写的内容，议论纷纷，我不置可否，而是又提出以下问题，并作说明："如你是这样做的就举手，否则不举手。"

我派科代表点人数，并写在黑板上。

问题1：今天早上没有吃早餐的？（24人，全班共60人）

问题2：每周都吃过火锅或烧烤的？（31人）

问题3：喜欢喝可乐等饮料代替饮用水的？（21人）

问题4：喜欢吃方便面、饼干代替正餐的？（12人）

问题5：喜欢吃过冷或过热的食物的？（19人）

我对同学们说："现在请每个组的组长带领组员学习书中第17—19页有关'合理膳食'的内容，理解'均衡膳食'的基本要求，同时结合你们青少年时期对营养的特殊需要，小组内展开讨论，评价几位同学和老师刚才调查同学们的饮食结构和饮食习惯是否合理，小组讨论后，派一位代表发言。"

同学们展开热烈讨论，气氛高涨。

5分钟后，同学们纷纷举手发言——

第一小组代表杨子杰发言："不能只吃肉类，要以米面为主，多吃蔬菜水果，不吃早饭对我们身体不好，不能保证我们上午的营养需要，还会头晕。"

第二小组代表李松友："不吃鸡蛋和牛奶不好，因为鸡蛋和牛奶中有蛋白质、钙等物质，不吃我们的骨骼和牙齿长不好，还会得佝偻病呢。"

第五小组代表李玲发言："火锅不能吃，前不久电视上报道有的火锅店的油是地沟油，吃火锅也容易上火。"

六组李电培："吃胡萝卜可补充维生素 A，吃苦瓜可清热，要多吃。"

三组周云喧："多吃冰激凌会伤肠胃……"

眼看一节课去了大半了，学生们还是谈兴甚浓，欲罢不能，我只好提问："你们认为如何才能健康地吃，能否找到一个基本的标准呢？"

这时有认真读书的同学告诉大家："书上第19页中有。"

师：同学，你能领着同学们一起读一遍吗？

生（异口同声大声读出来）：食物多样，谷类为主，多吃蔬菜水果和薯类；常吃奶类和豆类；适量吃鱼、禽、蛋、瘦肉；少吃肥肉和荤油……

师：今天学习以后，同学们能否按照书中的要求合理膳食，同时指导家里的人也吃得健康？

生：能！

师：同学们，你们现在吃的东西决定了你们10年、20年、30年甚至一生的健康，你们相信吗？

生：信！

师：同学们一定要少吃或不吃油炸、烧烤和烟熏类食品，这些食品不但没什么营养，还会伤害我们的身体！同时要吃早餐，不能用零食代替正餐，我希望同学们都养成良好的饮食习惯，一生都健康，才能为国家、为社会多作贡献！

这节课通过学生的自主学习、小组讨论，学生自己会主动认识到怎样才是健康的饮食习惯，比老师讲课的效果好得多。

> 李镇西点评：民主课堂的要义，是让学生成为课堂的主人。但这不应该是一句空话，而应该成为课堂行为。这堂课中，唐老师非常善于引导学生把教师本来要教给学生的知识，让学生自己讲出来。特别令人赞赏的是，学生讲的既有书上的知识，更有自己的生活体验。让学生把书本上的知识与学生生活打通，这是教育的艺术之一。

自由与约束

张瑞莉

又到会考季,每年这个时候,我都要在每个班级里面找到一些比较特殊的学生,找到他们在学习上的问题,然后帮他们制订一套符合他们自己的复习方式。

他很特殊——暂且称他是 A 吧。初二第二学期接他们班,没上课前,班主任专门找我谈了,他的班上有个学生比较特殊,之前几个学期是个霸王:曾经威胁过男老师,曾经打过爸爸,上课从来不听课,天不怕地不惧,在德育处是挂号人物,火爆脾气班主任只能靠哄,现在和他的和平协议就是,上课随便他干什么,只要不打扰老师,不和老师发生正面冲突。唯一的优点就是:相当聪明。我心想:半大的孩子有什么呢?上了他们班几节课还好,我们没有正面冲突,终于有一天他在我课上把生物书看完竟然看起了《诛仙》,现在回想起来我那时真的是年轻气盛,走到他跟前把书收了,他给我撂下一句狠话:"我给黄老师(班主任)面子,现在不和你计较!"课堂的剩余时间,他开始搅乱课堂纪律。

等到下课,我刚开门,瞬间一只手把门死死地按回去,门发出震慑心脏的响声。回头发现是他死死地盯着我。

"把书还给我！"

"上课看书我为什么还给你，开学第一节课我就说了上课不能看课外书，否则我会没收。"

"那你就别想从这里走出去！"

说老实话，到现在都记得，当时被他那种突如其来的凶狠气势吓到的感觉，我那时相信他绝对有胆子和我干起来。我撞着胆子，仗着有那么几分高度，也恶狠狠地盯着他说了一句："那我们就试试！"说完，我死命地拽开他按住的门，不敢回头心虚地走了。根据班主任的说法，他真的敢打老师。

可能是我的气势也让他吃一惊，也可能有同学拦着他，也有可能就如班主任说的，这个学期变化很大，脾气小了不少。

事实上他的事情还没完呢，班主任很快了解了事情，然后找他谈心，很快他就出现在我的办公室里。他来之前，我也调整了一下心态，以我的经验，他属于强硬派，我得先消气先平静，否则火星撞地球什么都谈不拢了。

他进来时还是不怎么高兴的。我先请他坐，他有点吃惊，可能因为经常进办公室，很少有如此待遇。这个我想还得感谢班主任，他告诉这个学生的特点，另外我真的想和他好好谈。

"很喜欢看《诛仙》？"

他不说话。

"你都已经看到第三部了！可以啊！"

A吃惊地看着我，还是不说话。我心想，有门啊！（那段时间我还真的因为好奇还了解了一下。）

"我没看，但是我还是了解的。这个作者挺厉害，他大学毕业一直都不顺利，很颓废，《诛仙》出名前他穷困潦倒，但是他有写作的爱好……"我把作者使劲儿吹嘘了一番，最后落在他身上，"你呢？不可能就这样碌碌为无一辈子吧。我相信你也挺羡慕他的吧？我和黄老师都认为你是很聪明的，有点知识找个自己适合的职业不好吗？如果老是这样，你不就是真的混日子了吗？"

他开始取下眼镜，擦眼镜，看眼镜。

"你喜不喜欢上网？"

他摇摇头。

"为什么？"

"没什么特别的意思。"

"是不是觉得没看书有意思？"

"恩，就是。"

我继续说："你是不是觉得生物课上得挺没意思的？"

他仍然摇摇头。

"还是觉得生物课太死板了？"

他微微点头。其实我也觉得围绕应试这样上课挺没意思的，只是这种方法比较适合绝大多数人的学习习惯。特别是生物到了这个学期，真的也没有什么有意思可谈了，升学压力和课时进度，只能让我和学生们对着那些考点死磕。

"我觉得你的阅读能力蛮强的。我可不可以对你做一个新的规定。"

他戴上眼镜看着我。

"除了黄老师上课的要求。我还要求你上课可以不做笔记，可以不参加课前小测验，唯一要求认真地看书，不懂来问我就是了！"

另外，我在谈话里不忘班主任的告诫：说软话。拼命地夸奖他。他自然欣然接受，同时也能和我对上两句话，至少从心里他不是那么抵制我，特别是我给他的特权对他来说简直就是一种解放。原本以为我们两个会闹个天翻地覆的状况，因为我的特权和对他读书表扬而变得平和起来。

自此以后的生物课，我们两人相安无事，他依旧在课堂处于游离状态，偶尔抬头看看黑板继续看他的书，只不过大多看的是生物书，而我始终进行着我的高压政策。在期末复习时，他总能回答上我提出的问题，特别是那些别人记不住的书本上的知识点，真的令人刮目相看，每每遇到他在学生中语出惊人之时我总要大肆表扬一番，而他装出极酷的表情：推推眼镜，眉毛上扬，继续读他的生物书！他越是这样低调，看生物书的效果越是好。

在最后的会考中，他取得了 A。

他的成绩一方面和他的聪明才智有关，还有一个重要原因是，他找到了适合自己学习的方法。这种方法的确不是按常规出牌，如果运用在所有学生身上，后果就没有这么理想了！

关键是要找出适合每一个孩子的方法。

> 李镇西点评："关键是要找出适合每一个孩子的方法。"素朴的一句话却道出了教育的真谛。当那些看起来不想学习的学生捣乱的时候，我们常常想的是如何"制服"他，而很少研究过，他为什么不学习呢？有没有办法吸引他学习呢？有没有适合于他的学习方法呢……对这些问题的研究，就是真正的教育科研。张老师这样做了，所以 A 同学发生了积极的变化，成绩也得以提高。

"老师，我们会想你！"

陈淑英

今天，上九班的课。

上课铃一响，孩子们很兴奋，像是有什么好事要发生似的。仔细一问，学生说："因为我们看到陈老师所以很高兴。"不管这话是真是假，我心里，还是甜甜的。随后孩子们的"老师好"是特别响亮，特别整齐，让我内心震动：孩子们，我应该怎么给你们开口？

孩子们一坐下，科代表便认真地组织着全班："保持安静！"这让我想起了以往科代表帮我管理课堂的一些细节，其认真负责，让我感动。

我到底是现在说，还是快下课的时候说？我还是犹豫。有孩子好像看出了我的犹豫，不禁冒出了一句："老师，你是不是有话要说？"

我笑笑，没说。但我心里却在说：对，我是有话要说。

略一沉思，我决定还是现在说吧！

"亲爱的孩子们，从初一到现在，你们都非常地听话，我这里再次表扬你们，你们良好的课堂纪律，这是你们的荣誉！"教室内一片掌声，孩子们脸上再次显出了笑容。

我所说的的确是实话，孩子们那么听话，再加上科代表的大胆管理，可以让我轻轻松松上完课不费劲。

"但是,从下周开始,信息技术上课时间我们就不能再见面了,由于学校对我的工作做了调整,你们班的课我不上了,改由X老师来给你们上课。"我鼓起勇气,一口气说完。

话音一落,所有学生一脸茫然地望着我,教室里沉静。孩子们静静地,静静地,让我也有些茫然。

"老师,我有话要说。"一个学生打破了宁静,大声地说道,"为什么?"

"因为你们的课程在进行调整。"我回答道,"不管是哪位老师,希望你们一如既往地保持状态,认真学习。"

教室里开始有点喧闹,"有话举手站起来说!"科代表也想到了自己的职责,他是很负责的。

几个学生突然举起了手,我一直微笑着,不过此刻我的思维开始有一点混乱,我不知道孩子们要说什么。

"老师,我们会想你!"科代表没让其他学生发言,自己也没举手,直接站起来脱口而出。

科代表的话让教室里忽然又安静了下来,大家再次沉默,我有些不知所措。

突然——

"就是,老师,我们会想你!""老师,我们会想你!""科代表的话说出了全班同学的心声。"孩子们七嘴八舌地说着同样的话,此起彼伏,教室里有些喧闹,然后是轰轰烈烈的掌声。

这样的话语,这样的喧闹,这样的掌声,让我感动着,也让我享受着,我的眼睛湿润了。

我说不出话,但我在心里说:孩子们,老师也会想你们,就算老师不教你们,也会一直关注你们,祝优秀的你们前程似锦!

李镇西点评：记得我是在一个周二的早晨从陈老师的博客中读到这篇短文的，当时就被感动了。当天下午是全校教工大会，我在大会上全文朗读这篇文字，让全校老师分享陈老师的幸福。我当时这样说："陈老师刚刚大学毕业，工作时间不长，却赢得了孩子们的爱戴。当孩子们对陈老师依依不舍的时候，陈老师感到了幸福。教育的幸福，就这么简单！"其实，类似的场面好多老师都遇到过，但并不一定所有老师都感到幸福。因此，能否感到教育的幸福，还在于教师本人有没有一颗敏锐、柔软而善感的心。这其实就是一颗童心。随着教龄的增长，我们越能保持这样的一颗心，我们就越幸福。当我们面对孩子的依恋而无动于衷时，幸福已经远离我们而去了。

仅仅因为一个"笨"字

陈淑英

当孩子们按小组排好座位我还在说以后上机的注意事项时,一个女孩高高地举起了她的右手,我只好中断下来,问她有什么问题,她说:"电脑无法启动。"哦,为防止安排座位时学生太过兴奋没有提前给学生启动好电脑,但以我对机房电脑的了解应该不会出什么问题,对此,我心中是有数的。我说:"稍等一会,我来帮你。"

机房的注意事项都说得差不多了,安排了第一堂上机的课堂任务,我来到那个女孩面前,却发现她趴在桌上哭,哭声不大不小,周围大概三个人可以听到。"为什么?难道是学生等不及?我错了吗?不应该吧。"心里发慌,周围的同学都认真地练习着,让我无法发现问题的端倪。

我只好把这个女孩叫到最前面,她不停地哭,擦着眼睛。我问:"怎么了?"她不语,哭。我继续问:"怎么了?有什么不满意的地方吗?"她还是一句话不说,高高的个子低着头,哭得没完没了。我该怎么办呢?我急了,真想骂她:"哭什么哭?个子比我高都还哭?你这样哭像个什么样子?"我还想责备她:"我都问你三遍了,我的忍耐也是有限度的,你哭吧,什么时候哭完什么时候回座位!"但我还是忍了忍,既没有骂她,也没有责备她。我想，如果那样，她会更难受的。

我望了望下面所有的学生，再看看身边这位面向着所有同学哭泣的女孩，心里想着"和谐课堂""民主课堂"，尊重是第一位的……有了！我帮她转了180度，背对着所有同学，并用双手拨开她面前已经被泪水打湿的头发："告诉我怎么回事，如果你不说我怎么帮你'出气'呢？"然后随手递给她一张我放在讲桌上的湿巾纸，耐心地看着她。

或许女孩还是有些小感动吧，抽泣着说："我刚才没启动好电脑，他们两个男生就说我'笨'。"她指了指坐她旁边的两个男生，一脸不高兴地说。哦，是这么回事。我舒缓了一口气。曾经有女生在课堂上与男生唇枪舌剑，女生语气咄咄逼人的场景，还真没想到这么一个"大女生"为这样一个字哭。终于知道了问题的原因，我说道："你太敏感了吧？你想得太多了吧？他们就随口一句话，或许不是想要伤害你。"我也是一个敏感的人，我想到自己有时候也比较敏感，"敏感有时候会让你为了一个词、一种语气、一个眼神而哭，但是我们要学会想开些，心胸豁达些，不然以后你得比别人多哭多少次？我们要学会坚强，不是吗？"女生没有摇头，也没点头，哭得也没那么厉害了。

我走下讲台，说："这台电脑刚才女同学是不是没有启动好？""嗯。"旁边的两个男生若无其事地说。"那该怎么办呢？""帮她启动好。""我们最好授人以渔，不授人以鱼，要教同学，是不是？""嗯。"他们看了看我。"那不能启动电脑是不是等于很笨呢？""不是。"他们摇摇头。"那请问刚才谁说了'笨'呢？"最终两个男生都承认了刚才没想那么多，一时错说了话，并诚恳地道了歉，女生也点头表示原谅。

或许该女孩还在想这个"笨"字吧？我也在想。同学的一个字，她就很在乎，很计较，那老师呢？有时我们老师的一个字或一个词是不是也在伤害着学生呢？

李镇西点评：就因为一个"笨"字，女孩不高兴了。在教师看来，这事儿非常小，甚至有些微不足道。但在孩子心中，这事却很大。大与小，关键是站在什么角度看——是以成人的目光去看呢，还是用孩子的眼睛去看？所谓尊重孩子，最重要的，是要学会体会儿童的感受。陈老师做到了。更让我感动的是，故事的结尾，陈老师由此想到了自己的教育，想到了教师的一言一行也可能伤害学生，哪怕是无意的伤害。可贵的反思！

一节学生需要的课

王锦生

下节课是八年级的课。

我提前10分钟来到网络教室做课前准备,依次打开电源、交换机、教师机、学生机,然后把当节课的导学稿通过电子教室软件发送到学生机的桌面上,接着检查每台学生机是不是运行正常,最后再温习一遍导学稿。

"王老师,我班的同学都在教室外站好了。"科代表走进教室对我说。

"太好了,我马上出来讲几句,就可以进来上课了。"我回答道。

我出去见同学们队列整齐、安静,顿时心情喜悦。我走到队列前,大声说:"同学们,下午好!咱们班的同学个个是好学生,课前排队做到了快、静、齐,应当表扬。今天这节课我们将用成都市初中信息技术毕业考试软件试用版,来测试同学们这段时间复习的效果怎样。同学们,有没有决心考出好成绩?"

"有!"学生们齐声回答道。

"砰!"这时我身后的天花板上突然发出巨大的声音。

"王老师,天花板上的日光灯冒烟了!"一个学生大声说道。

"哇，好大的焦臭味！"又一学生喊了起来。

我立刻转身向天花板望去，那里正冒着一股不小的烟，且越来越浓，强烈的焦味直扑鼻孔。"一定是电器或电路故障！"我意识到，应立刻关闭电源。

"同学们，是日光灯出问题了，不要慌，请班长把同学们带到楼梯口处，那儿安全。"我一边安排学生，一边飞身奔到电源开关处，用劲拉了几下电源箱铁门，无论如何也打不开，铁箱牢固地锁着。

信息中心有没有钥匙？我向信息中心办公室望去，门也紧锁着，立刻掏出电话，但我才想起，中心的老师上课的在上课，摄像的在摄像，都正忙着呢。马上调出电工杨师傅的电话号码，按下通话键，传出声音却是"你所拨打的电话暂时无法接通"。

"王老师你看，天花板燃起来了，日光灯都烧红了！"楼梯口处传来班长的声音。我一听更加着急，开关箱门打不开，电话也打不通，真急死人，顿时浑身大汗淋漓，我快步跑向移动发射机站，并再次按下通话键。"喂！"电话里传出杨老师的声音。谢天谢地！终于打通了，我急忙向他讲了发生的事，他说他立刻上来！一两分钟后杨师傅跑上楼来，检查并处理了故障，原来是日光灯的镇流器烧坏了。"谢谢你，杨老师！"

一场意外事故本就这样结束了。

"叮叮……"这时预备铃响了起来。

"班长，故障已排除，请同学们进教室上课！"我说完转身首先走进教室。想到刚才的突发情况，我突然灵机一动，何不把这节课内容改为：如果发生意外事故，我们应怎么办？同学们今后完全可能会遇到意外事故，所以这符合学生生活，也是学生所需要的。内容就这样决定下来。

于是我对学生们说："同学们，这节课我们学习内容是，如果发生意外事故，我们应该怎么办？第一步，独学。假设你遇到意外事故，应如何处理？可以在计算机上用文字或图形表达。第二步，对学、群学。以小组为单位合作探讨遇到几种不同的意外事故,各应怎么办。第三步……"

学生很快便进入角色,按高效课堂的"五步三查"进行教学。整个一堂课,孩子们表现非常踊跃,不知不觉就到了下课时间。

同学们下课离开教室了,我还听到有几个同学还在讨论:"刚才一小组展示上课时电器发生意外事故,各组员分工明确、行动迅速,值得借鉴。""我们组展示的放学路上,发生意外交通事故,同学们的行动跟电视上交警讲的几乎相同……"

看见同学们津津有味讨论的样子,我想这节课他们是有收获的,是他们需要的课。

> 李镇西点评:新教育实验倡导"教给学生一生有用的东西",这"一生有用的东西"有的并不在教材上,而在生活中,甚至蕴含在生活中随时出现的突发情况中。王老师迅速处置了课前出现的安全事故苗头之后,随机应变把这次险情作为安全教育的素材,并有机地和计算机教学结合在一起,值得赞赏。随意改变教学计划,当然是不可取的。但这样的险情并不是经常发生,因此这样的课的意义不是具体做法,而是"生活即教育"的理念。

学生的"破坏力"是我学习的动力

袁 伟

信息技术学科的教学，绝大部分时间是在学校的机房中进行的，因此对机房的维护是非常重要的。但是机房的维护却又是十分困难的，简直就好像是在和学生"斗智斗勇"。我们学校的学生机房的台式电脑是2003年和2004年分别安装的，当时安装的是win98系统，因此相对而言，电脑配置就偏低。如果学生一安装什么应用程序或改变什么系统设置，电脑运行速度就很慢，甚至死机。为了适应现在信息技术教材的需要，我们信息技术组的教师商议计划把电脑的系统改装成winxp系统，并且把制作母盘的任务就落在我的身上。

开始，我上网查找适用低配置电脑的winxp系统，这个系统还要适用于现在学校的教师控制系统。经过两天时间，我终于在网上找了一个旧电脑xp系统的ghost文件。把一台学生机安装好过后，就计划如何限制学生上机的行为，当然只能修改winxp中组策略和注册表。经过再三思考，我先隐藏电脑的驱动器C盘、禁用控制面板、禁止更改TCP/IP属性、删除任务管理器、禁用"添加/删除程序"等等，一天紧张的设置后，终于把一台学生机安装好了，然后给"administrator"用户设置好密码，给学生一个"user"用户，并改变在 System32 下把 gpedit.msc 更名，防止学生进入组策略进行修改，最后对电脑做了一键还原。我做完这些设置后，心想这一下电脑应该可以"固若金汤"了。

几天后，信息组的教师终于把机房每一台电脑系统都换成 winxp，做完后，每个人心中都有一种成功和幸福的感觉，但这种感觉并没有保持多久。

学生机房运行一周下来以后，电脑系统被学生设置得五花八门，桌面上的图标只剩下回收站，开始程序中的应用程序成了"光杆司令"，有些电脑干脆"罢工"……看到这些，我精心设置的自以为"固若金汤"的电脑就这么"不堪一击"吗？我于是只好认真研究一下电脑设置，看哪些配套没有到位。幸好，每一台电脑都安装了"一键还原"可以恢复。到网上查阅了大量资料后，我才明白，原来部分学生安装了一些软件可以突破我的设置，甚至可以任意更改 winxp 中的组策略。怎么办？于是我又开始思考研究……对了，限制学生安装程序不就可以了吗？于是我又动手更改电脑设置。再过一周后，又有新问题产生了，因为使用"user"用户，学生输入法只能使用快捷方式，于是我又下载了一个输入法设置程序，更改输入设置，接下来几周时间，电脑运行基本正常。

一次上课过程中，我发现有同学用百度查阅资料时，一不小心就点中一些不健康网站。我想这对学生身心健康影响不好，如果能过滤掉这些网站就好了，通过网上学习，查阅相关资料，终于解决了这个技术问题。

总之，在信息技术的教学过程和机房的维护过程中，虽然学生总是不断给我们机房造成一些"破坏"，但另一方面学生在"破坏"过程中也在不断地学习进步，而老师为应对这些"破坏"也在不断地学习。也许正是因为这种"破坏力"的存在，成了我今天不断学习、更新电脑知识的"动力"。

李镇西点评：袁伟老师的电脑技术之精湛，在我校是公认的。读了这篇文章，我笑了，原来袁伟的电脑水平的不断提高是学生"促进"的啊！学生不断"破坏"，换个老师不气破肚子才怪呢！但袁伟却很宽容。在他看来，学生的"破坏力"，是求知欲的表现，是创造力的体现，更可贵的是，袁伟因此和学生展开技术较量，"道高一尺，魔高一丈"，于是，袁伟成了电脑专家！看来，教学相长，非虚言矣！

面对装病的孩子

邓永辉

由于学校工作的调整,这学期我多带了两个班的课,其中就有令人头痛的十四班。这个班有几个同学对学习没有兴趣,学习习惯较差,特别是上课自己不但不听,还经常影响周围的同学。开学没几周,我就和李林、陈东谈过两次话,每次谈话后都只管一两节课,之后他们又恢复到以前对学习无所谓、对生活漫不经心的状态。

今天,预备铃响了,我像往常一样走进十四班,因还没有正式上课,班上有些乱,除个别同学看到我走进教室忙着回座位,做课前准备,更多的同学无动于衷。这时,我注意到李林和陈东两人正小声谈着什么,一脸的神秘,看那神情,一定不是什么好事,我心里这样猜测着,神经开始紧张,有一种这节课不会太顺的预感。

上课的前几分钟,课进展得还算顺利,同学们基本上都按我的要求看书。这期间,李林用手托着头看书,另一只手捂着肚子,陈东虽然眼睛看着书,从表情上看他并没有注意到书的内容。其他几个平时调皮同学,虽说没有太专心看书,但也没有异样,看来是我多虑了。

"报告老师,李林肚子痛!"突然,陈东的一声大叫打破了班上的平静,全班同学都将目光投向李林并开始议论。我看见李林手捂着肚子,伏在桌上。

"老师,我送他到医务室!"陈东自告奋勇。"老师,我也去!"这是张斌的声音。"我也去!"这是朱明的声音。班上一下子乱了起来。我快步走向李林,低头问:"肚子疼得很厉害吗?""嗯。"但这声音听起来好像不是那么痛苦,我轻松了些,但还是立即喊道:"班长,你带李林到医务室去,快!"

"老师,就叫陈东和张斌送我去嘛!"李林侧头对我说,这时我发现李林的神情有些不对,我看不出他有痛苦的表情。"老师,就让我去嘛!"从陈东的声音和表情中我猜李林并不是肚子痛,而是借机不上课,到外面去玩。

怎么办?

"大家安静!"大家稍安静些了,我继续说,"这样,陈东马上扶李林去医务室。"说到这里,我发现李林的脸上出现一丝喜色,我的心里更坚持要抓住这次教育机会。"不是班长送吗?"有同学小声说。"班长另有任务,鉴于李林的病情严重,学校医务室是没有办法的,但可做前期处理。"这时,陈东扶李林正要走出教室,听我这样一说,停了下来。我继续说:"请班长马上用我电话通知李林家长到学校医务室,接李林到正规医院进行检查和治疗,其他同学继续看书!"

我边说边走向班长,并掏出电话。"老师,别打电话,我肚子现在好多了,我不去医务室了!"背后是李林着急的声音。

"这怎么能行,有病就得治!"有同学劝他。

"不行,李林,有病一定得治!"我也坚定地说,"学校医务室只能做简单的处理,治病还得到医院,这一定得你家长来才行!"看我关心和坚定的神情,李林和陈东相互看了一眼。陈东说:"老师,李林肚子真的不疼了,我们也不去医务室了,我们错了,我们一定认真上课。"边说边走向座位。

"是不是真的不需要到医务室?"我小声问。李林点了一下头。"是不是刚才肚子就不痛,只是想借机出去玩?"我继续小声追问。他再次点了下头。

我让同学们先继续看书,分别小声对李林和陈东说,把这件事的经过写清楚,谁的主意,从这件事吸取什么教训,放学前交给我。

放学前,两个将认错书交给了我。在办公室,我与他们再次进行了沟通,给他们讲了这样做错在哪里。我说,不仅要对自己负责,还要对其他同学负责,对家长负责;你们这样做没有考虑后果,是不诚实的表现。然后和他们一起谈到做人的道理,那天我和两个孩子谈了很久很久……

从那以后,两个孩子再也没有犯过类似的错误。

对学生的调皮行为,如何机智地应对?如何在平常的教育教学过程中寻求有价值的教育机会?这是对每一个教育工作者的挑战,我庆幸当时观察得比较仔细,更没有因生气而失去理智,否则效果不会这样好。

> 李镇西点评:教育不仅需要爱心,还需要智慧。特别是有时候遇到突发事件的时候,更是特别需要教师的机智。比如邓老师面对孩子的装病,就表现出了他的机智。既不能迁就学生,也不能和学生发生冲突——何况还是在课堂上啊!怎么办?富有经验的邓老师仔细观察之后,很快做出正确的判断,然后不动声色,将计就计,稳定了课堂秩序,防止了学生逃课,课后又和学生诚恳谈心,最后收到了良好的教育效果。把每一次突发事件,都当成教育契机,这是一种教育智慧。

天　堂

饶振宇

"丁零零……"清脆的上课铃声响起。这节历史课的教学任务之一就是和学生一起简单了解巴黎圣母院,感受欣赏建筑的美。

在大家预习完课文之后,我提了一个简单的问题:"巴黎圣母院是什么宗教的场所?"答案在课本上写得很明确:"天主教教堂"。这个问题本身没有太多思考的价值,不过是提醒同学注意要勾画的知识点,并订正答案。但是今天我决定利用这个提问训练一下同学举手回答当众表达的意识。因为这个班的同学比较内敛,习惯举手回答问题的人不多。"谁来和大家分享自己的答案?"我继续问。但台下却"沉默是金"。

我环视一圈,看到小敏已经在书上做了正确勾画,他眼睛亮闪闪地望着我,犹豫着想回答又不敢举手。小敏在班上成绩平平,不爱说话。今天一定是成竹在胸,才会有这样的表现。我也用鼓励的眼神望着他,继续说:"这是一个难得的机会,既能锻炼我们的语言表达能力,又能锻炼我们当众说话的勇气。名额有限哦。"他终于勇敢地举起手,我很高兴地请他回答。可能是很少回答问题,小敏显得有些紧张,嘴里快速冒出两个字:"天堂"。教室里顿时爆开一阵哄堂大笑,小敏的脸一下就红了。

我微笑着请小敏坐下，又等了十来秒，笑声渐渐弱了，才开口说话："我觉得这个答案有点意思！"然后，我轻轻一问："谁能说说'天堂'和我们今天的主题有什么联系？"教室里七嘴八舌的声音多了起来。一个同学说："嗨，就是天主教堂的缩写。""形象生动，方便记忆。"我点评道。另一个同学接着说："天主教认为他的信徒死后会进入天堂。""巴黎圣母院的风格是哥特式建筑，又高又尖的塔顶象征着教徒死了之后就从这里升入天堂。""巴黎圣母院教堂内遍布彩色玻璃，十分美丽，教堂外部雕饰精美，富丽堂皇，就像天堂一样。"还有同学在补充。我再转头看看小敏，他脸上的表情释然了不少，也加入到同学的讨论之中。

一个宽松、积极、愉快的学习环境能让孩子创造出学习的天堂。

> 李镇西点评：小敏的答案并不太正确，如果简单地否定，一个平时本来就不爱发言的孩子就很可能从此失去发言的勇气。饶老师顺势引导学生思考并讨论这个答案与今天学习主题的关系，于是孩子们的思维一下活跃起来，课堂也随之活跃起来，当然，小敏也活跃起来……有时候，所谓尊重孩子并调动他们的积极性，其实就是教师看似随意的"轻轻一问"。

让学生当编剧

胡德桥

在讲到《唐朝的民族关系》一课的时候，根据课后编演历史短剧的活动建议，我设计了这样一道课堂习作题：以文成公主入藏与松赞干布结婚为题材编写剧本，字数在 200 字左右。学生看了这样一道题后，纷纷感到为难，他们说不知从何入手。

"有哪一位同学看过剧本？"我启发道。

有一位同学犹豫地举起了手，小声说道："我看过《还珠格格》剧本。"

我迅速问道："那么，你认为剧本有什么特点呢？"

"我觉得里面有很多的对话，也有一些背景的介绍，还有什么道具、布景什么的。"他的声音逐渐变大了，自信心也来了。

"你说得很好，请坐！"我及时表扬了他，然后补充道，"大家在下笔之前，首先应阅读跟本课有关的两位主人公的文字和图片资料，了解两人的身份、生活习惯、性格特征；然后设计他们发生故事的时间、地点，以及对话的内容；在写的过程中，要注意服饰、动作、语气的描述，还要注意旁白的叙述以及故事的结构；最后要检查一下是否有错别字。"在讲的时候，我发现大多数的同学似乎明白了，脸上的表情也轻松起来。我再问同学们的时候，大家都异口同声地说："知道了。"我的心踏实了不少。

等到把同学们写的剧本交上来的时候，才发现情况不像预期得那样好。剧本的问题主要有：有的是几句简短的对话，明显是字数不够；有的没有对话，而只是故事的叙述；有的是采用现代人使用的常用语，显得有些不伦不类。当然，也有许多闪光的地方：有的使用了符合当事人身份的语言，让人觉得有历史感；有的揣摩了当事人的心思，写出了他们的心里话；有的语言很亲切，仿佛他们就在我们身边。

下面，让我们一起来看李香同学所写的剧本——

文成公主与松赞干布婚后

（文成公主与松赞干布结婚后，松赞干布对文成公主很好，文成公主也很喜欢松赞干布，二人日子过得十分不错。一天，两人出去游玩。）

文成公主：干布，我来到西藏也有一段日子了，你今天能好好陪我玩吗？

松赞干布：文成，从你来的那天，我就看得出你是一个温柔贤淑的女人，我当然愿意陪你玩呀。我们西藏有辽阔的大草原，还有白色的蒙古包，还有许多牦牛，你看那些牦牛的毛全部都垂到地面上；碧绿的草原一望无际，到了晚上，躺在草地上，好像一抬手就可以抓住星星。

文成公主：（高兴地）好呀！我们现在就去骑马，然后边骑边谈，到了晚上的时候，我们再一起看星星怎么样？

松赞干布：（也很高兴）那就听你的。

（到了晚上的时候，天上果然出现了满天星，他们躺在草地上边看星星边谈心，他们谈了很多很多。）

文成公主：（突然悲伤地）干布，来你们这里已经很久了，我很想念父皇和母后，想回去看他们。你同意吗？

松赞干布：（温和地）好吧！我明天陪你去看父皇和母后，你的父母就是我的父母。其实，你已经来了这么久了，我们都没有回去看过他们，我也很想念他们的。

文成公主：（高兴地）我知道你理解我。（完）

在讲评作业之前，我先在班上朗读了这一剧本。接下来，让学生来谈看法。有的说，当时应该是吐蕃而不叫西藏；有的说，蒙古包应在蒙古，吐蕃地区应该叫帐篷；有的说，语言亲切，很有人情味；有的说，有背景介绍和语气描述，让人有身临其境的感受……

等到同学谈得差不多了，我总结道："大家讲的都有一定的道理，既看到了优点，也指出了问题所在。确实，该剧本在语言描述、剧情构思、背景铺垫、心理活动等方面都有值得肯定的地方，但是也犯了一些历史常识性错误，如在当时的条件下，他们夫妇是不大可能回长安看父母亲的。当然，希望同学们多看别人的优点，让自己能得到更多的启示。"

老实说，在布置这道题时，我心里是没有底的。等看了他们的作品后，我被他们可爱、智慧的一面深深感动了。

> 李镇西点评：我经常对老师们说："永远不要低估孩子的智力。只要我们教师给孩子尽可能多的机会，他们就会给我们无限的惊喜。"胡老师这个案例为这句话提供了注释。剧本写得的确还不够理想，但要知道，他这个班的学生基础是比较差的。但是，在胡老师的鼓励下，学生依然写出了虽有不足却有模有样的剧本。是的，无限相信学生的潜力，他们就会给你太多的惊喜。

给他一个机会

刘朝升

学习成绩比较差的学生,一般情况下自信心也比较差。如果老师经常给他们恰当的表现机会,他们的自信就会逐渐建立起来。那天我一个无心的举动,没有想到让一个学生喜欢上了我的课。

以前,郝戟给我留下的印象不是很好。除了缺了几次地理课外,在课堂上也经常开小差、讲小话、不完成作业。多次谈心,改进不大。有一次我开玩笑说:"你这个豪吉(郝戟)鸡精,味道比广告上说得差一点。"

但是,从上节课开始,他的"味道"逐渐好转了。这一节课,他的表现更让我和全班同学高兴。

上课时,他边看书边玩羽毛,我提醒了后,他马上收起来了。到展示阶段,几位成绩比较好的同学虽然讲解得不尽如人意,但相对还行。为了不落下上课进度,我不准备找成绩差的同学讲解。正当我要补充讲解时,郝戟要求上台讲解,虽然我担心他讲不好,但是我不能拒绝他强烈的要求(如果我不给他讲解的机会,他一定会大发牢骚的)。他上台讲解时,声音洪亮,十分自信,而且还有点幽默。让我意外的是,关于亚欧大陆受海陆位置的影响而气候不同的原因,他分析得比较到位。比起那些成绩较好的学生来说,这次他表现好多了。他讲完后,还一本正经地要求大家给他鼓掌。也许是因为他的成功讲解和他们组两位同学的有力的补充,他们组得了满分——3分。

特别是在展示环节时,科代表讲解了赤道和南极两地气候不同的主要原因。但在分析原因时,出现了一些错误。这时,郝戟高举着手,强烈要求补充。考虑到他前面已经讲解过一次,所以我想把机会给其他人,但是,要求补充的都是已经讲解过的同学,加上他的坚持,我把机会又给了他。

"因为赤道地区纬度很低,所以气温很高。高温使得海水大量蒸发,水汽在上升的过程中,形成云,然后下雨就多了。"他一边看着投影图,一边声音洪亮地说,"而南极的纬度位置很高,气温就很低,所以海水难以蒸发形成雨,雨就少。"

他刚补充结束,就有同学不同意他的观点,举手示意要求纠正,但是,时间却不允许,我还有任务布置,所以,就直接点评了。

"有了郝戟的补充,其他的补充就没有必要了。"我说,"我真的没有想到郝戟这样一位……"我想找一个恰当的词来表扬他今天的突出表现,还没有说出来,郝戟打断了我。

"这么烂的人!"郝戟大声补充道,然后有些不好意思地低下了头。他对自己的评价把我也逗笑了,他真是豪爽!

"不,只是纪律不好而已。"我笑着纠正说,"因为刚才他补充得很精彩,所以,给他个人加3分!给他们组加1分!"

听到我这么一说,虽然台下一片哗然,但很多同学也为郝戟的进步感到高兴,尤其是他们组的同学。

课后,一女同学告诉我,郝戟已经在班会课上表态,他要每一天进步一点。今天他的表现,已经证明了他的决心。

这一段时间，郝戟的进步的确很大。今天他在地理课的表现又是一次有力的证明。

我布置完预习任务后，在教室巡视同学们完成任务的情况，并不时提醒他们，在独立自学期间，不能讲话。这个班的纪律还行，但就是个别同学上课老是讲小话。郝戟坐在最后一排，我故意走到他跟前看看，以示我对他的关注。虽然他跪在椅子上、趴在桌子上阅读，但是，他看书很认真。本想让他"正襟危坐"，但想到我的提醒可能会打扰他，所以我打消了这个念头，悄悄地走开了。

在讨论阶段，全班同学除了个别的一两个外，大部分同学在讨论问题，少部分在独立看书、做题。郝戟也在独自看书。讨论结束后，他第一个举手要求讲解，我不假思索地把机会给了他——他学习地理的兴趣刚刚有些苗头，我要保护他这种积极性。

他上台讲解的是教材第 65 页的第二题——计算并比较四个国家的出生率、死亡率和自然增长率。他先以英国为例说明如何计算自然增长率，然后分别说出答案。回答这道题的两道小题时，他没有直接回答，而是先读问题，再说答案，最后还要分析一下。说实话，对于这道题，让我讲解比他高明不了多少。

他讲完后，还是一本正经地客套了一番："我讲完了，谢谢大家！请大家为我鼓鼓掌。"他那种认真的表情真让全班同学忍俊不禁，全班响起了热烈的掌声。我相信，这掌声是发自他们内心的。

"郝戟，我太高兴了。"我说，"为了祝贺你的进步，我们俩拥抱一个！"他大大方方地和我拥抱了一下，然后很自信地回到了座位上。在我点评他的讲解时，他坐得端端正正，听得很认真。

在后面内容的讲解中，我主要请其他同学来尝试讲解。虽然郝戟他总要举手要求自己上台讲解或者替别人补充，我没有再给他机会。我相信，他一定能够理解我的做法。

作为老师，我们会遇到各种各样的学生。应该来说，每个孩子都是不同的天才。但是，我们评价孩子的标准太单一。在学校，基本上以考试成绩为主，这就造就了很多在成绩方面表现比较差或者很差的学生。这便形成思维定势，让我们不加思考地认为，只要成绩不好的孩子，在其他方面可能也不好。于是，在很多方面，我们不再信任他们。而他们，也在我们的预料之中发展。如果我们能跳出这个怪圈，便会多一个正常发展的孩子。

郝戟的变化让我更加有信心，只要相信孩子，给孩子恰当的表现机会，他们一定不会让我们失望的。

> 李镇西点评：后进生往往有一个特点，就是好表现自己。在一些老师看来，这是他们"逞能"，是一种捣蛋；其实，这也是一种求知欲的体现。他们实在是太想证明自己了。如果老师不满足他们，冷落他们，他们便以一种破坏性的方式展示自己，那就是真正的捣蛋了。刘朝升老师则不然，他认为"每个孩子都是不同的天才"，因此他善待郝戟，利用一切机会给他以鼓励，让他表现。正是在刘老师欣赏的眼光中，郝戟进步了。因此，从某种意义上说，所谓"转化后进生"，前提就是信任与欣赏。

成功，还是失败？

刘朝升

虽然我校开展以"五步三查"为操作模式的民主课堂有一学期了，但我还是处于探索阶段。反思我上学期的课堂，"五步三查"的基本要求是做到了，但在学生知识的过手方面还很不足。恰好在本期开学，教务处也提了一些强化落实的具体要求。上周三我在班里尝试了一下，感觉还行。

那节课学习的内容是九年级第五单元的第十四课《小平您好》，我引导学生明确导学稿中的"学习目标"后，便要求他们独学，并补充了和以往不同的要求："根据目标阅读课文、勾画重点后，在完成导学稿中'自主学习'的练习题的时候，不能再边看课本边做了，而要关上课本独立完成。另外，最后展示的时候，我将请每个组两到三位同学板书导学稿中的一些重要内容，同样也不能带课本和导学稿。我虽然不要求你们准确无误地写出所学的内容，但是，至少主要的内容要正确。"

同学们听后，一片愕然。因为上学期的时候，他们看完课本在做基础练习的时候是边看课本边做题的。在大展示的时候，他们也是带着课本和导学稿。课堂看起来热闹，他们也感到轻松。

看着他们不理解的样子,我只能多做一些解释了:"大家都知道,我们上期的政治课考试虽然结果不是很差,但也不是很好。作为一名地理老师初上初三的政治课,我深知我能力有限,幸亏学校要求按照'五步三查'的模式来上课,所以我把更多的时间给你们自学。期末考试的结果,就是你们在没有专业政治老师教授的情况下自学的成果。从批改试卷的情况来看,出现的主要问题是你们的一些基础知识落实不到位。为了抓好知识的过手,看完课本做基础练习的时候,就不能看课本抄写了;在大展示的时候,也不能上台照书念或者照书抄了。"

理解万岁!学生们终于明白我的用意了。他们这一次读课本显然比以前更加认真了,边读边画,还默默记一记。以前的时候,很多同学看书浮光掠影,一晃而过,而这一次,到规定时间了,有一半的同学还没有看完书。

但是,到做导学稿中的基础练习的时候,很多同学明显比以前做得快。以前的时候,因为看书不认真,做题的时候就老翻书。但是在独学"合作探究"题目的时候,答案就不一致了,记得多的写得多,记得少的写得少。不过群学后,合作探究题的答案基本趋于一致。内容还没有讨论完,部分同学的注意力不集中了,开始借讨论问题之机闲聊了。当大部分组基本讨论结束后,我提醒他们要大展示了,并重复了一次要求:"每个组我将随机请两到三位同学上黑板书写我们今天学习的主要内容。"

话音刚落,全班同学都开始认真看导学稿或者课本,并且很多同学开始默记一些重点,有的还相互提问。看着他们一个个认真学习的样子我很高兴——这是我最乐意看到的一幕。

大展示开始了,我到每个组随机请同学板书。这是最有意思的一个环节,我每到一个组,有的低下头,有的笑嘻嘻地看着别人,就是没有人主动承担。

当八个组的十六个人板书的时候我才发现教室很混乱。上台写的同学有的抓头挠耳,有的偷偷看别人的,有的"求助"于其他同学。当然,更多的同学遵守纪律,写得也不错。而在座的同学自以为逃过一"劫",很放松,有的在看别人写黑板,有的在说笑。

我不能让他们闲着,马上给他们布置任务:"没有板书的同学注意了,等他们写完后,你们要批改他们写的内容。两组互批,一二组交换批改,三四组交换批改……"

"他们都乱写了,我们怎么批改呢?"一位同学发问才让我知道,上去书写的同学只有一个组在本组的位置书写,其他的都凑近写在其他的组的黑板上了,而且也没有标题号。这是我没有预料到的,只好补充要求他们把组序和题号标出来。

板书基本结束后,我本来想随机请没有参加书写的同学去批改板书的内容,但觉得那样做有些浪费时间。于是我就让各个组凡是没有参加板书的同学自主批改板书的内容,为了避免有些组没有人去批改板书的内容,我还加了一句:"如果有的组没有人去批改,我就随机点一位去批改。"

他们批改完后,我就给各个组依次加分。加分的依据主要有两个方面,一是回答是否正确,二是板书书写是否整齐。我一边问同学们,一边给各个组加分。有些组故意把别的组的分数压低,而有些组故意抬高本组的分数。如果我对每个组书写情况很清楚,我就是比较公平地打分。但问题是,我忙于组织,基本上没有看各个组书写的内容,而在打分的时候也不可能一下看完,只能跟着感觉走了。这个感觉很不好,打完分后还没有下课,我马上反思这堂课。

"同学们,这样的课是我们第一次上,我们来反思一下这堂课。我先来反思。在看课本和完成导学稿这两个环节上,虽然个别人没有做好,但绝大部分同学做得很不错。但是在展示环节比较混乱。第一,一些同学没有在本组的黑板上写内容,也没有写题号。这就导致批改的同学无所适从。问题在于我事先没有提醒同学，是我的错。第二，大部分同学在书写的时候没有使用双色笔，没有按照我的提示把关键词用彩色粉笔写出来或者标出来，而且一些同学书写很乱，不整齐。第三，负责批改的同学做得太简单，一个对号或者半对就了事，应该把错误地方写出来并加以更正。还有，因为是第一次这样上课，我应该给每个组提前指定要展示的内容以便准备，这样不至于写得像这样过于简单。我反思完了，请同学们从自己的角度反思一下本堂课。"

遗憾的是一位同学刚刚说了几句自己的意见就下课了。如果没有下课，或许反思的同学会更加多一些，我会收获更多。

这堂课显然很粗糙，有很多问题需要改进，但我感到很有收获。

> 李镇西点评：用"五步三查"的模式上课，很容易让学生看起来很热闹，但知识并没有过手。这就需要老师不断反思与改进。刘老师正是如此。他根据以往上课的不足，及时改进，让学生真正掌握知识而不仅仅是看起来活跃。这堂课，并不是一堂完美的课，尽管有了改进，但还有许多不足。难能可贵的是，刘老师把反思精神贯穿于每一堂课，这个过程是没有止境的。刘老师在结尾写道："这堂课显然很粗糙，有很多问题需要改进，但我感到很有收获。"收获的什么呢？我想，应该是"成长"。

改变带来的意外

刘朝升

在我教的七个班级中,十四班是让我最没有成就感的一个班。在这个班上课,我经常被违纪行为打断。我经常被迫停下教学,处理违纪事件。而在课堂上,这些违纪行为难以处理彻底,更难以达到我满意的程度。这种挫折感让我想起到这班上课就感到恐惧。

本周星期三的第二节课,我还是带着不悦的心情走进了这个班级的教室。

在这节课上,我准备上"逐步完善的交通运输网"这一节内容。其中关于我国铁路干线的"三横五纵"是本节课教学的重点和难点,也是考试的重点,如果借助多媒体课件的话,效果比较好,而且效率比较高。

在上课前,我让科代表(听说他是这个班最"牛"的一位男生,但在我的课堂上表现还行)提前联系好了多媒体管理员。但我一进教室科代表才气喘吁吁地跑来告诉我,一个不知情的老师已经推走了多媒体移动柜并已经在用了。同学们一听这个消息,大为不满。那几个经常违纪的男生已经借机拍桌子嚷嚷了,并扬言要抢回来。幸好班主任胡老师在场,帮我浇灭了这场即将燃烧的野火。

"同学们，没有关系！"看着刚刚平息的场面我微笑说，"我相信我们十四班这节课不用多媒体也能上得精彩！"

我不能在这件事情上纠缠太多，应该赶快进入新课。我本来想用唐朝文成公主进藏的故事来引入这堂课，但又担心他们可能又会扯到一边。犹豫之余，我拿起了中国地形图贴在了黑板上。

我上中国地理课有个习惯，不管讲什么内容，总要在一旁挂上中国地形图。这张图虽然是中国地形图，但也能看出中国的海陆位置和主要行政区的轮廓图。这样做便于让学生意识到地形、海陆位置和行政区与新内容之间的联系。

就在挂上这幅中国地形图的那一刹那间，我突然决定换一个导入。

"同学，请看这是什么地图？"我想引起他们的注意。

"这就是地图啊！"一男生阴阳怪气地说，引起了一片哗然。

"同学们，就根据中国地形图，你们思考一下：在中国这片广袤的土地上，假如你是掌管交通的最高领导，你计划如何修路？修哪些路？为什么？"

听了这个问题后，课堂上嘻嘻哈哈地闹成了一片，但举手的人也很多。当我看到那个经常在我的课堂上假装睡觉的男生也在举手，我就马上提问他。这是他在我的课堂上第一次举手，我一定给他一个表现的机会，虽然我也不期望这个"瞌睡虫"能正确回答问题。

"把那些山打成洞，到处修成公路，每个人发一辆小汽车！"从表情看，他为自己的回答很得意。

"你的脑壳有包啊！那些山你去打成洞修路吗？"我刚刚要借机点评，没有想那个被同学称作"大嘴"的爱乱喊的家伙在我意料之中又一次叫嚷了。

"他说得也有一定的道理，"我看着"大嘴"指着"瞌睡虫"说，"他的意思是大力发展公路运输。"

"那样说的话，我建议多修一些飞机场就行了！""大嘴"接着我的话反驳道，"每个人发一架飞机，就不用把山打成洞来修路了！"

"大嘴"在我的课堂上有时候还是要发言的。我也想借机鼓励他一下。正当我想说"你的意思是说，在我们国家应该大力发展航空运输"时，"瞌睡虫"的叫嚷声打断了我："你这个瓜娃子（四川方言，有笨的意思），飞机比小汽车贵得多。"这下"瞌睡虫"借机反击了："刘老师，你说是不是飞机比汽车贵吗？"为了反驳"大嘴"成功，他这下想让我站在他的一边。

"一架飞机肯定比一辆小汽车贵得多了。"我看着"瞌睡虫"说，"前一段时间娱乐明星赵本山买了一架飞机就花了两亿元人民币。作为私人飞机，保养费一年得几百万美元，代管费也得几百万美元……"

同学们一听这个消息，惊讶得只咂舌，议论声顿时掀起了巨浪。

"据说，"我大声说（同学一听我讲话，顿时停下了议论），"就算私人飞机从北京飞到广州，也要花费6000美元，远远超过了相应的民航票价！"

"学习完本节内容我们就会知道，在我们国家，发展公路运输也行，发展航空运输业也可以，发展水上运输、管道运输都行。但是，都有条件的限制。学习完本节内容我们就会知道，我们并不能随意把山打成洞来修路，我们也不能随意修飞机场。好，现在请同学们阅读完课本86页到97页的内容，并完成导学稿中预习部分。"我说完这些内容，同学们很安静，绝大部分同学翻开了课本开始阅读了。

"我只给10分钟的时间，我现在开始计时！"我希望绝大部分同学都能快速投入教学的第二阶段——自学。

课堂后面的状况，比我想象得要好，更比我平时上课的状态要好。虽然为了吸引他们，新课的导入要比平时多花了一些时间，但也值得。

这堂课终于让我获得了一次久违的成就感和满足感，也打消了我到这个班上课的一些恐惧感。

真的没有想到，灵机一动的导入，在这个"乱班"，让这堂课不仅有趣而且也比较有效。这小小的成功，也有点刺痛我了——这堂课效果比较好，难道是因为这个班的同学变得遵守纪律了吗？没有！刚一进课堂的乱象就说明了这点。那是为什么呢？我想，是我变了。准确地说，是我在上课前换了一个比较有趣的导入，并把上好这堂课的希望寄予这个我灵机一动更换的导入。一个比较有趣的导入，引起了这些不愿学习的孩子的兴趣……

如果我把这班当做全年级最优秀的班级去上课，效果会怎么样呢？

> 李镇西点评：有时候我们常常把课堂效果不好甚至糟糕归咎于学生，埋怨他们这样不好那样不好，但你埋怨一万句，第二天不还得给他们上课吗？难道因为你埋怨，他就不来学校了吗？刘老师以前也埋怨学生，但这堂课他变了。变得不只是有个比较有趣的导入，而是一个观念——教师只有先改变自己，才能改变学生。他的课堂因此而拥有了生机。

今天,文成公主如何进藏?

刘朝升

一上课,我就用多媒体展示了一张图片。学生们一看到这张图片,就开始叽叽喳喳地讨论起来了。

"同学们,我展示这张图片,目的不是让你们只知道他们是如何地恩爱,而是让你们了解他们是如何走到一起的。"

这是电视剧《文成公主》中的一张剧照,文成公主和松赞干布靠在一起,很温馨。如果同学们不知道文成公主进藏这段历史,或者没有看过这部电视剧,看到这幅图片可能会想到其他方面。所以我又补充了问一句:"同学们,图中这两位主人公是谁呢?"

"文成公主和松赞干布!"大部分同学好像了解文成公主进藏的历史。

"他们是如何历尽千辛万苦走到一起的呢?"我故意强调了"历尽千辛万苦"这几个词。

这个答案可不统一,不过有的同学还是说对了——文成公主走了很长时间才到拉萨,才嫁给了松赞干布。

我展示下一张幻灯片——以中国省级行政区的轮廓图为背景,显示了动画:一条红色的线条从西安出发,弯弯曲曲地延伸,经过甘肃、青海,最后到达拉萨停下。这样做,可能会使同学们联系起来学习过的行政区划图和地形图知识,提醒同学们文成公主进藏经过了陕西省、甘肃省、青海省和西藏自治区,从崎岖不平的黄土高原经过戈壁滩、沙漠、险峻的高山,才进入了青藏高原高寒地带,到达拉萨。

"在1300多年前,文成公主一行,走了三年多才从长安(现在的西安)到达拉萨。"同学们看着动画,听我这么一说,不禁感叹了起来:"哇噻,三年啊!"

"假如文成公主一行现在从西安到拉萨,你们认为,可能会花多长时间呢?"我这么一问,同学们顿时七嘴八舌地回答起来了。这是我预料之中的,因为他们对现代交通工具很了解。但是,到底如何选择交通工具,他们不一定完全知道。

"同学们,先别着急回答我的问题。学习完本节内容,你会发现,这答案不止一个!"没有等同学们思考,我马上进入教学的正题——"请同学们把课本翻到87页,地图册翻到31页。今天我们来学习'逐步完善的交通运输网'这一节内容。"

紧接着,我展示了本节课的学习目标、自主学习的要求和时间限制。当同学们自主学习的时候,我一个组一个组地督促、检查他们完成任务。自主学习结束后,开始小组合作学习,任务是讨论解决两个问题——本组部分同学不会的问题相互讲解,并梳理出本组同学都不会的问题。这个过程我更忙了,一方面督促个别不认真的组,另一方面解答一些同学的问题。这个阶段,同学们认为比较难的问题看起来比较多,但归纳起来只有两个问题——中国铁路干线"三横五纵"和如何选择恰当的运输方式。

在答疑解难阶段,我主要引导同学,通过问答的方式解决了两个疑难问题。铁路干线"三横五纵"很快解决完了,如何选择交通运输方式的规则同学们也知道了。但是,要让同学们理解如何选择恰当的交通运输方式,则需要通过练习一些情景题才能掌握。按照教学计划,这些内容只能放在下一个课时了。

本节内容的第二课时,先按部就班完成了课本 97 页的"活动" 1 和 2。这些"活动"的完成,可以让同学们掌握恰当地选择交通运输方式要考虑的基本因素——价格的高低、时间要求的缓急、货物性质、货物数量、已有的交通运输方式等。

"同学们,现在我们回过头来考虑在上节课上提出的问题了:如果文成公主现在从西安出发到达西藏,可能会用多长时间?各组不急于回答,先讨论一下。"

他们讨论的时候,我走到各个小组中间来回观察。和上节课仓促的回答比较,经过第一课时的学习,他们的构想更加谨慎了,而且有些组内部还有了争论。但是有些组简单讨论了几句后,就得出一个结论——文成公主进藏坐飞机所花时间最少!显然,他们对文成公主进藏这一历史不是很了解。针对这种情况,我马上给出了下面的一些史料:

> 据《吐蕃王朝世袭明鉴》等书记载:文成公主进藏时,队伍非常庞大,文成公主的陪嫁十分丰厚。有'释迦佛像,珍宝,金玉书橱,360 卷经典,各种金玉饰物'。又给多种烹饪食物,各种花纹图案的锦缎垫被,卜筮经典 300 种,识别善恶的明鉴,营造与工技著作 60 种,100 种治病药方,医学论著 4 种,诊断法 5 种,医疗器械 6 种。还携带各种谷物和芜菁种子等。
>
> 从汉族地区来的王后文成公主,带来不同的粮食共有三千八百类,给西藏的粮食生产打下坚实的基础。从汉族地区来的王后文成公主,带来不同手工艺的工匠五千五百人,给西藏的工艺打开了发展的大门。从汉族地区来的王后文成公主,带来不同的牲畜共有五千五百种,使西藏的乳酪酥油从此年年丰收。

同学们看了这段史料后，埋怨我没有及时给他们说——他们马上修正他们的方案。其中一个组发言时说道："文成公主进藏，人多物也多，坐飞机不仅运费高昂，而且所需飞机数量太大，难以实现。只能改成公路运输或者铁路运输。"

　　"我们的方案最正确——只能采用铁路运输！"另一个组马上反对，"我们已经查看了地图册上的地图，这里的公路还没有铺设好。而且……"

　　"这种使用地图、活用地图的习惯值得我们学习！"我有些激动，突兀地插了一句话打断了他的发言，"你的发言打消了我对一些同学坚持选择公路运输的担心。请继续进行你精彩的发言！"

　　"我们都知道，铁路运输有客运和货运。用货运火车运送文成公主进藏带的粮食的种子、牲畜等物，用客运运送人。这样的话，也许一周之内文成公主进藏就会结束。"他后面的发言的确很精彩，没有让大家失望。

　　对于这问题，学生有这样的见解，我已经很满足了，也觉得没有必要再补充和点评了。正当我想结束这个环节的时候，又有一位男同学举手示意说，他想补充。我犹豫了一下，还是同意补充。

　　"我们认为，不一定所有的人和物都得通过铁路运输来运送。文成公主和一些重要人物可以坐飞机到达拉萨；还有一些珍贵的佛像、金属、金玉饰物等，也可以通过飞机运送。因为飞机的速度很快，这些人和物可以晚一些走，这样他们就可以一起到达。"从同学们静静的倾听神态中，他可能已经感到他的发言的分量，有些不好意思地坐下来了。这时，有一个同学拍了几下巴掌，其他同学似乎被提醒了一般都鼓起掌来了。

　　"掌声已经说明了你的补充很有必要，也很及时。"我不点评的话，他可能会误解我对他的发言的态度。我继续看着他说，"幸亏有你的补充，否则文成公主进藏只能受累坐几天的火车了！"

本来就要下课了，想开个玩笑轻松一下。但我的话一出口，我无意发现前面一位发言的同学有些不好意思地低下了头。我赶快补充了几句话："在大家的努力下，这两位同学设计的运输方案珠联璧合，让文成公主一行，既省钱又快捷舒适地到达了拉萨。我想，文成公主会感谢你们的！"

对于这堂课，我还是比较满意的。首先，这个导入结合了同学们比较熟悉的文成公主进藏的历史故事和很熟悉的现代交通运输工具。这两者的结合引起了同学们的兴趣。问题"假如文成公主一行现在从西安到拉萨，你们认为，可能会花多长时间"的设计，又引起了同学们的探讨欲望，让同学们学习本节内容有了内驱力。

学习完相关知识后，我又引导、组织学生解决了提出的问题。这样不仅使得课堂有头有尾、结构完整，而且达到了活学活用、学以致用的目的。

这一教学情境的创设虽然粗糙，但还是帮助我完成了教学任务，让我的课堂更加有趣有效。

> 李镇西点评：朝升是一个善于学习肯动脑子的小伙子，也是我校民主课堂的先行者。应该说，他的课已经初步形成自己的风格。这堂课的精彩，在我看来，主要还不是"今天文成公主如何进藏"这个问题的设置——当然，提出这个问题是非常有智慧的；而在于探求这个问题答案过程中，刘老师对孩子一步一步循循善诱的引导。朝升始终没有把答案灌输给学生，而是让学生通过小组合作学习自己去探寻。这堂课很有厚度，史地合一，古今贯通。平时酷爱读书的朝升，很自然在课堂上显出了这样开阔的视野和融合的思维。

美在课堂

易 琼

预备铃刚过,我踏进教室,与大量外出的学生撞个正着。实在奇怪,马上要上课了,学生们却往教室外走。

"干吗去?"我焦急地向大家询问。

"上美术课!"同学们爽朗地一边答道,一边头也不回地高高兴兴地大迈步前行。

"哦?"怎么回事?难道大家不知道这节课是思想品德课?

"回来,上思想品德课!"我立马扯起嗓子对已经前行的队伍大声喊道。

"唉,不是上美术课吗?"同学们满腹疑惑,十分惋惜,极不情愿地返回。

走进教室,我抬头一看,黑板上赫然醒目的一行字:"第一节课上美术课!"

的确,昨天,美术老师孙老师要参加教育局的一个会,临时,我代上了一节课。不过,今天,我可不准备还课的。面对大家空前高涨的学习美术课的热情,怎么和孩子们交代呢?正式的上课铃马上要响起,我的脑子也飞速地转动着。

"好,既然大家喜欢美术课,那么,今天我们就来讨论、分享两个与美术有关的故事。"上课铃响过,我立即开门见山,步入正题。话音一落,孩子们个个挺直了身子,竖起耳朵,睁大眼睛,目不转睛地看着我。

"故事讲完,我们就将复习完毕第二单元的第四课、第五课,大家请注意了。"

"嗯,是吗?"同学们充满好奇,注意力非常集中。

"要听懂故事,我们必须得回顾并总结出本单元学习最核心的一个关键词是什么?"

"情感!"很多同学还记得上节课的教学内容。

于是,我开始给孩子们娓娓道来:"第一个真实的故事是,一个老资格的画家发现这岁月不饶人啦,于是,想最后招一个关门弟子。应聘者PK到最后,还剩下两位:一位是美术学院毕业的高材生;一位是来自农村的自学成才的小青年。第一轮比试画画,每个人现场作一幅自己最高水平的画来。老画家一看这交上来的作业,那还了得,二人画画的水平非同一般,难分高低。咋整?"

同学们显得非常老成,胸有成竹,纷纷亮出看家本领:

"考察他观察景物的形态。""考察他反映农村题材的作品!""不对,这样考不公平!""考察他们观察生活的能力。""考察他们欣赏美感的情况。""考察他们观察事物的神韵和技术。"

"还继续考察他们画画的外显的技术能力?"我希望孩子们能够打开思路。

学生受到启发,说:"考察他们的情感!""考察他们的思想!""不比画的水平,比人品!"

"怎么比人品?"我真佩服孩子们能够想到在人品上比试个高低的办法。

"考察他们画中的内容,如,是否有枪之类的。看他们的作品中有无邪恶的东西。"

……

"老画家说,这样吧,第二轮 PK,就做一个超简单的作业——请你俩互相给对方画个像!"我继续讲。

学生焦急地问:"结果怎样?"

"B 选手迅速抓住人物形态完成了一幅美的作品;A 选手想,我只需要表现对方真实的一面,没有必要把他画得太美,否则,不是跟自己过不去嘛。"

……

孩子们通过这个故事,认识到了积极的情感与美的关系,大家进一步联系生活中的案例,讨论了"弑师案""弑母案""福州弑生案",其情绪、情感的演变发展,共同体会到情感与道德的关系,并意识到,要学会做人,做一个欣赏真、善、美,具有高尚、健康、丰富情感的人,自觉培育自己高尚的品德。

"生活中,要把握好真、善、美的关系谈何容易?下面,我们了解第二个美术家的智慧故事。"我继续说,"古时候,没有照相机,普天之下的老百姓怎么样认识、瞻仰、尊崇他们的皇帝呢?皇帝的音容笑貌如何传承呢?画家,尤其是宫廷画家功不可没。今天我们故事中的这个皇帝可不好伺候,给他作画的著名画家,来一个,就被推出去斩首一个,假如现在轮到你了,你该怎么办?"

孩子们的角色转换非常快,"小画家"们充分发挥他们的大胆想象,出了不少奇招妙招:

"把他画得超美。"

"依照他的原样,一点不走样地画。"

"投其所好,观察他,了解他,他喜欢什么,我就怎么画。"

"哦，他没有小酒窝，给他艺术化地造一个？"

"只画他好看的地方，不画他不好看的地方。"

"了解了他再画，遮掩他不好的地方。"

"画他的背影。"

"画他正在批改奏章的勤政样子。"

"给他画一个大肚皮，显得很有领导样。"

"把他画得有威严。"

"画出他很慈祥的样貌。"

"画出他高尚的品德。"

"把他画得胖胖的。"

……

热烈地讨论，答案千奇百怪。大伙儿最终明白，画画仅有真，不一定是美的；失去了真，善则抹杀了美；美，不是随意的浮夸、伪造，要以智慧，以作者高尚的情感去诠释那份真实的东西，从中捕捉美、感受美。

达标测评环节，我们开展了朱自清散文《春》的师生、小组的分角色朗诵。放下导学稿，大家无限感慨："好美呀！"一幅幅春意盎然的景象历历在目，各种美好的情绪、情感，好像也变成了萦绕在教室里的一种可触摸的快乐氛围。

今天的课，始于美，终于美，乐在课堂，美在课堂。

> 李镇西点评："始于美"，是因为孩子们本来是想上美术课；"终于美"，是因为在思想品德课上却感受到了美的精神。将计就计，以美育美。这样的思想品德课，学生岂有不喜欢之理？

让孩子欣赏自己的声音

杨 瑜

在走进成都武侯实验中学这半年的时间里,日子忙碌而又充实、繁琐却也丰富。作为一名新老师,我一方面积极地投入各项工作,希望能尽快地适应新环境,胜任新的工作岗位需要;另一方面也通过音乐课与同学们相互了解,力求找到初中学生接受并喜爱的音乐课教学方法,给他们带去美的享受与快乐。

在与学生接触的这几个月里,通过课堂教学和各项活动的开展,我与学校各个年级的不同学生有过广泛接触,发生的事情也不少。可有时也正是因为这种接触面太大,所以,留在记忆里的许多故事由于没有及时记录也就变得日渐模糊了,现在再想写教学案例,便不知从何落笔。于是,我就开始从老师与学生的差异来思考,想想我们为什么能够称为老师?到底是自己哪些方面能够影响学生?又想想初中学生的年龄特点和优势又在哪些方面?有没有让成年人也深受感动甚至无法比拟的地方?于是,一个场景浮现脑海——

开学前一天,初一新生举行军训汇报表演。学校操场上,刚走出小学校门,个头还比较矮小的初一新生,挥动着细小的手臂,踏着小脚步有模有样地模仿着军人的姿态走着正步。虽然姿势还不够标准，队列还不够整齐，但他们的态度特别端正，表情严肃认真，举手投足还挺有军人模样，在队列行进中稚嫩却自信地踏着脚步。我对他们的表现感到无比欣喜，心想孩子们真的太可爱了！同冉冉升起的太阳一样富有朝气！除了队列行进，其后还进行了才艺表演。一群男孩子，不，应该是小男子汉们舞起了在军训中学习的五步操，口中"豁！哈！"整齐划一，气势十足！我看到孩子们挥动的手臂，虽然今天还很稚嫩，但明天他们将会用这手臂创造祖国美好的未来！接下来，飒爽英姿的女生方队也出场了，可以说这是本次汇报表演的高潮环节，也是让我最为感动的节目。表演方队大概由 100 名初一女生代表组成，她们一边唱着部队歌曲，一边踏着步伐，随节奏变换着队形。所唱的歌曲都是没有任何伴奏音乐的，也没有人带唱，但是那声音清脆明亮、干净纯美，仿佛天籁一般地回荡在校园上空！多么嘹亮、动听的歌声啊！此时的我陶醉于大自然最动听的歌曲，完全被这百灵鸟般的歌唱包围着，被孩子们的声音感动着。仿佛看到天使在空中飞翔，我好久都没有听到这么优美纯粹的歌声了，差点就入迷了。幸好我还有工作任务，才不至于让我沉醉不醒。于是，我想到了吴非老师在《致新教师》一书中提到的："纯粹的音乐使孩子们获得教养，而不一定得到谋生的手段。生命中缺少震撼心灵的乐曲，孩子们会变得粗俗。"我想，用孩子们自己的声音来进行美育，这就是最真实、最生动的教育啊！

  于是，我在本学期第一节音乐课上，把我的感动告诉了每一位学生，让他们从此刻能关注自己的声音，欣赏自己的声音，并且大胆自信地表现自己的声音。懂得在学会欣赏外界事物美之前鉴赏自己的美、发现自己的美；并要求每一位学生，有机会将自己此时的声音录下来，唱歌也好、朗诵也行，或是随便地说两句、笑两声，等到成年后再拿出来听，将会发现这是世界上最美的声音，也能够为自己的童年留下一个美好的回忆。虽然我不知道后来有多少学生去做这件事情，但是，在我的心中，能够每天与她们美妙的声音相伴，已是一件无比幸福的事！

> 李镇西点评：作为一名刚刚到我校的老师，也许教学艺术还谈不上有多么高超，但如此认真地思考自己的教学对象，如此真诚地被孩子们的声音所感动，这正是搞好教育最关键的因素。"用孩子们自己的声音来进行美育，这就是最真实、最生动的教育啊！"让孩子们发现自己，欣赏自己，被自己感动，这样的教育，这样的艺术教育，本身就是教育艺术。

一个人的音乐课

刘鸿川

一个人的音乐课,通常会被认为是教师和学生一对一地在某个场地授课。

但我这里的"一个人的音乐课"是全班共处一教室;我及全班为一个叫舟舟的同学上课。

怎么回事?

别忙,且听我慢慢道来。

开课第一声意外的问好

周一下午第一节课,2006级新初一B班的同学们踏着上课铃声进入教室,坐下后还在叽叽喳喳闹个不停,我向他们发出上课指令:"上课!"

无人响应,可能是叽喳声掩盖了我的指令,我提高了音量:"初一B班的男同学、女同学,同志们——!上——课——!!"也许我夸张、拖调式的指令起了效果,全班霎时安静下来。

"起立!"

一学生大喊一声,全班还算整齐地站立起来。

"敬礼!"

咦?怎么另一方向的一个学生也在发令?

"老——师——好——!"

不管怎么说,在这样的带领下,全班在向我问好,不错。

"同学们好!"我回礼。

"请——"我的"坐"字还没出腔,突听一男声大声呼喊——

"刘——老师好——!"

循声望去,一本正经地独自加大喊声问好的这个学生又附带着鞠了个躬。

"哈哈哈……"

也许全班问好后突又听一个声音问好,而且强调了"刘"字,故而全班哄堂大笑起来,都扭头回望最后一排那个大喊的高个儿男生。

我也再度望去,心想,难道第一节课你就胆敢在课堂上与我装怪?初一新生刚进校门就这样,也忒大胆了吧!

但是,刚见面第一节课就下马威式地搞起情绪对立,也不行。

怎么办?

思维电光石火间,我越过全班严肃地看定该男生,只见他更加得一脸正经,严肃而略带尴尬地站在那,又好像是无所畏惧地迎着我的目光。

也许是个厉害角色,也许他就是真诚地想独特地问个好,也许他就想出个风头;一面这样闪念,一面有了主意。

"谢谢!你比我好!"我突然也情绪高亢式地大声回应这个问候!

"哈哈哈!"全班学生复又大笑起来,找准笑声的空隙,我再度发令。

"请坐!"

全班坐下,而这个高个男生在全班坐下后还站着,我望着他正要问话,他却没等我开口,向我再度深深鞠了一躬后一个人安静地坐下了。

我看在眼里，来不及反应，心里泛起一个浪花：真是个异常而有意思的学生！

这个异常而有意思的学生，就是文中开头我提到的舟舟，是我所有授课班级里看似再平常不过实则很不平常的一个学生。

或者说，他甚至非但不平常，还老是很异常。虽然每周只有一节课的时间和他晤面，但一点不影响他在短短的时间里给我留下深刻印像。

我的课堂他做主

从教近 11 年，我都非常注重与学生晤面的第一堂课，或者说第一堂课是否吸引学生、是否成功，它甚至关系到以后的每节课。

于是，与这拨学生见面前，我再次上网浏览了该年度相关热门的资料。什么"超女"、萨达姆、齐达内、德国世界杯、网络流行语等等，力求无所不知。自以为已经完全掌握了这拨学生特点的我挨班自信地施教，照例与他们侃侃世界杯、萨达姆等时事热点才进入正课。

2006 级 B 班的第一堂课，我也这么进行着：大家情绪很是活跃，欢声笑语加上看完"超女"片段后此起彼伏的掌声，一切似乎都很正常。

舟舟也开始在课堂上亢奋着——

"老师，'超女'其实就是炒作！"一个环节结束后，舟舟举手发言了。

关键是没等我反应是否同意，他手一举直接就站立起来大声发表看法。

"炒作想唱就唱的精神，我认为完全可以！请坐！"

"老师，'超女'有黑幕！"

坐下不到一秒钟，举手不经同意站起来直接就大声喊道。

"多看积极的一面，再说也不一定！是不是？请坐！"我回答。

"老师，谭维维值得我们学习！"

又来了。

而且都不加姓，直接喊"老师"就上，搞得我老是不能按照自己的思路进行下面的环节。

"你说得很好，我为此还写了一个帖子，叫《超女谭维维与教师成长》，这个帖子还在，在网上的点击率近万了。"我快速跑到电脑前点出这篇文，读给全班听。

"……已经很有成就和名气的谭维维，敢于接受新事物，敢于实践新事物；为了歌唱事业的发展投身各路正统歌唱家都鄙夷的'超女'选秀活动的精神，值得我们学习！……只要是一切为人民音乐服务！"

虽是删减式地选读了我的一篇文章，但还是花费了颇多时间，没办法，课堂原始生成性资源嘛！

"老师……"

又来啦！我感觉我的课堂完全被舟舟控制，照此下去，将会演变成他一个人的课堂，而我也将完不成本堂课的目标！

更重要的是，有的同学开始抵制他了，有的同学甚至悄悄说他老提白痴问题。

"亲爱的帅哥！（全班笑）你的问题很多，我们两个下课单独交流，好吗？"我沉不住气了。

"好！"

回答很干脆！但是——坐下安静了不到两分钟。

"老师！我很喜欢外国名著……"

"老师！啥子叫豆芽课？"

这哪跟哪？

"老师！国歌其实可以改一下……"

舟舟的观点和问题一个接一个。全然不在乎全班其他人的感受，只想不停地与我无厘头地交流下去。

我想我是被舟舟控制了，因为我的课堂他做主了。

但这怎么行呢？全班 50 多号人呢。

"你叫什么名字？"

"舟舟！"全班异口同声地大声叫道。

"我们班的明星！"又有几个同学调侃地告诉我。

"哈哈哈……"同学中有部分人笑了。

"哦！OK！舟舟同学，现在，请你不再提出任何问题，直到下课，OK？下课后我们单独交流，这是本老师本节课对你的要求！OK？"我严肃地讲了这段话后，他不再一举手就直接站立发表意见和问题；虽然眉宇及形体从未停止过起伏，但直到下课，没再讲一句话。

下课后，舟舟没有主动留下来找我；我因为忙于下节课，也放弃了主动找舟舟交流，而且自认为凭我的几个招牌招式，已经把舟舟摆平了。

可是，第二周再上 2006 级 B 班的课时，我发觉我失算了……

他完全彻底扰乱了我的课堂

该班本学期第二节课是教材内容第一单元第一节唱歌综合课《七子之歌》。

为了激发大家学习演唱这首歌曲的兴趣，我精心准备了两个感人的故事以配合多媒体设备作为整堂课的铺垫。上午两个班按照此设计环节上下来非常成功，两个班的不少同学一边演唱一边还流下了眼泪，不但完全学会，歌声优美，还真正地达到了情绪的升华。

我准备在 B 班再努力一下，期望更多的人歌唱这首歌时感动流泪。

"起立！"没等我发出上课指令，循声望去，应该是高个的舟舟同学叫了起立。

"同志们好——!"（大家笑）凡凭经验观察纪律稍显困难的班级，我一般喜欢用别样的问候主动问好，而且绝对大声。

"老师好——!"全班的声音也很亢奋，吸引了注意力，很好。

"请坐!"

"今天上音乐课，我们先不忙唱歌的，我给大家先讲两个故事，好不好?"

"好——!"全班来了兴趣。

"知道什么叫有家不能归的漂泊孤儿吗?"

……

"对！无父无母，有的甚至连爷爷奶奶外公外婆叔伯姑姨都没有，有家不能归，常年漂泊在外，饥饱不定，受尽欺辱！今天我要先讲的是一位非常可怜的漂泊在美国的中国孤儿——"

"我晓得!"

没等我继续下去，舟舟以他独有的方式抢了我的话头，连珠炮似的快速讲了一个很不动听、大意不明的故事，刚完又打算讲第二个了。

"听老师讲嘛!"一些学生有意见了。

"啷个嘛!"舟舟当下在课堂上凶了起来，全班再无人敢搭舟舟的话。

"嘿！嘿！帅哥！你上课一向很积极，但是这个故事让我讲好不好?"我一面打圆场一面极力想拉回课堂到正轨。

"好嘛!"又是一个鞠躬后才坐下，但形体和语气里分明有了情绪。

"谢谢你的配合!"我继续往下讲，虽然这个故事的情绪随时都有被破坏的危险。

但随后无论我多么努力和费劲地去讲这个故事，无论多么费劲和巧妙地与舟舟在课堂上周旋；舟舟时不时要举手即自动起立大声地替我预测下一情节的发展和自认为关键的话语（简单地说叫无道理的接嘴）；不时弄得班上怨声起，不时又逗得全班哈哈大笑。

这个环节，我被完全彻底地打乱，甚至叫做打败。

也罢，跳过！欣赏百位当红歌星的视频演唱资料，很抓人的，这下他该安静了吧。

不然，接下来他不是跟着乱喊乱叫，就是装模作样地异常陶醉式地摇头晃脑，整个班随着他要么皱眉忍气吞声，要么哄堂大笑。

欣赏审美环节，也被他搞砸了！

跟琴跟师跟原唱环节也被他搞砸了！

创造与活动环节也被他搞砸了！

我愤怒了！

"舟舟！起立！"我拿出了十年来最凶的架势、气势和决心，准备"收拾"这个捣乱的家伙。

可以说，连中途接手全校的最烂班，连一些教师们口中的"极品差生"我都"收拾"成器了，区区舟舟，不信我把你拿不下来！

"坐下！起立！坐下！起立！"我用严厉的口吻不断向他发出指令。他也吓住了，下意识地执行着我的指令；全班同学更是安静得吓人，空气仿佛凝固了一般，离我较近的同学甚至吓得身体抖动。

"你知不知道上课随意接嘴和正确回答问题的区别？"

"给你讲多少次了！要学会上课，怎么算是会上课！你真不懂吗？"

我好像是失去控制一般，怒吼着当着全班训斥舟舟。开闸泄洪，无可阻挡！

这下所有人都安静了，所有人不再有继续上课的兴趣。

全班静坐！直至下课。

下课后，我不多见地在备课本教学后记中写下了：

没有完成教学任务和目标。

反思：对特殊学生没有及时采取有效教育措施，导致本节课状况频出。

转机和转变

虽然课堂上严厉地批评、课堂下苦口婆心地教育，第三周 B 班的音乐课略有好转但起色不大。舟舟总有办法甚至带动了几个同学不大不小地搅动着课堂。同时从 B 班班主任及班上同学那里不断收到了舟舟更加出格的信息。

收到舟舟这么多"劣迹斑斑的罪行"，我陷入了沉思之中：这个学生成绩相当困难而行为怪异，需花特别的心思做特别的事教育他，不然，B 班的音乐课这两年够我受的！

做什么呢？

……

谈心！走进他的内心世界，交朋友！我凭着多年的德育工作经验，找到了第一个方法。一周一节音乐课，本就很少见面，我可以利用课间操、中午时间。

"舟舟，我们两个摆龙门阵，父母在干啥？他们对你有啥子期望？"

"他们，他们把我当坏孩子来看待，说我以后没出息，要进监狱！"

"咋能这么说呢？不能门缝看人把人看扁了嚷！你看我以前英语打 9 分不是也考上了大学？现在还能唱英语歌曲呢！"

"真的呀？老师，9 分！你还会唱英语歌曲呀？"

"啊！下节课我们就要学《HAND IN HAND》，你到时听嘛！"

"英语我听不懂！老师，你能不能放点流行歌曲、通俗歌曲？"

"咋个不可以呢？马上放！"

"不是，我说的是在上正课的时候。"

"完全可以！"

"那能不能把我选的歌拿来上课呢？"

"可以!那你课前要来确定那首歌。嘿!或者到时你来给大家上课,教他们唱你推荐的歌曲。"

"我不会教!放给他们欣赏嘛!"

"好!什么歌?你说!"

"下周一上午课间我来下载嘛!"

"好的!我等你啊!"

……

转机!这绝对可以成为一个转机,所以我尽量满足舟舟的所有要求,满心期待地等待又一个周一。

然而,舟舟没来。向班上同学打听原因,说是什么时候闯了个什么大祸被家长领回家教育去了。

啊!这个孩子,害得我等了一上午。

……

时间到了当天下午第一节课前七八分钟的样子,我正在教室准备B班下午第一节的音乐课,一面还想:这节课终于清静了,一定要让B班的同学领教一下没有舟舟的课堂是多么享受。

突然,"哐当"一声,本就半开的教室门被重重地推开,只见舟舟飞奔而来。

"刘老师!我想到了,这一首歌好听!"舟舟气喘吁吁地先于同班同学到达了音乐教室。

"好!搞快点!快要上课了,你自己在网上找。"

只见舟舟异常熟练地百度出一首歌,打开,又按了暂停键。

此时,全班同学已陆续走进教室了。

"起立!同学们好!"我先行组织起来。

"老师好!"

"请坐!这节课我们改变一种上法!请舟舟同学上来为大家放流行歌

曲，大家在下面欣赏。舟舟，上来吧！"

"好！"只见舟舟快速跑到电脑处，点击了那歌。这是一首听不清歌词的摇滚歌曲。

"请大家欣赏！"舟舟大声地对大家说道。

时间不长——

"啥子歌哦！听都听不清楚。"同学们听了一会开始抗议起来。

"摇滚歌曲，你们不是喜欢这类歌曲吗？你看节奏多强劲。"舟舟说，可大家还是不为所动。

"舟舟，换一首大家熟悉的歌！"我忙给他支招。

"要得，那……"很快又一首歌被放了出来，非常陌生但不动听，大家依然不买账；再换一首，还是没得到大家认同。

此时，课堂时间已经过去了10多分钟，舟舟也开始显得很是尴尬了。

"这样，舟儿！你下去，我帮你完成！要得不？"无意间，我用了爱称。

"好！谢了，刘老！"

咦？"刘老"！我恍惚有点受宠若惊的感觉了。也许我的爱称起了效果，也许我的举动打动了他。心有灵犀般，我感觉我们的距离拉近了。

接下来，我顺着他推荐的歌曲，放一小段后即给全班讲解或引导大家唱一两句。全班虽也有序但面对如此生涩的"呻吟声"，兴致实在是不高。

但舟舟却兴致高昂，我俩一唱一和，旁若无人似的继续着我俩的音乐。我问他答，或他问我答，搞起了艰涩音乐研究课。全班同学则望望我、看看他，眼色迷离，显得莫名其妙！

下课铃声终于响了。

"舟舟，今天的通俗音乐欣赏课就上到这。同学们！下课！"

"噢！"全班如释重负般一哄而散，音乐科代表蕾蕾同学不答应了。

"刘老师！你好像是在跟他一个人上音乐课一样。"

"舟舟的音乐素养很高，以后的课他会继续展现给大家的！"

"刘老！下节课继续嘛！"还留在教室的舟舟同学一下子蹦到前面来叫道。

"啊？还要来呀？"蕾蕾大叫起来，表示不满。

"那就每节课课前听一首嘛！"

"哦——对！但是要提前把你喜欢的音乐下载下来哈！"

但舟舟依然不会提前来告诉下节要让全班欣赏的那一首歌，总是临上课才来电脑前鼓捣，而我创造条件满足了他。

余下的时间里舟舟悄然安静下来，不再无厘头接嘴或发表看法，偶尔举手回答一下问题。他变得非常会上音乐课了，整个 B 班在 2006 年 10 月中旬起成为我上音乐课最享受的班级之一；直到 2008 年初二音乐结业。

但至此，我与舟舟的故事还没有尾声。

《地震了！我靠！》

"地震了！我靠！"这是舟舟在某论坛一篇帖子的标题，他的网名也取得另类——叫做"老子堕落"！

这是 B 班一位同学下课偷偷告诉我的信息。

"刘老师！舟舟在天涯论坛上写了你！"

"写我？写啥子哦？"我比较关注学校的百度贴吧，天涯论坛不多上。

在该同学的指点下，我进入该论坛看到了若干"地震了！我靠！"的主题，点击"老子堕落"的这一篇，我看到了下面的文字。

昨天，我们正在四楼音乐教室上课。突然楼房晃动起来，我们小有名气的音乐老师刘鸿川异常镇定地指挥全班撤退。他最后一个跑出教室，刘老！谢谢你！

此时，时间进入2008年汶川大地震后不久，举国哀伤！看到这样的文字，我感到很温暖。

好小子！对我的评价蛮高的嘛！

此时，脑海中再度浮现出我给他一个人上音乐课的情景，历历在目……

> 李镇西点评：舟舟这样的学生在我校不少，读者可以想象我校老师教育学生的艰难程度。但面对这样的孩子，我们的老师依然表现出了独有的智慧。像刘老师遇到的舟舟，简单地压制可以管住他一时，却很难保证他心悦诚服。刘老师因势利导，甚至看似有些"迁就"地为他一个人上音乐课——不，准确地说，是让他一个人给全班上音乐课！在此过程中，让他感到什么叫真正的尊严，让他感受课堂应该有的秩序，让他的心和老师的心相通……实际上，最后成长的不只是舟舟，还有刘老师本人——他的教育智慧由此而丰厚起来。所以我经常说，转化后进生，是最好的教育科研！

斗"鬼"

辜 超

那晚该我值班。

那是深秋的一个夜晚,无风无月,气温稍低。我在学校男生宿舍里楼上楼下来回走动,巡视的重点放在二、三楼的九年级。我一会儿提示那些卫生搞得不够好的同学抓紧时间赶快搞好,一会儿表扬那些搞得好的寝室,一会儿又给一些学生解答数理化以及英语问题。

时间过得真快,不知不觉就听见生活老师在叫:"十点半啦,熄灯啦!"我配合着生活老师催促孩子们熄灯睡觉,毕竟是九年级的孩子了,不一会儿各个寝室就安静下来。

迈着轻松的步子我向四楼走去,在回家之前还是要关心一下七、八年级的孩子们。他们的就寝时间要早半小时,应该都进入梦乡了吧。还没登上四楼就听见几声尖叫声,然后是哈哈的笑声。我循声来到一个寝室,打开门。呵,好家伙,几个小鬼毫无睡意,讲"鬼故事"呢。我气不打一处来,把他们全叫到走廊上,生活老师也闻声赶来。我让生活老师先把他们带到一楼值班室等我。

怎么处理他们?如何斗"鬼"?我一边巡视其他寝室,一边思考着。

过去总是一顿严厉的批评，然后写检讨书、扣操行分。这样的法子好像作用不是很大。有了！这些七年级的孩子入校有几个月了，可是不少学生都还不适应我们学校民主课堂中的小组合作方式，不好意思主动发言。今天，何不让他们敞开说，锻炼他们的口才，和他们谈谈心，借此机会了解他们的情况，又可以让他们兴奋的情绪缓和下来，说不定能收到更好的效果。

谈什么呢，就给他们来个命题口头作文。一共五个小鬼，需要五个话题。这几个话题要让他们有话可说，又得是我所需要的能了解情况的并具有教育意义的。对了，谈母亲、谈父亲、谈老师、谈自己、谈小组合作学习。时间不能太长，那就每人三分钟吧，还必须认真听，听完后每个人至少要发一次言，要么评价要么提问。就这么办！

我三步并作两步走，迅速来到值班室。孩子们整齐地站在那里，精神着呢。"想要处分吗？想明天点名批评吗？"我问。孩子们都摇头。"那好，我给你们改错的机会。你们想说那就按我的要求来做，做好了就可以免去处分。"我说。

孩子们忙点头。简单地交代清楚要求后，我就让这几个小鬼选话题。选好后我给他们几分钟思考的时间，就等他们表现了。过了一会儿还是没人说，我又说，先完成的先去睡觉。这下小A举手了。

这孩子属于爱说的那种。他谈到了自己的父亲，他的父亲很爱他，经常指导他学习，而且方式方法很灵活，注重引导启发，从不强迫他做大量的练习。在他看来父亲知识渊博，语言风趣幽默，他很喜欢。在父亲的指导下，他的学习成绩优异。不仅如此，父亲还教给他许多做人的道理，鼓励他做事要细致，还要做堂堂男子汉。

他一说完，就有人开始评价："你说得很好！""语言通顺！""既讲了学习，又讲了做人。""你有一个好爸爸，你应该好好向他学习。"

我暗自高兴。不错，有人开头了，后面的就有话可讲了，点评得也不错，看来我们七年级的小组合作建设初见成效了。

接下来，有的讲母亲的艰辛和伟大；有的讲现在的小组合作学习与小学的学习大不一样，受益匪浅；有的讲老师的付出与对老师的爱……还有一个孩子的讲话让我很意外，他说自己小学时老爱偷东西。起初是喜欢别人的，就偷偷地拿了，过后又不好意思还回去。有时，看见同学有，自己没有就要母亲买，可是母亲认为没必要就没答应。为了满足自己的好奇心，他不止一次地将别人的东西据为己有。有一次"东窗事发"，同学们都叫他"小偷"。就这样"小偷"的外号就传开了。为了改掉这个坏习惯，他的母亲伤透了脑筋，用尽了办法。她经常和孩子谈心，了解孩子的想法和需求，同孩子讲道理，分析有没有必要买，如果确实需要，那么他们就达成协议，取得怎样的成绩或受到老师的表扬，或做了哪些事让父母认可才能买。慢慢的有些东西也经过自己的努力获得了，从而得到了满足。有些愿望没有达成，他也能逐渐了解了父母的用意，明白了道理。现在他完全改掉了偷东西的坏习惯。

我点评了一句："坏习惯养成很容易，要想改掉却太难。让我们祝贺他改掉了这个坏习惯。"其他孩子听得很认真。相信，听了这席话，他们再也不会去想鬼故事了。这个"鬼"，我是斗赢了。

当最后一个孩子上楼去睡觉时，我不由感叹起来。看来孩子不是不愿意说，关键是老师是否善于激励和鼓励。孩子们今天的谈话，不就是另一种形式的小组合作学习方式吗？有发言，有点评，有互相鼓励，这不仅锻炼了他们的表达能力，他们的故事还起到了相互影响的作用。从教育的角度看，比起我一个人的唠叨，其效果肯定好了很多。我想，这可以算作自我教育吧。另外，通过他们的谈话，我还了解到更多孩子们对学校教育改革的意见和体会，了解到了我们的盟友——家长的教育方法，对我们以后的教育工作有很大的帮助。

通过斗"鬼"，让我又想到了教育惩罚。我想，教育不是要不要惩罚，而是要怎样的惩罚才最有效，有时"另类"一点，说不定会收到更好的效果。

> 李镇西点评：本来是想惩罚不守纪律的几个孩子，最后变成了一次愉快的谈心；而且在谈心中，孩子们不知不觉锻炼了口头表达能力，为小组合作学习做了良好的铺垫。这个故事，体现着德育智慧，同时又促进了教学改革。这是德育与教学不露痕迹有机融合的一个精彩案例。

Third series
第三辑

成　长

守住自己的良心

孙明槐

年龄四十有余,从教二十三年,仔细回顾我是怎样做一个老师的,确实平淡无奇,没有惊天动地的故事,似乎没多少可谈的。但从教以来任何时候都感觉心里踏实。不管是教育还是教学,自认为没有愧对"教师"这一称号,没有愧对任何一个我所教过的学生。现在很多学生给我的书信、短信或明信片,认为我既是他们的朋友,也是他们的老师,还称我为他们的"妈妈"。

我经常进行角色体验,常告诉自己,多想想孩子是怎么想的。回想我还是学生时,我希望老师是什么样的?假如我的孩子学习成绩不好,比较调皮,我希望老师又怎样对待我的孩子?如果我是中等学生又想考上理想高中或理想大学,希望老师怎么帮助我……我在教育教学中,就按自己的意愿,尽自己最大努力做好一个不同学生和不同家长所希望的老师。宁愿多做点事多吃点亏,而不愿良心不安,尽量不给自己留任何遗憾和假设的机会,凭良心认真对待我的职业,而且我认为讲良心就是认真做好本职工作。

我教过高中学生,也教过初中学生;教过成绩优秀班级的学生,教过成绩中等班级的学生，也教过差班的后进生。最后的结果，优秀学生不用说，中等班级和差班的学生化学成绩和化学学习习惯都会让学生本人、家长和该班的班主任非常满意。当然，我由此也获得了许多荣誉。

而且我认为我们做老师的也是社会中的人，身上担任多个角色——在学校是老师，该做好老师该做的事；在父母面前是为人子女，该尽子女的义务和孝道；在家庭中，为人妻或为人夫，该互相扶持和互相帮助；在孩子面前，是为人父母，该尽父母的责任。承担任何一个角色都需要精力和时间，但一个人的精力又有限，所以教育教学中我不太喜欢加班加点，但我信奉一句话："上班好好工作，下班好好生活。"我一直也是这么做的，努力演好自己各方面的角色。我自认为作为老师、作为子女、作为妻子、作为父母，作为社会中一个非常普通的人，我对自己的方方面面都比较满意。

对待后进生，还得从我当初中学生时说起。记得那时我的各科成绩都很好，很自然地被列为优生的行列，成为老师眼中的佼佼者和老师重视的对象。也许那时的老师是迫于升学压力，或是老师精力不够……反正老师很少关注后进生，大家都看得出来老师眼中只有优生。同学们对老师这一做法是有意见的，于是把对老师的不满迁怒于我们这些优生身上。偏偏一个班成绩优秀的女生凤毛麟角，这使我成了众多女同学排挤的对象，所以我虽然成绩好，但初中阶段的生活并不是很愉快，因人都需要朋友，我由于优秀被老师偏爱却缺少了朋友。

所以自己成为老师之后，一直对后进生特别好，从心里真正关心他们，从不歧视他们，总是拿着放大镜找他们的优点，从而鼓励他们。当他们犯错误时，总是指出其利害，并包容他们，给他们以期待和信任的眼神。当然对他们不是没有原则地包容，做任何事都有一定的底线，同时也给他们力所能及的帮助，从做人到学习都是如此。这些学生意志不坚定，反复性很大，常犯错误，对他们更是要有耐心，久而久之这些学生会明白你是真的对他们好,他们愿意与你成为朋友,愿意与你交流,还力所能及地为老师分忧。我想这也是现在很多学生称我"妈妈"的原因吧。

曾经有个同学叫小宝,总是与社会上的一些不良青年混在一起,经常逃学,被大家称为"流氓加地痞"。有一次该他们这个小组做清洁,那天乌云密布,天很快黑了下来,好像即将要下大雨,我去教室催促学生快离校回家时,发现教室只剩他一人在打扫卫生,我问其余同学呢,他说他们家离得远些让他们先走了。我问他为什么不走,他告诉我说:"一是他家离校稍近些,二是怕班上卫生被扣分。"我当时为他的话很感动,我陪他做完清洁,边做清洁边聊天。你看他虽然有那么多坏习惯,学习成绩也不好,但他有他优秀的一面啊!我在全班大力表扬了他的行为。慢慢地我们经常交流,我问他为什么要和社会上的人混在一起,而不与班上同学玩,他讲了一些原因。我帮他分析与社会上的人在一起的害处,也指出他自身存在的问题及这些问题发展下去的恶果,并愿意帮助和监督他慢慢地改正。为了摆脱社会上的人对他的纠缠,我与他商量让他同意上学放学让家长接送,家长也配合我并坚持这样做,如家长有事不能接就给我打电话,我就送他回家。慢慢地社会上的人不再找他了,他也慢慢地与班上同学一起玩和交流了。通过教育和帮助,他逐渐改掉身上的一些坏习惯,因表现好,在初三下期还被同学们推选为班上的劳动委员。他也很愿意为全班同学服务,既管理同学做清洁,每天各组同学做清洁时他也参与做,用他的一句话说,"闲着也是闲着"。从他管理清洁后,班上的清洁从来不需要我操心。后来还经常看到他问同学问题,同学们也乐意为他讲题,中考时他终于顺利地毕业了。

可上可下的中等学生才是最需老师帮助的。对待他们更是不能怠慢和大意,不愿意某学生因化学成绩不好而拖他的后腿,也怕某学生因化学成绩不好在中考这样的关键时刻造成他的终身遗憾。于是我凭着良心和责任心给了他们更多的关注和投入。所以经常关注这部分孩子：他们基础知识掌握没有？他们的学习习惯如何？学习方法是否得当？解题习惯和实验动手能力如何？课堂上对他们提问多一些，常对这部分同学的作业进行面批和跟踪，教会他们如何审题和如何对信息进行筛选，如何抓住关键信息，如何将已有知识应用于生活实际中去解决新问题。由于教学中一直坚持这么做，所以所教的中等水平的学生的化学成绩让他们本人和家长都非常满意。可以说我教的学生没有一人在升学时因化学成绩不好而造成遗憾。

总之我认为作为一名老师，除了终身学习提升自己各方面的能力外，最重要的，就是一定要有良心！要有责任心！把各种不同类型和不同性格的学生当做是你自己的孩子那样对待，我只有这样做了，自己的良心才能得到安宁。我在教育教学中，总是尽自己最大努力坚持这样做，守住自己的良心。

> 李镇西点评：孙老师老说她不会写文章，可读这篇文章，我总是被一些朴素的句子所震撼："没有愧对'教师'这一称号，没有愧对任何一个我所教过的学生。""凭良心认真对待我的职业，而且我认为讲良心就是认真做好本职工作。""把各种不同类型和不同性格的学生当做是你自己的孩子那样对待，我只有这样做了，自己的良心才能得到安宁。"……孙老师四年前是湖北一所中学的副校长，四年前为了夫妻团聚从湖北调入我校。她是我校唯一的教授级高级教师，此外，她还有很多荣誉。但是，她受到同事和学生的尊敬不是因为"正高级"和各种荣誉证书，而是她每天低调朴素的行为。从她身上看不到一丝"前副校长"或"正高级"的气息。在同事面前，她是大姐；在学生心中，她是妈妈。我可以用"情操""精神""人格"等词语来描述她，她绝对无愧于这些词。但今天读了她的这篇文字，我觉得还是"良心"二字最准确，也最有分量。我曾经说过，我们现在一谈论教育，就想到"观念""思想""智慧""模式"等等，而真正决定我们教育品质的，首先是良知。做教育，就是做良知。孙老师就是教育良知的化身。

你一定要美丽

潘玉婷

2010年临近期末的一天,我收拾整理办公桌时,发现了已经毕业的学生写给我的一张卡片,卡片上写道:"老师,我要毕业了,无以回报您三年来对我的关心爱护,我买了一把木梳,请您一定要记着天天用它梳梳头,请您一定要美丽……"

"你一定要美丽",这句话勾起了我的回忆。回首往事,我在教育这个行业里行走了二十一载。走上三尺讲台,教书育人;走下三尺讲台,为人师表。我每天忙碌着、辛劳着,但在那些活力四射、充满童真的孩子身上感受到了生命的美丽,我从没有想过要做出惊天动地的"伟业",但我相信从容淡定地行走着追求着本身就是一种美丽。

"人生要有高度,态度决定一切。"我一踏上工作岗位,无论多么细小的工作,都渗透着"认真"。我认真备课、批改作业、辅导、谈心、召开班会、组织活动等等。对待每一个学生,无论他多么淘气,都像对待自己的弟弟妹妹一样充满耐心和爱心。教书的头两年我就是一位大孩子,把学生带到户外上课,和学生上山采摘山茶花、野炊,和学生一起去"偷"他们自家的水果,上课不按部就班,特别是因为我班论坛式的作文课,被管理教学的副校长评价为"不按常规出牌的特殊老师"。在各种细致琐碎的工作中我实现了新教师的角色转变,成了学生喜欢的老师。我当时所在的学校基本上是农村的孩子,每个家庭在过年前要杀年猪,每年都有许多家庭邀请我去做客。农村人很质朴,你不去,他们会认为你看不起他们,所以我会带上一些礼物去,他们很好客,经常你的第一碗饭还没有吃完,他们就准备好第二碗饭了……他们的好客会让我两天内不想吃饭,那真是一段很纯净的时光。

当时陪伴我的还有《中学语文教学参考》《南方周末》《读者》等书刊,我从中找到了另外一种乐趣,但是大量的阅读也让我产生了困惑。慢慢我的教学思想与传统的"规矩"之间发生了矛盾,我感觉到非常压抑苦闷,后来经过当老师的母亲一番谆谆教导,明白了积极的人生应像阳光,照到哪里哪里亮;消极的人生像月亮,初一十五不一样。想法决定自己的生活,有什么样的想法,就有什么样的未来。我定下了心,开始调和种种困惑,并尝试着去解决它。我的心态也开始平和,渐渐成熟了起来。

1994年我调到了另一所学校,这所学校有好些老师知道我上课"有一套"。我开始了年级上最差的一个班的教学工作,一学期后的全市期末统考中,这个班的成绩直线飙升到了年级前列,我的工作很快得到了同行的赞许,和谐的校园氛围也给我注入了新的活力。

当时教室里还没有电视,我自己花钱购置了录像机,把电视上的优秀节目录制下来给学生看,比如《地球的奥秘》等节目,每周一、二我会把电视搬到教室里,给学生播放录像,开阔了学生的视野。我班还有一个开放书柜,里面主要是我出钱给学生们买的书,我班每天中午有40分钟的阅读时间。那时的我充满了激情和热情,每天我满脑袋都是班级的工作,都是教学的问题,几乎把所有的精力都投入到了班级管理和教学工作中。由于当时的班级是大班额的,我教的两个教学班的学生都达到了80人以上，作业要全批全改，又要管理班级，慢慢地感觉到了疲惫。

于是，我在工作中开始了第一次教育科研的尝试，提出了一个简单而朴素的命题：如何提高课堂效益？如何把学习的主动权还给学生？为此我在语文教学中开始了小组合作学习的初步尝试。1998年确立为西昌市级课题，我是主研老师，实验研究一年下来，我所担任的两个班的语文教学成绩在全市的144个同等班级中分别名列第一、第三名。采取"小组合作学习"的方式进行教学，传统班级授课制的局限性得以避免，课堂教学交往的多层面性出现了。师生交流的渠道得以拓宽，生生互动的局面得以实现，课堂不再是老师一人的天下，学生的主体地位得到落实。通过小组内的学习活动，同学们逐渐掌握学习的方法，学会学习，这是最大的收获，学生每堂课能以饱满的激情，全神贯注地投入。集体荣誉感、团结合作、关心、帮助他人的精神也慢慢地培养起来。研究的成果让我收获了喜悦，更收获了成长，期间得到了许多老师的帮助，我也多次获得了西昌市的优秀科研教师称号，学校打破了论资排辈让我获得了3%的工资晋级机会，评了一级职称……

我和学生一如既往地生活学习着。2000年6月的一天我接到了到成都去上课的通知，一周后被通知录用。当时我不知道该怎样对学生说，当我说我要调走时，学生们由惊讶转而泪流满面，我哽咽着不知道如何与他们告别，最后是怎样出教室的都不知道了。

到了一个大城市，对于30岁的我是一个挑战，我记住了一句话：自强第一位，育人第二位，教书第三位。我要战胜这挑战，就必须树立起足够的信心，让自己"跑起来"。我向身边的付老师、雷老师、郭老师、胡老师等老师们学习。记得刚来接手的2003届7班，这个班的学生是冲着57中的那位很优秀的向显文老师来的，换成了一位名不见经传的陌生女老师，家长们意见非常大，57中良好和谐的氛围使我快速适应了新环境，张校长的"认认真真做事，踏踏实实做人"的原则坚定了我的信念。我在工作中认真把事情做对，用心把事情做好，这个班级在初一下学期被评为"武侯区优秀班集体"，初二下期被评为"成都市优秀班集体"，我也被评为"武侯区优秀班主任"。家长的不满烟消云散了，这个班级在所有班科老师的齐心努力下，家长的配合下，超额完成了中考指标，我也快速成长了起来。

2006年9月，我们与李校长成了同事，在李校长的指导下，对新教育思想的认识更清晰、更完整，在开展新教育实验的过程中逐渐形成了一些具体的办法和措施，对用新教育的理念指导我们的教育教学实践，实施素质教育有了更强的信心。认识李老师是从1999年读《爱心与教育》受到震撼，由此开始了对李老师教育思想的学习，并逐步运用在自己的工作中。2003年以来，逐步接触了由朱永新老师和李老师所编著的《新世纪教育文库丛书》《教育在线文库丛书》等系列书籍，通过学习对"新教育"的思想有了一定的认识。

接触到新教育和开始课改后，用前任校长赵校长的话说："李校长给全校老师提供了一个更高的发展平台，你们都要认真把握，提升自己。"李校长利用自身的资源为我们提供了许多学习的机会。专家的引领、高屋建瓴的讲解让我开了眼。许多的教育界专家学者到校讲学，如民盟中央副主席朱永新、全国著名教育家魏书生老师、上海建平中学校长程红兵、翔宇教育集团总校长卢志文、四川教育学院教授姚文忠等。还有山东杜郎口中学校长崔其升，不但他本人到校讲学，还带了三位在全国都有影响的老师到学校给我们上示范课，将杜郎口中学的课堂改革精髓带到学校。

李校长始终重视大家思想精神的引领与业务指导相结合。"问渠那得清如许，为有源头活水来"，他以亲身经历告诉我们阅读的好处，他告诉我们："要把阅读当做一种生存方式，或者说是我们生命的一种呈现方式。就像每天都要洗脸刷牙吃饭一样，每天都要阅读。这是你们一生源源不断的精神养料。"李校长到我校的五年里，阅读也成了我生活中的一个部分，通过读书，促使我学会了思考，在无形中提升自己的品位，远离了浮躁，我用书中的教育理念指导自己的教育实践，用读书来成就自己的教育理想！我逐渐悟得了教育的本真。这里有心灵的触动，有思想的撞击，有生命的感悟。读书越丰富，人生越美丽。教师的阅读习惯，影响着教师的职业素养；教师素养的厚度，决定了学生发展的高度。读书不难，认真读书也不难，最难的是要长期坚持下去。只要能长期坚持下去，我们的教育教学工作肯定会与时俱进，面貌常新。我们的课堂教学一定会精彩纷呈，我们的班级一定能营造成学生快乐成长的精神家园。

李校长说："阅读不是为了让知识把我们的心灵占满，而是为了让我们的心胸得以荡涤因而空旷清澈。我们就是要拥有一种博大的胸襟，长远的目光，让自己更加高尚，更加纯净，更加豁达，这样我们才能拥有真正幸福的精神世界。"在李校长的影响下，我也注重营造书香班级。我编写了班级诵读本，读本分三个阶段，初一结合养成教育选文，初二围绕成长的烦恼选文，初三围绕励志选文。诵读时间为每天的7：50—8：00,诵读形式分为全班齐诵、小组诵读、个人诵读及背诵。我还分层跟孩子们提适当的要求，要求 A、B 两层学生每周至少背诵两篇诗文，C、D 两层熟读，并鼓励他们尽量背诵一篇文章，以小组为单位对诵读的效果进行调查，小组长做好登记，不定期地开展诵读交流活动，如：组间竞背、竞诵活动、写诵读心得等活动。中午我班一直安排了 20 至 30 分钟的阅读活动，由老师向学生推荐一些好书，当然也要尊重孩子的阅读兴趣，读孩子们喜欢的书。学生非常喜欢这种阅读活动，他们说：每天的阅读给我带来了极大的乐趣，收获了许多知识，增长了见识，开阔了视野，对我们的学习、做人都有着极大的帮助，更给我们带来了无穷的乐趣。孩子们和我都在好书的洗礼和滋养下，向真，向善，向美。

"要善于积累智慧。对学生的爱,意味着责任。责任就意味着要持续不断地帮助学生成长,同时自己也成长……智慧就是从难题中来的。你们每遇到一个难题,就把它当成课题来研究。长期这样带着一颗思考的大脑工作,你们就会有越来越丰富的智慧。要乐于和后进生打交道,这是最好的教育科研,也是最好的成长路径。"在李校长的倡导下,我和老师们开始了在反思中写作,在写作中反思的磨炼,写作逐渐促进了我的专业发展,在此期间我撰写了 200 多篇教育教学随笔,这些文字见证了我与学生的成长历程,改变了我的生活状态,我还参与编著了《中学生作文宝典》《给新教师的建议》《做人成才——公民道德教育中学生读本》《每个孩子都是故事》《把心灵献给孩子》《初中文言文全解与拓展》等书籍,发表了《体验生命之美》《用爱培植爱》《闲适泡出的智慧》等文章。也有三十多篇教育教学论文获奖,获得了成都市特级教师、全国教育科研优秀教师、成都市师德先进个人、武侯区学科带头人、武侯区优秀班主任、武侯区优秀青年教师、成都市骨干教师、武侯区基础教育课程改革优秀教师等荣誉称号,所带班级都被评为成都市或武侯区优秀班集体。我牢记李校长说的一句话:"永远保持现在纯净的童心。这很难,但一定要保持,其支撑点是把教育当成信仰,不为名利工作,而为自己工作,不能让自己的心生锈。"荣誉是浮云,关键的是我享受了新教育及课堂改革带给我的幸福感。这是金钱也买不到的珍宝啊!

学校以导学稿与小组合作学习为抓手的民主课堂探索,使我的课堂焕发了生机。学生的独学、群学、展示都彰显了一种健康的个性,民主课堂真正把课堂还给了学生。我不再炫耀自己的讲功,开始知道了用心经营自己的日常课堂,把学生当成与教师具有同等价值的人。与学生平等地对话,倾听学生的智慧,倾听他们五彩缤纷的内心世界,真正地走进学生的心灵。让每一堂课都成为我生活旅途中的幸福驿站,享受着学生给我的幸福。今天蓦然回首时,我发现,教书也能教得有滋有味。学生喜欢语文课,因为他们是课堂的主人,老师和他们一起学习,不再独霸讲台,学生可以畅所欲言,学生把语文课用川菜的"麻辣鲜香"来形容。看看我们的语文课堂,你就会感受到"千树万树梨花开"的美妙——

一小组的配乐朗读把我们带入了一个天马行空的语文天地,去感悟作者别具一格的心境。

三小组在展示《在山的那边》时,描绘了一座险象迭生的山峰与一片美丽无瑕的海洋,这一幅优美的画面激发了我们克服困难追求理想的愿望。

六小组在展示《西江月》时,我们亲爱的陈珂同学台上的精彩表演让我们进入了诗歌的意境中,只见他做出一个骑马的姿势,东张西望,一会儿,又把头一转,做出惊讶的表情,然后说了句:"好一旧时茅店。"众人大笑。

八小组在上《皇帝的新装》那一课时,当同学们讲到皇帝在镜子前东扭西转"欣赏"自己"华丽的衣服"那一段时,一位学生站起来要求表演一下皇帝照镜子的丑态,只见他左扭扭屁股,右扭扭屁股,还转一圈,仿佛真是在欣赏一件"衣服",我不忘加了一句:"真是臭美的皇帝。"同学们笑翻了。

……

和谐的校园氛围是我成长的土壤,我愿做一位幸福的老师,做一个有智慧的老师,更应该做一个有使命感的老师。朱永新老师说:"一个教师不在于他教了多少年书,而在于他用心教了多少年书。"既然已经选定了教师这一职业,就应该以一颗平和的心不断提升对人待事的境界。在工作中应该做好两件事——学习和研究。不断充实自己的知识与精神,实实在在地静下心来与每个孩子对话，静下心来研究学问，静下心来多读几本书，静下心来总结规律，静下心来细细品味与学生在一起的分分秒秒，品尝其中的乐趣、意义，静下心来写作。用一颗心灵去启迪另一颗心灵，用一种思想去启迪另一种思想，使生命在看似平凡的琐碎中更加丰实。

至此，我想对我的学生说："我一定要美丽，让自己由内到外地美丽。"

> 李镇西点评：读完这篇文字，我一时感到笔力艰涩，不知如何"点评"。我感到，任何有上进心的年轻教师都能从这篇文字中受到感染和启迪。我任何"点评"都是多余的。但我还是想说几句，潘玉婷老师是我校公认的名片，但她平时非常低调。她性格内敛甚至有些腼腆，为人低调而谦逊。因此，她的好多感人事迹，我都是从同事或她学生的口中偶然得知的。她特别不愿意我在大会上表扬她。我揣摩潘老师一定是这样想的，校长是否了解自己并不要紧，外在的表扬更是浮云！只要自己和孩子在一起很快乐就足够了，因为享受孩子，就是一种职业幸福。

永远在飞翔

郭继红

我的名字叫郭继红,这是一个平凡而普通的名字,但在这名字当中却透出一股天天向上的劲儿——

初生牛犊不怕虎

教师,课上得好是立身之本,秉承着这一理念,从1995年参加工作以来,我先后获得武侯区语文赛课一等奖,1996年成都市语文赛课一等奖第一名,1997年代表四川省参加西南五省一市的语文观摩课展示并作专题发言。我不断总结教学工作,多篇论文在区、市、全国获奖:如《在语文教学中实现创新教育》(区一等奖)、《在语文教学中创设良好的课堂氛围》(市二等奖)、《兼顾基础知识,提高语文能力》(市二等奖)、《为学生提供实践语文、体验语文的时空》(全国二等奖),还参与编著《全国初中生考场作文指导大全》(山西教育出版社)、《初中语文经典篇目实景教学》(人民教育电子音像出版社)、《作文论据手册》(四川人民出版社)、《文言文阅读精选》(德宏民族出版社)等教材教辅书籍、光碟，逐渐形成自己生动活泼、凝练简约的课堂教学风格，所上语文课受到学生、家长、同事的一致好评，被评为武侯区学科带头人。

其次，当好班主任也是教师必不可少的本领。1998年以后连续担任初中2001级4班和2004级6班的班主任，写了《培养小干部的四点措施》等论文，并参与编写了成都市《做人成才——公民道德教育中学生读本》，被评为武侯区优秀班主任。

凭着这股初生牛犊不怕虎的冲劲，我又相继被评为武侯区教育功臣和成都市优秀青年教师。总结这几年来的成长经历，我的体会是：一分耕耘，一分收获。我坚信，只要付出，一定会有成果的！

山重水复疑无路，柳暗花明又一村

2003年，我所在的成都市第五十七中学与簇锦中学合并，在此基础上新建成都市武侯实验中学。新的学校地处城乡结合部，学生来自周边几所村小，以农民工子女为主。面对新的环境，我暗想，一定要好好干，把这些农村孩子培养成才。我当了一个班的班主任，渐渐地就领教了这些孩子乖戾行为的厉害：抽烟、打架、逃学、早恋、不做作业，嚷嚷着要出去找工作……层出不穷的状况搞得我筋疲力尽，内心的挫败感让我沮丧迷惑："每天从清晨忙到傍晚，顽童才好了几天又恢复原状，怎么就不能感化这些顽劣的学生呢？"以往一分耕耘一分收获的成功经验早已显得苍白无力，我感到自己在原地转圈却走不出困境。

迷茫中我像快要溺死的人抓住救命稻草那样拼命阅读卢梭、苏霍姆林斯基、卡耐基、老庄、李镇西、柯云路等古今中外思想家、教育家、作家的书籍，从中汲取营养和力量，我意识到我必须调整心态：要做好十分耕耘也未必会有一分收获的准备，要长期持续地走进孩子们的心灵，要放低不切实际的要求，以更大的耐心、爱心和智慧来促使他们进步。

心态发生了变化，看问题的思路也发生了变化，班上仍时不时出现这样那样的问题，我坦然地告诉自己：这就是生活，这就是教育，总有新问题不断出现，总有矛盾需要化解，总有方法去解决。即使我们以前的经验有多么成功，在新的时代背景下都需要诚实面对，认真思考，努力付出，不断改进。新情况、新问题、新举措应该是教育的常态。

我在痛苦中蜕变，在迷茫中反思，在实践中探索，我把自己的眼泪与欢笑都写进了教育随笔，我在新教育实验中阅读、实践、写作，在教育随笔中过一种完整幸福的教师生活：多篇文章获校优秀教育随笔和读书笔记奖，参编了教育随笔集《每一个孩子都是故事》和《把心灵献给孩子》，还与李镇西等合著了《给青年教师的建议》一书。

如今，那些孩子已毕业多时，偶然在街上遇见，他们总是分外热情和亲切，后悔当初的调皮顽劣，追忆青春的纯真岁月，我说："你们的故事最多，都已留在我的随笔里了。"他们都惊喜不已。

欲穷千里目，更上一层楼

我在语文教学中继续探索，积极投入课堂改革的实践中：高度重视广泛阅读，练好语文教师的内功；重视课堂教学的目标管理，提高了教学效率；重视文本阅读，强化了学生的过程管理；重视阅读思路与方法的梳理与总结，提高了学生灵活运用解题的能力；重视课型的研究，强化阅读的整体设计；重视问题设计，增加了课堂的思维含量。

同时，我也感到如果不增添语文教学的情趣与美感，就难以避免使用程式化教案、学案的枯燥与无味，教学随笔《努力上出语文课的语文味来》、论文《让学生在有趣有效的课堂中遨游》（成都市一等奖）是我对理想课堂的思考。2009年秋在"成都市语文骨干教师培训"活动中我作了《推进导学稿，提高课堂效益》的专题发言，两次上观摩课均受到与会教师的高度评价。2010年在全区上"新教育实验"研究课,受到钱梦龙老师的好评。我还指导了青年教师陶杨梅、唐燕、王晓萍、赵敏敏等参加校、区、市、全国的论文和课堂教学比赛,均取得一二等奖的好成绩;我先后被评为武侯区、成都市"基础教育课程改革优秀教师、先进个人"和"全国百佳语文教师"。

此时,以"五步三查"为主要模式的"民主课堂"改革在校园里正如火如荼地进行,正带初三的我是有诸多顾虑和抗拒的:马上要中考了,成绩受影响吗?老师怎么指导?学生怎么训练?小组怎么培训?需要多少时间才能达到理想效果……

外校的老师来听课,摇着头离开了:"郭继红这么会讲的老师,一节课竟然没说几句话,全是学生在讲,教学质量难以保证哟!"素来对上课很自信的我突然感到教不来书了,一夜回到"解放前"!

迷茫中我又读到了苏霍姆林斯基的话:"如果学生没有在掌握知识的道路上前进哪怕是很小的一步,那么这堂课对于他来说就是白费了。无效劳动——这大概是学生和老师可能遇到的莫大的严重的危险。"

看来,老师讲得精不精彩并不能成为衡量一节课是否成功的关键!为了学生的进步,就要把一堂课百分之五十以上的时间用于学生的学,让他们不但要识记、背诵和保持,更要勤于思考、比较、发表议论!以前所谓的理科练习机会多,学生自然练习多,文科讲解感悟较多,学生自然可以少练一些的观点也该改改了。不破不立,中国的教育需要改革。

我再次陷入了深深的思考:怎样才能做到真正的高效呢?要保证学生实践的环节和时间,更要保证教学进度和质量!于是,我试着用四个标准来打造我的民主课堂:学生的高度参与教师的适时指导是否结合;过程的科学预设与问题的合理生成是否结合;共同目标的完成与个体差异的关注是否结合;课程的长远目标与课堂近期目标是否结合。我又开始尝试了,《端午的鸭蛋》《陈涉世家》《杨修之死》《记承天寺夜游》一系列研究课的进步与成功源于我更加关注高效课堂的立足点——学生的学。

新的课题，新的起点，我将和同事们一道，以"民主课堂的实践与研究"为载体，在语文高效课堂的探索中更上层楼。教师最大的理想就是看到那些调皮捣蛋的学生也能勤奋、专心致志地学习。我想，只要我们努力把学生引进一种力所能及的使他们能得到成功的脑力劳动中去，这种理想就会更早一些实现！

> 李镇西点评：郭继红老师的成长颇有意思，她遇到挫折不是刚参加工作之初，而是小有成就之后。最开始踏上讲台，由于天时地利的原因，她一帆风顺，捷报频传，各种荣誉接踵而至。但随着学校的变迁，生源的改变，她一下子竟然有些不适应，甚至有些不会教书了，那么多的荣誉和经验，不能解决遇到的新难题。郭老师没有怨天尤人，而是首先改变调整心态，"我坦然地告诉自己：这就是生活，这就是教育，总有新问题不断出现，总有矛盾需要化解，总有方法去解决。即使我们以前的经验有多么成功，在新的时代背景下都需要诚实面对，认真思考，努力付出，不断改进。新情况、新问题、新举措应该是教育的常态。"这个心态的转变是非常关键的。心态调整好了，接下来就是迎难而上，面对棘手的教育难题去研究思考探索，和顽劣孩子打交道的过程中积累教育智慧，同时辅之以阅读，从优秀的书籍中汲取教育养料。学校的课堂改革，对已经是名师的郭老师是一次考验，她没有坐在功劳簿上吃老本，而是大胆改革自己的课堂教学，"在痛苦中蜕变，在迷茫中反思，在实践中探索"。郭老师不停地超越着自己。泰戈尔诗曰："鸟翼系上黄金，就再飞不起来了。"郭老师没有被功名所累，而是一直舒展着轻盈的理想翅膀，拍打着事业的蓝天。她永远在飞翔，永远在超越……

飞得更高

满泽洪

初涉教坛，痛并快乐着

2010年7月，我的第一届学生约我到公园坐坐。他们在公园门口等我。我在公园门口停下车，伸出头，看见十来个年轻人，正在四处张望，我知道，这就是他们了——我的第一届学生。可他们竟然没一个人理我，只有一个学生看了我一眼，辨认了几秒钟，然后说"好像不是"。我有些失落，从车上下来，往公园走去。忽然听到一阵震天动地的欢呼："满老！满老来了！"——在成都，学生对老师最亲昵的称呼是"×老"，哪怕这个老师是一位刚踏上讲台的姑娘。

一拥而上，有的抓住我的手，有的搂着我的肩膀，还有人蹿到我的背上。

10年了，眼前这个虽然年轻（同事们几乎都叫我"小满"，"小满"自然是很"小"的，呵呵）但明显胖了，脸上已经有许多岁月的印记的"中年人"，与他们印象中的当年那个身材匀称、年轻潇洒的"满老"自然是不能画等号的，自然没认出我。

他们一直没有忘记我走路的样子。10年了,老师的外貌变了,但走路的样子没变:昂首挺胸,旁若无人。能在多年不见的学生心中留下深刻的永远不能磨灭的印象,这难道不是教师的幸福?跟学生在一起,特别是跟第一届的学生一起——这些孩子,不就是我们梦的起点吗?不就是寻找梦痕的最佳契机吗?于是,当初踏上讲台的一幕幕,那些梦,那些伴随着梦一步步走来的足迹,那梦里沁人心脾的花香,便"昨日重现"起来——

我是1999年踏上讲台的。那年,我刚好23岁,仅仅比第一届学生大10岁。23岁,对一个初涉教坛的人来说,的确是一个"追梦"的年龄。10多年来,每逢秋季开学的时候,走进校园,我的眼前,似乎都会有一个影子走过,既熟悉,又陌生,既遥远,可又仿佛就是昨天:黑框眼镜偏分头,印花T恤运动鞋,虽不帅气,却很阳刚、充满激情与活力。

第一堂语文课,我给他们介绍自己,黑板上,龙飞凤舞三个大字:满泽洪。三个字行云流水,一气呵成,给了他们震撼。一个女孩子站起来,怯生生地问:老师,你是不是五行缺水啊?另一个男孩子大声地说:老师是少数民族的!于是,我从姓氏入手,讲中国姓氏的起源,讲百家姓,讲周朝的王孙满……说实在的,按照教学常规来说,我是即兴的,根本没有备课,但一节课,却给了这些孩子永远难以忘怀的记忆。那堂课结束后,两个女孩子拿着一个漂亮的笔记本拦住我的去路,"满老,你要把这两个字读两遍,不准读错哦!"甜甜的笑容,清澄明净的眼睛,不容置疑的口气,是凝在我脑海中永恒的画像。我一看,是"纷飞"两个字。原来是上课的时候,我一激动,就会冒出近似于方言的普通话(我老家几乎所有的人都不能准确区分"F"和"H",我又一直在农村生活、读书,老师都是不说普通话的,这种状况到大学才改观,所以我的普通话是比较差的)。我把"纷飞"说成了"hunfen",把"姓氏"说成了

"xinsi"，诸如此类。从此，孩子们开始直接称呼我"满老"——在我看来，这是对我最亲切的体现。也就是从那以后，我有了两个普通话"义务纠错员"，如果说我的普通话现在还将就的话，这两个孩子是功不可没的。这次聚会，我当年的两个普通话"义务纠错员"也来了，谈起这事的时候，她们都很不好意思，说当时很担心伤了我的面子！

多好的学生啊！

此后，每个课间休息，我的办公桌前都围满了人，有的拿我的书看，有的坐在椅子的把手上给我捶背，有的把我的眼镜取下来试戴，还有的问这问那，甚至有一个女孩子问我有没女朋友，说要给我介绍一个（她后来还真把她的表姐带到学校过几次）。一直有老师抗议说，太吵了没法改作业。也有老师提醒我，要跟学生保持距离。"亲其师，信其道"，正因为我跟他们关系融洽，课堂上，他们积极主动思考和回答问题，作业也完成得很好。于是，我们更多的是在日记里谈心，我们更多是徜徉在文学的海洋，与古人今人进行跨越时空的情感交流、思想碰撞。于是，学校的七里香花架下，是我们的语文课堂；郊外的油菜花地，是我们的语文课堂；静静流淌的小河边，也是我们的语文课堂……于是，春日，我们听花开的声音，数着花瓣，学习观察；夏季，我们沐着小河边的凉风，体会夏别样的感受；秋天到了，我们赤脚踩过水稻收割后的稻茬；冬天，我们听听冷雨，任寒风刮过脸颊……

这是初涉教坛的我理解的语文学习，没有刻意的诗文背诵，没有反复的字词听写，没有干巴巴的教条式分析，没有阅读体验的强加，我们享受着语文，享受着思想和文字的盛宴。

读李镇西《做最好的老师》中的一段话：

师爱是童心的源泉。教育者是否拥有一颗童心，对教育至关重要。乐于保持一颗童心，善于在某种意义上把自己变成一个儿童，这不但是教师最基本的素质之一,而且是教师对学生产生真诚情感的心理基础。教师的童心意味着怀有儿童般的情感;教师的童心意味着拥有儿童般的兴趣;教师的童心意味着具有儿童般的思维;教师的童心意味着拥有儿童般的纯真。生活赋予我们成熟,社会经验赋予我们练达,文化知识赋予我们修养,人生挫折赋予我们机智……但是对于真善美的执著追求,对假恶丑的毫不妥协,火热的激情,正直的情怀,永远是教育者的人格力量!作为社会人,教师也许会有几副面孔,但面对学生,教育者只能有唯一的面孔:诚实!须知真诚只能用真诚来唤起,正直只能以正直来铸造。

我才知道我当时那种原发性的教学,竟然就是一种童真、童趣!再后来参加了一个所谓的"大语文观"的课题研究,我才知道我这些不经意的、被称作"追风少年式"的语文,竟也符合当时语文界的流行趋势!

但每个人都必须生活在体制中,超越体制的生活是一种真空状态的生活。教育所面临的大环境是教学质量的提升,套用一句政治性的话语,中国教育界的最大矛盾是"人民群众日益增长的高质量教育需求与当前教育质量低下之间的矛盾"。而教育质量,在很大程度上(甚至可以说全部),就是教学成绩,就是学生的考试的分数。教育理想的花儿,往往是在萌芽阶段被掐除的。

我所设想的理想的语文教育,只开了一个头,就得到了当头一棒——第一次半期考试,我教的班平均分比另外一个班低了5分多!

于是,家长有意见了,要求换老师的呼声此起彼伏。据说,连续一周多时间,校长办公室都有我教的班的学生家长去投诉。办公桌上的玻璃,就是这样成了我泄愤的牺牲品,一拳头下去,玻璃渣子飞溅,鲜血一滴滴流在桌上、书上、教案本上。可以说,我是第一个为了教育理想砸玻璃而付出"血的代价"的老师。在那天的日记里,我很有些愤世嫉

俗,写下来一段文字:

  春花秋月,往事,何须回首。老师是一座桥,很多人这样比喻。往这桥上走过的人,又有多少呢?那桥,还不是在风中,在雨中,身骨逐渐衰老,慢慢坍塌,最终,在灶边魂飞魄散,化为灰烬,不留下一丝痕迹;或许,在水边,任河水冲刷出岁月的伤疤,在泥沙中化为乌有。老师也是艄公,摆渡一辈子,谁会记得那个头戴箬笠,身披蓑衣的老人——他曾经的年轻,曾经的意气?茫茫青山,那一座小土堆,是他的埋骨之所?或许沈从文笔下的凤凰山水有些例外罢。

  仅此而已。

但幸亏我们有一个好校长,一个德高望重、宽容大度的好校长,一个儒雅、时常带着微笑的老人。10多年过去了,他在我、我们的心目中,是永远的师长。他顶住了各方面的压力,据说因此还跟他的顶头上司,某一个副厂长争执了起来(我当时在一所子弟学校)。理解和支持我的还有我的学生。他们给我买了纱布和消炎药,医治我身体的创伤;他们用日记,用他们最天真无邪的童心和信任,医治我心灵的伤痛。写到这里的时候,我的眼眶又开始湿润了:教师的幸福,不是来自各种荣誉,也不是来自晋升,而是来自学生的信任和爱,只有这,才是亘古不变的。在这些十来岁的孩子的心里,只要老师的言行,老师的爱,能达到他心灵最柔软的地方,教育就是成功的。

  我是一个比较固执的人,至少当时是这样的。但不管怎么样,我还是做了很多调整。期末考试的时候,我班的成绩跃居全年级第一。连续两年,我班的语文成绩都名列前茅!班主任的看法变了,家长的看法也变了,我这个特立独行的年轻教师,似乎在刹那间成为颇具潜力的年轻教师。

这就是体制，很"势利"的体制！

我并没有完全改变我的教学方法。我一直沾沾自喜：这样，不也可以让学生的成绩非常优秀吗？这种沾沾自喜一直保持到10年之后，我的学生才告诉我："砸玻璃事件"发生后，他们相互提醒、相互鼓励，一定要好好学习，才能对得起满老师。语文成绩一直在60分左右的辛程健告诉我，为了不在默写和字词上丢分，他写了背、背了写，请同学帮忙检查，请家长督促，15首古诗，100多个字词，他整整花了一个月的时间！

没了以前的沾沾自喜，却有了更浓更深的幸福，当那些懵懂的孩子，深切体会到老师的良苦用心的时候，他会深深地爱着你，为了让你快乐一点，幸福一点，他们有时宁愿自己多受些苦！

可爱的孩子！可敬的孩子！

爱，更需要懂得尊重

成长是需要付出代价的。我从来不否认我是一个热爱学生、热爱教育事业的老师，但年轻的我，热情和激情的背后，却往往伴随着冲动！

2001年4月24日，星期二，教职工大会上，德高望重的老校长点名批评了我。我是因为体罚学生被批评的！

4月22日，小松（化名）被班主任批评，情绪很不好，没呼报告就撞开教室门，冲进了教室。我正在激情飞扬地讲着苏东坡的诗，他的突然冲入，打乱了我的思维，扰乱了课堂的秩序。我认为这是不尊重我，非常生气，一把把他抓住，甩出了教室。小松的头被撞破了，脸也被门的把手刮了一条口子，鲜血直流。

其实，小松平时很喜欢我，我也很喜欢他。我们经常一起打篮球，他弹跳力很好，老是要盖我的帽，盖了帽之后，又要抱起我甩几下，表达歉意。他的语文成绩很不好,我曾经在班上说过,不好好学语文,考不好 80 分,就别想做我的朋友。他就花很多时间复习,终于还是考了几次 80 分。他还请我到他们家去玩,带我到飞机场放风筝,骑自行车,看滑翔机表演……我们亲密无间的关系,让很多同学都有点嫉妒他呢。

但这次体罚,却被巡课的学校领导当场发现,小松被送到校医务室紧急处理。于是,老校长在全校教职工大会上点名批评了我。这件事一直是我成长历程中的阴影,我很清楚,在我的心中,我是爱孩子的,但不能以爱之名,践踏孩子的尊严。

一直到三年之后,我才知道,那次会后,小松跑到了老校长的办公室,头上还缠着纱布,哭着请校长原谅我。我能想象,小松站在张校长面前,雪白的纱布,还浸透着点点血迹,抽泣的声音伴随着疼痛的呻吟。在校长办公室,这个仗义却又固执的小男孩,是用怎样的真诚,怎样的真心,在恳求德高望重但却严厉有加的老校长原谅他的老师的啊!

作为老师,我爱每一个孩子,这是毋庸置疑的,但我真的尊重他们了吗?在人格上,教师和学生是完全平等的,即使是以"爱"的名义,我们也不能对一个孩子的身体、心灵进行任何伤害。他们是未成年人,未成年人犯错,是他人生中必不可少的经历,要知道,经历就是财富。作为老师,我们需要做的,其实就是引领他(她)认识到错误的根源并尽量避免在同样的地方犯同样的错误。这就是尊重的第一个含义。从另一个层面讲,孩子是有个体差异的,我们不能奢求每个孩子都达到同样的行为习惯和学习能力水平,我们更不能要求每一个孩子都有同样的性格特点——正是因为人的多样性才造就了这个世界的丰富多彩!

尊重孩子,其实也就是尊重每一个孩子的个体差异。

这件事情给我的触动,直接导致了我以后教育教学方式方法的改变。

2010 年,我接任初 2011 级 10 班的语文教学工作,我遇到了一个语文只能考 3 分的孩子(我们叫他小柱子)。第一节课,就有同学提醒我,不要被班上的一个孩子"气得吐血"。经过时间的磨砺、血气方刚、年轻气盛的我,已经变得比较稳重成熟了,我不认为会被人"气得吐血",也就对这些同学的提醒不以为然。小柱子其实很可爱,上课从不捣乱,作业也基本上都能完成。我开始有点怀疑了,为什么班上的同学会提醒我不要被小柱子"气得吐血"呢?难道这些孩子别有用心?

在我看来,孩子都是淳朴可爱的,没有孩子会别有用心——如果你用成人的眼光去看待孩子,你其实就是在用孩子的心智水平贬低你的人生阅历!这种念头在心里一闪而过,我依旧做着老师应该做的事,继续用我的爱关心孩子的成长。

半期考试后,有老师把一份试卷给我看,说"教到这样的孩子,老师真是倒霉透了"。我看了试卷,心里是说不出的滋味,两张试卷,只稀稀拉拉做了几道选择题,古诗文背诵倒是写了几句,可基本上都是错别字。翻到后面,阅读题,没做;再翻到后面,B 卷,全是空白;再翻到后面,作文倒是写了几排字,仔细一看,全是抄的前面的现代文阅读语段。我心里有些黯然,开始有点理解前面老师说的话了。

在上课的时候,我把今天评卷的感受和同学分享,我说:看到那份试卷,我的心在流血。一个从小在母语环境里长大的孩子,怎么会只有那么一点……

靠我最近的孩子捅捅我,示意我朝她指的方向看,我有些茫然,但也没太在意。继续谈我的感受:如果是我教的,我可能就要当场喷出一盆鲜血了!(我夸张地用手捂住肚子,开玩笑似的叫旁边的同学去拿一个盆子来。)班上的孩子们笑得前仰后合,我深为这节课我的表演天才而折服。

考试结果出来了,我拿到成绩单一看,开始还不住地点头,可看到后面,简直就傻眼了——一个刺眼的 8+0——取下眼镜,揉揉眼睛——依然是 8+0!这是不可能的,我想,语文考几分,简直比数学考 100 分还困难，教书11年了，我还从没见过语文考几分的（我曾教过一个智障儿童，语文也考了23分嘛）。我立即找出试卷，天啊，我真的要吐血了，那份卷子，那份老师拿给我看的卷子，就是小柱子的！

小柱子绝对不是智障，我可以打包票。平时经常和他们聊天，他除了说话有些结巴之外，几乎看不出有任何智力因素低下的表象；他的字有些歪歪扭扭，但不需要用考证甲骨文的方式来辨认；他的作业虽然基本上都是抄的（分析问题的语言，太过老练，我一看就知道是抄的参考书），但每天也会按时交来；他在上课的时候虽然从不主动发言，但神情专注，从不捣乱。这样的孩子，怎么会考这个分数？

但不管怎样，看到这个分数，我虽然没有真的"喷出一盆鲜血"，但也是七窍冒烟了。我叫科代表把小柱子请到我的办公室，我要好好"收拾收拾"这种把考试当儿戏的人，我想。

小柱子怯生生地来到了我的办公室，办公室外，还有几个脑袋，凑在一起，想来又不敢来的样子。我把试卷一拍，小柱子吓得一抖，眼泪刷地就流了下来。看到小柱子，我一刹那想到了小松，那个被我一把甩出教室碰得鲜血直流却要去向校长求情原谅我的孩子，我的心软了——尊重孩子，绝不是纵容孩子，但尊重难道不需要了解吗？我平静下来，听着小柱子结结巴巴地说：考试没有睡觉，一直在做，但实在不会做；为了听写能过关，每个生字词都抄写五六遍，还请同学帮他听写；一首古诗词，他抄写几遍，再自己默写几遍；文言文字词的解释和句子的翻译，他都背了……

尊重孩子，首先需要尊重事实的真相，我请小柱子打开书包，我要看看是否真如他所说，听写和默写都是抄写了很多遍的。他摸索了半天，从书包里掏出几个皱巴巴的本子，翻开一看，上面密密麻麻地写着第一、二单元的生字词和五单元的文言文翻译、字词的解释，还有课后古诗。我很奇怪，问他为什么现在会如此努力，他的回答让我更加感动。"我姐姐是你的学生,我表哥也是你的学生,他们说你很好。"他顿了一顿,声音更低一些,"他们还说你好歪(歪,在四川话中的意思是"很厉害",直白一点就是"要打人的")哦。我有点害怕。"

尊重孩子,就是要尊重孩子的个体差异,对于这样一个只能考几分但却又努力过的孩子,过多的责怪,又会有什么效果呢?爱他,就要尊重他;尊重他,就需要先培养起他对人生的信心。在以后的课堂教学中,我经常有意识地请他起来回答问题,甚至还在一次语文活动中请他担任小组的拉拉队长,看到小柱子挣红了脸,结结巴巴地带着几个孩子呐喊的样子,我觉得好笑,又心里酸酸的,我们的教育带给这些弱势儿童的究竟是些什么呢?

做一个永远让学生爱戴的班主任

2001年7月,学校安排我担任初2004级7班的班主任。有了以前的种种教训,我提出了班级建设"三步走"的建班策略:第一年,人治,由我负责班级的各项日常管理,一切在征求班级同学意见的基础上,我说了算;第二年,法治,通过第一年的相互了解和熟悉,制订班级规范,每一个方面都制订详细的行为准则,比如早晚自习的行为准则、学习习惯养成的行为准则、清洁卫生的行为准则、外出活动的行为准则等,实行项目负责制即安排专人负责某一项目;第三年自治,在第二年法治的基础上,同学们逐渐掌握了每一件事情该怎么做之后,班级各项事务就由班级成员说了算,我的话随时可以被同学推翻。

2003年3月,我们组织到广汉春游,往返200多公里的路途,班上的孩子得到了旅行车司机、乘务员和当地导游的高度赞扬。司机说他开车30多年,拉过的学生少说也有几十万,还从来没见过那么可爱的孩子。这些可爱的孩子,严格按照外出活动行为准则,注重每一个细节,上车不带一点垃圾，给司机和乘务员问好，下车清理各自的座位，不留下任何痕迹，向司机和乘务员道别；在观看表演的时候，其他有些班级人一走，留下大片垃圾，而7班的孩子，他们离开的时候，地板依然干干净净。

学校的七里香架，是学校最引人注目的风景，是全校师生包括各级领导进出的唯一通道，也是我们班上固定的公区。初一的时候都是我指导他们做清洁，初二的时候是我检查，到初三的时候我根本就不会再过问了。但三年来，花架下洁白的瓷砖，没有一丝尘垢，随时都可以坐下；花台里，只有落花黄叶，没有一张纸屑。

三年的班主任工作，是我教育生涯中最宝贵的财富。2004年，他们离开我的时候，我在一篇名为《离别》的随笔里，写道：他们毕业了，我还是很留恋的，但不管怎么留恋，事实也就那样了。"来的尽管来，去的尽管去，在这去来的中间，又是怎样的匆匆呢？"朱自清对时间的阐释，是何等深刻。春花秋月，往事，何须回首……

2005年的5月1日，是我结婚一周年纪念日，这批孩子离开我已经快一年了。他们回学校来看我，专门为我组织了一场别开生面的结婚纪念日活动。在《我的结婚纪念日》里，我描述了当时的场景：

"今天是七班毕业后第一次聚会。"所有的同学都将杯子筷子敲了起来，叮叮咚咚的，像是要演奏交响乐。

"今天还是另外一个值得纪念的日子。"噢，劳动节嘛，她该不会像国家领导人一样，纪念五一国际劳动节，再颁发什么奖章之类的吧。

"今天是满老结婚一周年纪念日。""噢噢噢噢噢"，大家吼了起来，那声音，似乎要将屋顶掀开。

这些可爱的孩子们啊。他们早忘了我当年的种种不好，甚至

"残暴",专门来给我庆祝结婚纪念日,我真的值得吗?

……

我默默地切好蛋糕,同学们早围在我面前,等着分享我的幸福、我的欢乐,而我,则默默地享受着那一分感动。

高萍将刻着字的那一块小心地翻出来,用盘子盛好,端到我的面前。"满老,带回去给刘老师好不好。"他们想得真周到啊,可他们都还只是孩子,十五六岁的孩子!

以后的日子,这些孩子给了我多少真诚的信任和爱啊!江颖瑛、申思云、李敏、王军等同学谈恋爱了,都把对象带到我这里,要我先"把把关";沈鑫、陈俊凯、罗飞、吴娅等很多同学参加工作或者上学,都要请我参谋;甚至有些时候,这些孩子的家庭矛盾都需要我去调解。现在,我在甘孜州白玉支教,沈鑫都专程从色达县(距白玉600多公里)请假来看我,担心我在高原身体不适,还给我带了许多药品;罗珉和徐丹,听说我到了白玉,多次打电话提醒我各种注意事项,还请他们的父母一定要到中学来看我,照顾我,说我生活自理能力不强,要经常请我吃饭;江颖瑛从新疆给我寄了许多新疆的土特产,要我保重身体。逢年过节,这些孩子的手机短信、QQ信息,都会给我带来无限的欢乐和回忆。

教学改革,在尝试中起步

2004年,我开始担任一些行政工作,但我仍然永远不愿离开我的可爱的孩子们,但我的行政工作任务越来越重,我跟孩子们在一起的时间越来越少,繁杂的日常事务给我的教学工作提出了严峻的挑战。如何能用最少的时间达到最大的效益,我开始思考这个问题。

2008年3月,受学校的委派,前往杜郎口中学学习,我受到了强烈的震撼——这里的孩子,阳光、乐观、自信、敢于展示自我,是理想的学生;这里的老师,敬业、忙碌、研究、随时反思自己,是理想的老师;这里的干部,执行力强、表达能力强、综合素质高,随时都在创新,是理想的干部……

但真正震撼我的是这里的课堂,这里的学生的自信和多种形式的表达以及对问题透彻的分析,可以说,他们的生命在课堂上欢快地流淌,真正是所谓的"知识的超市,生命的狂欢"。

回到成都,我也开始尝试着进行教学的改革。在一篇《相信学生的潜力》的教学随笔中,我是这样写的——

我将学生分为四个组,每个组安排一定的学习任务,然后在全班展示。具体做法是:一个组负责收集有关的文学常识以及科举制度的发展演变,一个组负责完成本课所有的基础知识,一个组负责分析课文的情节结构,一个组负责分析人物形象。

分组完毕之后,每个小组还推举了发言人,第一组是蒋四军,第二组是晏丽娜,第三组是程大庸,第四组是邹天。黄强同学主动申请担当主持人,杨夏婷同学要求进行总结。

……

但我还是忐忑不安,他们行吗?一度,我甚至想取消这次自主学习课,毕竟,我这次放手,放得太快,放得太多了!

……

蒋四军已经在同学的帮助下,将话筒别在身上,正在开始他的激情演讲。在教室的最后一排,我一直默默地、微笑地注视着他们。学生的情绪比我上课时要高涨得多,课堂气氛也更加活跃。一些平时不太敢发言的同学也参与到争论中来。

蒋四军在讲完文学常识和科举制度后,还深有感触地、甚至有点愤世嫉俗地说了一句"老气横秋"的话："大家说，今天的应试教育是不是和明清的八股取士非常接近啊！"没想到的是，全体同学异口同声高喊道"是——""是"字拖得长长的，可见他们对那种教育方式的痛恨，对这种自主学习方式的首肯。

而最让我感动的是晏丽娜同学。在由她主持的基础知识环节，学生们提出的问题她几乎都能一一解决，后来同学告诉我，说是她用了两个多小时，查阅工具书，翻阅参考书。可就是她，在两天前，还因为我布置作业的时候，大声抱怨"好多哦"，气得我把她狠狠地骂了一顿。还有她的随机应变，也给我们留下了深刻印象。当有同学提出"三进三出"是什么意思时，她只是稍微愣了一下，马上就说："对不起，这个问题我不清楚，请满老师帮忙。"一下子就避免了自己的尴尬，这种应变能力，甚至超过好多实习老师。

在后面的两个环节里，课堂气氛达到顶峰。在讲台前的两个小男生，举手投足，俨然就是老师。他们可以很好地控制课堂纪律：当有学生对别人的分析很不满意，大声高呼"我反驳，我反驳"的时候，就像是我一样，用手指着黑板的右上角（那是我们约定的写着"聆听"的地方），教室可以马上安静；当有学生没做笔记的时候，他们将语气放慢，意在提醒；当引导大家讨论的时候，他们在教室巡查，对某些小组进行提醒。

我总是在想，我们的语文课堂，难道真的就只是老师讲，学生记吗？我们的语文课堂，难道只是老师问，学生答吗？我们的语文课堂，难道就是为了考试吗？我们一直在呼吁的"学生主体性"难道仅是"学生是学的主体"吗？

我经常在想，他们毕竟还是孩子，不能很好地驾驭课堂，他们也不知道哪些是重要的考点，但有了高昂的热情（苏霍姆林斯基说过"情绪是智力的催化剂"），主动参与的意识，不也是可以达到事半功倍的效果吗？

2010年回到学校后，我继续开展教学改革实验，开展自主学习和小组合作学习的探索，并针对这个班级学生的特点，积极鼓励每一个孩子上台展示。有一篇题目叫做《小柱子讲课》的学生日记这样写道：

满老师今天有点不高兴，因为有同学独学部分完成不好，基本上属于敷衍了事。但当小柱子走上讲台时，满老师一下子就变得非常高兴了，他带领全班同学，把掌声献给了小柱子同学。要知道，想得到满老师的掌声可是不容易的，他经常说，"我只把掌声送给平时不上讲台的同学。"小柱子是班上最差的同学，语文考试有一次只有3分！他一直非常自卑，每次上课都是低着头，默默地做笔记，虽然他做的笔记没一个人认识，有时连他自己都不认识。昨天上课的时候，满老师说：他希望在初三这一年，每一个同学都能站上讲台，"站上讲台本身的意义，超过讲解，因为那一刹那，你战胜的是你内心中那个卑怯的自己"。

我们想给满老师一个惊喜，于是就积极动员班上最差的小柱子同学，小柱子很害怕，但我们反复鼓励，并利用课间，听他讲，帮他纠正。今天，他竟然是冲上讲台的，已经上了讲台的同学，看到小柱子来了，立刻给他让出了位置。

说实在的，小柱子讲得结结巴巴，前言不搭后语，也没什么轻重语调，更别说逻辑联系了，我根本一句没听懂。我好几次转过头去看满老师，他听得非常专注，生怕遗漏了一个字，还时不时地点点头，好像很赞赏的样子。我在想，"满老师真的听懂了吗？"

但不管怎么样，我知道，这节课是不平凡的，至少在小柱子的这一生中，他第一次有了一个战胜自我的机会，就好像满老师经常说的一样:"幸福总是那么突然,又那么简单。"

这个同学对这节语文课的感受,代表了全班同学,也进一步加强了我对课改的认识和理解,但我知道,这其实只是一节高效的心理辅导课,而不是一节高效的语文学习课,因为,这节课学生几乎没学到什么真正的知识。所以,在课改实践中,我进一步反思"五步三查"模式,开始在培养科代表和小组长上下起工夫来,每开始学习一篇课文,我都会把科代表和小组长请到办公室,给他们分解学习任务,指导他们如何检查学生的独学情况,如何做过手练习,如何组织分配学生参与小组活动和班级展示。一年下来,班上每个学生都参与过班级大展示。我相信,这些经常参与展示的学生,即使分数不高,但自主学习和在展示过程中得到的能力提升,一定会让他们终身受益。但课改是一个长期坚持的过程,我在课改中的努力,只是一个方向,并不代表探索的过程已经结束,但我始终相信,教育是一种行走。或许我们只能行走在教育的边缘!

从现在开始尝试改变,在尝试中不断反思,不断校正,自然可以走得更远,飞得更高。

> 李镇西点评:短短三四年,年轻的小满由普通教师到教务主任,到校长助理,再到副校长,在我编辑满老师这篇文字的时候,他已经身在川西的雪域高原白玉县做白玉县中学校长了。我绝不是用满泽洪的不断"升迁"来证明他的"成长快",我想说的是,在他的行政职务不断提升的同时,他一直保持着素朴的情怀,他的心一直在讲台,在学生。小满未来的教育生涯还很长,他还有许多路需要一步一步地走,我期待着他能够永不满足,不断超越,如他所说"飞得更高"。

我的教育人生

唐 燕

写在前面：用这样大的一个题目，似乎有些滑稽，因为"人生"二字，对于我这个三十出头，从教也不过七八年的人来说，的确有些失当。但我想我还是应该坚持用这两个字，因为我相信在以后漫长的日子里，我还是会战斗在"教育一线"，将曾经的、现在的及以后的日子拼凑起来，它将构成我的整个人生。

今天这个午后并不温暖，但我却一直被一种温暖的思绪包裹着，打开电脑，泡一杯清茶，再放点舒缓的音乐，这样的氛围恰恰能诠释我此刻内心的感受，因为我思绪的闸门已经打开，那些暖暖的回忆遏制不住地流淌着，就让我在这样美好的时光里好好来回顾一下自己的"教师"人生。虽然也只有短短的七八年，但细细品味起来，这几年的日子还很有嚼劲儿呢！

走上教育之路并非"处心积虑"

我出生于一个穷乡僻壤间的殷实之家,在位于川北的那个偏僻小镇上,我的家族是十里八乡都叫得响的"名门望族",因为到我的父辈为止,我家已经四代行医,而我的父亲更是凭着自己的勤劳、智慧以及精湛的医术,为我们全家赢得了相对"富裕"的日子。在那个物质和经济都比较拮据困顿的年代,我总是可以穿着光鲜亮丽的衣服,背着新书包,扎着蝴蝶结,穿梭于一群衣衫朴素甚至褴褛的同学中间接受众多眼光的"膜拜"。因为经济上相对宽裕,父亲十分重视我的教育问题,因此在我念初中的时候,便将我转学至县城里最好的中学,也因此而造就了我们这个庞大的家族里的第一位大学生。

对于转学一事,我是老大不高兴的,因为这就意味着我在小镇学校里那种"叱咤风云"的日子正式结束了。一到新的环境我便立刻感觉到了自己与其他同学的巨大差距。对于城里长大的孩子来说,我就是一只没见过世面的"土麻雀",以前遥遥领先的学习成绩在现在的班级里比较起来却成了第 24 名。巨大的心理落差一下把我拉进了痛苦的深渊,在那段阴霾的日子里,凭着不服输的倔强和另一种强大的信念,我咬牙奋斗,自强不息,誓要赶超其他同学,这种强大的信念就是:我不能对不起我爸妈。

对于"为什么要而读书"这个问题,少年周恩来的回答震惊华夏、掷地有声,然而平凡而懵懂的我,却从来没有思考过这个深刻的问题,只是本能地觉得如果学习不好就对不起咱爸咱妈。到现在我还能清晰地记得,我读初二那年,镇子上要修公路,不通车,而远在县城的我需要每月回家一次拿生活费,父母心疼女儿,不忍心让我走那么远的路,于是在一个阴冷的日子他们清早启程,走了整整一天才把钱送到我的学校。

后来父亲告诉我,我的母亲那天在回家路上晕倒了,因为走了太久。

就这么糊里糊涂地来到了"高考"跟前,填报志愿的时候自然也没什么目标,能考上就行。家人说要不就填离家不远的大学吧,省得回家麻烦,于是当时的"四川师范学院",现在的"西华师范大学"就成了我的首选,因为那里离我家只有一个小时的车程。就这么一个简单的理由,把我和"教育事业"紧紧地粘连在了一起,无法分离。

教书不是一件容易的事

从两三岁记事开始,便一直在和老师打交道,从来没觉得教书会是一件多么复杂的事,仿佛只要是老师,站上讲台便能侃侃而谈,便知道如何传授知识,便能教好学生。因此在选择教育这条路的时候,我几乎没什么顾虑,然而在真正站上讲台之后,我为我的幼稚付出了惨痛代价。

那是我大学刚毕业,走上工作岗位的第一年。学校出于对我的信任,安排我担任班主任并从事一个实验班和一个普通班的语文教学工作。在平常的教学工作中,我所从教的两个班级在同层级班级里属于中等水平,对于这一点我既有些遗憾,又觉得心安理得。本来嘛,一个刚毕业的学生,不考最后都算幸运了,我一直这样安慰自己。所以对教学工作我一直都没能高度警觉,直到那一学期的期末考试。

当时在复习阶段,我敏锐地觉得辛弃疾《西江月》中的一个句子"七八个星天外,两三点雨山前"在朗读时学生容易将节奏划分错误,于是我给学生做了硬性的要求,这样停顿:七八个/星/天外,两三点/雨/山前。期末考试时,果真出现了这个句子的节奏划分,但我却没能因为我的先知先觉而占到半点便宜,反而还弄巧成拙,因为试题上的答案是:"七八个星/天外,两三点雨/山前",由于我的反复强调,学生一致认为这个答案是错的,于是两个班级没有一个同学选择正确,致使我的班级在这个简单的试题上白白损失了2分平均分，成绩也掉到了最后。

看到成绩的那一刹，我泪流满面，一方面是太震惊了，没想到自己会跑到最后；另一方面觉得自己太不够成熟，对教育的认识太过于肤浅，我甚至连一个好的教书匠都算不上。这么多年这个惨痛的教训在我的脑海里一直那么清晰而深刻地存在着，它让我深刻地认识到，教书绝不是一件容易的事情，作为一名老师必须要对教学大纲、课本知识有深刻的认识和灵活的掌握，同时应该经常思考，对同一个知识点，对待不同的学生应该采用怎样的方式教学，才能事半功倍；在知识的教导过程中，不仅要让学生明白"是什么"，更应该让他们知道"为什么"……总而言之，从事教学工作越久，就越是生出对"教学"二字的敬畏。

尽管我现在已经从事语文教学七八年了，但对于教学工作而言，我还远远不能用"得心应手"来形容，反生"如履薄冰"之感，唯有在日常的教学工作中不断钻研、虚心学习才不至于被远远地落在后面。

育人更不是一件简单的事

有人说"凡是与人打交道的事都是一件复杂的事"，我一直都赞成这个说法。因为人是各色的，就是同一个人也是多面的，更何况跟我每天打交道的还是成长中的孩子呢！他们不仅多变而且叛逆，一个尚且都不好应付，更不要说是多个这样的孩子组合成的群体了。因此在刚刚担任班主任的时候，我就建立了这样一个意识：我对学生必须要严格，必须要让学生怕我，否则其实比他们大不了多少的我以后如何来约束这一群猴孩子呢？

本着这样的思想，从担任班主任的第一天开始，我几乎就没对学生笑过，对学生所犯的任何问题，无论大小都绝不轻饶。就这样，学生怕我了，真的很怕。记得有一次，我班的几个学生校服穿着不符合学校规范，我让他们站在操场上反省，半节课后，我请另一位老师将他们"请"回教室，刚开始那位老师请了另一位学生去叫他们，他们没敢动，于是那位老师又亲自去叫他们，他们还是不敢动，说："唐老师叫我们罚站，反省，她没叫我们，我们不敢回去。"学生怕我如此，班级里自然也出不了什么大问题，因此虽然我带的第一届班级，学习成绩不好，但纪律却是名列前茅的。为此我一直还颇有些得意。

一天自习课上，我踮着脚尖潜伏到教室门口，想去刺探一下教室里的情况，只听得教室里一片寂静，我正心满意足地准备转身离开的时候，"唰"一个白色的纸团像一只白鹤般在空中划出一道优美的弧线，不偏不倚地掉在了我伸手可及的后门口，于是我慢慢俯下身捡起来，此时学生的脸已经吓得煞白。打开纸条，几行字显露出来，顿时我感觉五雷轰顶，眼睛里快要冒血，因为字条上除了聊一些生活小事之外，凡提及我的语言都带有侮辱性的字眼。学生骂老师在我的学生时代不是没出现过，那时听着自己的同学背地里辱骂老师，虽觉得不妥，但也有些司空见惯。如今我也是老师，但我做梦也没想到我的学生会这样骂我，因为我自认为我所做的一切都是为了他们好，无论我有多么严厉，学生都是可以理解的，但事实告诉我，我错了，我每天念着、想着、为之付出着的学生居然是恨我的。顿时我的脑海一片空白，我不知道自己是怎么回到办公室的，坐在办公桌旁，泪忍不住滑落下来。对于我所带的这一届孩子，我是倾注了全部的时间和精力的，连家人三番五次催促我结婚我都没同意，因为我害怕请假耽搁了学生的时间。扪心自问，我真的没有对不起这些孩子，我是爱他们的，全副精力的爱。然而……难道是我出了问题吗？为什么他们非但不感激我，反而还恨我呢？

应该是我的问题，因为我太过于严厉了，即使我的出发点是好的，但作为孩子的他们毕竟认知还是有限的，张弛有度，严慈相济恐怕才是他们能够接受的方式吧！于是，我开始改变自己，毕竟我与他们年龄差距不大，其实要拉近与他们的距离并不是那么困难。我开始在下课的时候去跟他们聊天，聊明星，周末邀请学生到家里来包饺子，和学生骑车去郊游，逛商场……慢慢地，学生发觉原来唐老师是这样一个平易近人的人，于是课堂下我与学生成了朋友，甚至于连某个男生对女生产生了某种好感都要来征求我的意见。

我很庆幸在我担任班主任第二年就发生了这件事，否则我不知道还要在自己错误的思想指导下走多久，还会犯下多少错误。如今，作为已经从事了五年班主任工作的"老"教师，我深知，与学生打交道，如果学生对你丝毫没有"畏"可能不行，但如果缺乏了学生对你的"敬"那是绝对不行的。

但教师却是天底下最幸福的职业

当教师这么多年，真的累，尤其是做班主任，一个班级事无巨细，好几十号人，什么事都得管，工作强度挺大的。但这几年下来，我最大的感受却是"幸福"。试想：一个人可以享受几百个孩子发自肺腑的关心和爱戴，全天底下又有多少人能有这种荣耀呢？每一次每一个节日都可以收到来自天南地北的卡片，生病的时候总有无数关切的问候，无聊的时候总能接到学生的电话，跟他们在网上聊聊近况，像一个母亲一样看着他们一步步成长，内心里充满了宁静的喜悦。

第一届的学生中，那个写纸条骂我的学生，名叫蔡宇，当初那么恨我的一个孩子，如今却是我最忠实的朋友；第二届学生中最调皮的李方舟，总能记得给我打电话，时常"纠集"一群同学在我楼底下"大呼小叫"，然后我飞奔下去，跟他们一起"咆哮"；第三届的学生刚刚毕业了，偶尔在街上遇见，或是他们回学校来探望老师，我们总是夸张地拥抱在一起，眼睛里闪动着泪花……如今我已经带第四届学生了，在刚刚过去的一个教师节,恰巧赶上我去外地出差,回来的第二天,一推开门,黑板上赫然写着:"祝唐老师节日快乐!"因为教师节正赶上周末,这是孩子们在放学的时候留的……真的,这几年虽然累,虽然有时候也很生气,但更多的时候我是被感动包围着的。当一个人动情的时候,尤其是最单纯的孩子献给你他最最纯挚的感情的时候,那是全天底下最美的事呀!

阅读与写作,我成长的加速器

毫不夸张地说,这些年我的确是在成长,而且成长得很快。我想这其中的原因一方面是得益于前辈的指点,另一方面则源自于自己喜欢阅读、反思、写作的习惯。

其实我接触书籍特别晚,对于上世纪80年代的小镇来说,书绝对是一种奢侈品,更何况当时的庄稼人并没有"知识改变命运"的观念,时至今日家乡的小镇上也还没有一家书店,于是我的童年除了自己的课本之外,再没有看到过其他书籍,哪怕是一本连环画也不曾有过。转学之后,经常与城里的孩子打交道,便时时感觉到自己的无知和浅薄,因此阅读成了我最大的渴望。那时我们中学里有一幢红砖绿瓦的仿古建筑,那便是学校的图书馆。虽说是图书馆,但偌大的房子内,书却寥寥,现在我还记得我看的第一套连环画是《城市猎人》,接触到的第一个作家是琼瑶。现在看来琼瑶的文字似乎多了些做作,但那时我们一群镇上来的孩子都是一个月才回家一次,周末的时光都是琼瑶的小说打发的,从她的文字中却也学得了什么叫做"隽秀"。后来上大学了,又念的是中文系,阅读的渴望得以极大的满足,那简直就是"放虎归山"呀,感觉一下找到了组织。于是别人吃饭的时候我在看书,别人睡觉的时候我在看书,别人上网的时候我还在看书,有一段时间特别迷张爱玲,以至于半夜里还在被窝里打着手电筒"夜战",当然上天也待我不薄,除了赏赐给我一副厚厚的眼镜之外，也给了我更加开阔的眼界，充实的灵魂。

我喜欢阅读还因为我喜欢思考，每每看到自己喜欢的作品就老是走不出来，老喜欢带入式思考："要是我是他会怎样？"这样的习惯对于作为教师的我来说是大有益处的，工作以后看过很多教育类的专著，我也喜欢这样追问自己，这样的过程实际上就是自己不断成长的过程。

我对自己的反思还体现在另外一种方式上，那就是写作。在看过了许多或清新秀美的，或大气磅礴的，或矫揉造作的，或故弄玄虚的文字之后，自己越发地觉得其实写作并不是那么高不可攀，它无非也就是用最简单的文字去表达最真实的情感而已。于是自己也开始尝试着写一写，刚开始的时候是记录一些小的教育故事或教育心得，拿去给同事们看看，觉得还成，于是在这种鼓励之下，便喜欢上了写作。因为写作不仅仅是一种记录，更是一种提炼和升华，写作的过程是思考的过程，更是反省的过程，特别是在李镇西老师来了之后，他用他的文字教育了我什么是最恰当的表述，他用他的写作告诉了我什么才是人生的升华，于是我更加钟爱写作。

从我自己的经验来讲，我认为一个人如果不阅读就难免浅薄，一个人如果不写作就难免苍白。

回顾这几年，似乎写出来的并不多，不是轰轰烈烈，也没有惊天动地，但却是每一天每一个脚印走过来的扎实的日子，是我一路走来的点滴成长，是我的自我反省和鼓励，更是我继续走下去的强劲动力。曾经，我并不觉得教师会是我喜欢的职业，但现在我却要说教育却是我将要奋斗终生的事业！

李镇西点评：我现在都还记得当初唐燕老师来向我要求辞去班主任的事，当时她遇到一个让她难以"搞定"的顽童，叫李方舟。我建议她用研究的眼光对待这个孩子，并把研究过程随时记录下来。后来她走了，不再说不当班主任了，而是开始研究李方舟。一年后唐燕老师回家休产假，离开学校时给我一篇《李方舟的故事》，这也是她对李方舟的研究记录。研究的结果是，李方舟进步了，唐燕成长了。在这成长的过程中，唐燕最大的收获是幸福。而当一名幸福的教师，正是包括唐燕在内的无数普通教师的追求。

让心永远快乐

陈 玲

我的父亲是个很优秀的数学老师,在他的影响下我自小就喜欢数学,带着对数学的憧憬我读完大学,也加入教师队伍,成为一名光荣的数学教师。

我喜欢,我高兴,我爱我的教育事业。

有人说,教书是一件很烦人很累人的事。我承认,有时确实是很累很烦,可和我教书十六年的获得相比,那又算得了什么?

又有人说,数学很枯燥。如果把数学理解为只是在课本中,与生活无关,那确实枯燥得很。但是数学它来自于生活,并为生活服务。它在我心中是有生命的。它是那么的有趣,那么的不可思议,那么的让我喜欢。

我喜欢数学。我就想着如何把数学教好,如何把我的快乐传递给我所教的每一个学生。

我最想做到的是让我的学生能快乐地学好数学,并把学习当成一件愉快的事。

在教学中,我重效率,不打时间仗,不占用学生的休息时间,不做让学生特烦的事，不说伤学生自尊心的话。多表扬，少批评。

我首先得让我的学生喜欢我，我知道：学生若接受了我，便会接受我所教的数学这一学科。（这算是一个小小阴谋吧!）

多花时间和学生交流。如果和学生的沟通少了，他们就会觉得你高高在上，不可亲近。我对我的学生说过，课堂上我是你们的老师，课下我是你们的朋友。要做到这一点不容易。每每下了课，我都不急于回办公室，在教室里和学生开开玩笑，说说话。学生也都愿意和我一起。有时候，学生有一些小小的错，我叫他把手或脚伸出来，轻轻地点一下，学生笑了，我也笑了。

孩子毕竟是孩子，他们喜欢你的同时又会不由自主地"欺负"你。他们不能把握好这个尺度。在这方面，我得掌握好这个分寸，我对学生好，但决不迁就，有错就必须得改。

我就是这样一个既让学生喜欢又让学生敬畏的老师。

学生接受了我，得让家长也接受我。我珍惜与家长的每一次交流，推心置腹地和家长一起探讨教育学生的办法。家长都信赖我。

我总想把我的快乐传递给我的学生，学生都说，陈老师，你上课总是面带笑容。听了这些话，我特别高兴!

保持一颗快乐的心，与学生的心永远在一起，能一辈子做一个学生喜欢的老师，足矣!

在教学中做好充分的准备是我教书的快乐。对我来说，这是一个非常重要的一个过程。首先是钻研教材——这也是一件快乐的事，我得领会编书人的意图，知道他想告诉学生什么。其次我还得思考：这节课的知识点该如何安排？它的难点是什么？我该怎样去克服它？我怎样才能让所有的知识既富于情趣又能环环相扣，水到渠成？我要做到脑中有"标"、胸中有"本"、目中有"人"、心中有"数"、手中有"法"。

记得在讲解 $a\sqrt{-\dfrac{1}{a}}$ 时，要把根号外的字母移入根号内，学生很难

理解为什么 a 放进根号内后，根号外会有一个负号。我先讲了 $-3\sqrt{3} = -\sqrt{3^2 \times 3}$，然后讲解 $a\sqrt{-\dfrac{1}{a}}$ 中的 a 就像一个身上藏了枪的人要进总统府，进门得先判断身份，然后搜身，人可以进去，枪得留下，我一边讲，一边拿个"枪"的形象比画着，学生都笑了。

每次一讲到这种类型的题，学生都会笑着说"把枪留下"。

和有些老师不一样，我极少要求学生预习。我希望学生能重新经历一遍知识的再现过程，让他们自己探究、思考、学习、开拓、分析。这是一件让学生兴奋的事。只有这样，学生才能学得好，学得活，学得牢。

在引入时，我和学生常常通过生动有趣的数学活动、游戏或故事，激发学生的学习兴趣，培养学生的主动探索精神。

在课堂中，我尽量创建学生自由发挥的空间，使其掌握学习的主动性，并成为独立、自主、高效的学习者。

在教学时我逐步教会学生思考、学习、批判的本领，培养学生开拓新领域、分析新情况、迎接新挑战的能力。

同时我要让学生多获得成功的体验。对于学生新颖的想法、独特的思维，我会大大赞赏他，欣赏他，表扬他。一次交心的谈话，一句中肯的评语，一回无意的表扬、鼓励，甚至一次善意的"欺骗"都可能影响学生的一生，我要让学生意识到自己在老师眼中就是最棒的。

比如，在教书过程中，我一直都有这样的传统——做数学题一定要追求最简单最好的方法，哪个学生的方法最好（学生之间相比），或学生的方法比我的方法好（师生之间相比），学生都可以得到我一份特别的小小的奖励——一个拥抱或一个我签名并盖了教务处章的本子等等。

这对每届学生来说都是极大的鼓励并乐此不疲，有时候学生为了能先说出自己最好的方法甚至可能"大打出手"。

记得 2010 级学生在初三后期复习过程中的一节课上，我刚刚分析完一道综合性很强的几何题，几个学生马上高高地举起手，大声喊："陈老师，陈老师，还有更简单的方法！"

"谁来先说？"我话还没说完，唐宇石和刘远垄"呼"的一下，同时冲到讲台上，

刘远垄说："我来！"把唐宇石衣服扯住就向后拖，唐宇石不干了，说："我先来！"迅速把衣服一扯直接就占领讲台准备开讲。

全班哄堂大笑，我也笑了。刘远垄摸摸脑袋，也笑了。

至今想到这节课，我心里都感到无比的快乐。现在刘远垄和唐宇石都在成都九中读高二了，在那高手如云的地方，唐宇石牛得很，每次考试都是全年级第一，刘远垄也是不错。前天"教师节"来看我，看着他们那张年轻上进开朗的脸，我心里一片温暖。

这样的例子很多，学生快乐着，我也快乐着。

在给2009级学生上一节圆的复习课上，学生头一天就做了导学案，图形也已经画在了黑板上，学生开始一个个梳理讲解，大家各抒己见，有一道题难度比较大，大家都不知道该怎样做了，我正准备上台去的时候，一个平时数学不太好的学生忽然大声说："我能做！"

我一愣，马上说："好！你讲！"

他开始叙述着他的方法，这一讲，不得了，题不但做出来了，方法还特别好。

我高兴极了，马上开始大大地表扬起来了。

可学生不好意思了，说："陈老师，这个方法是我爸和我一起想出来的。"

"没事，要大大地表扬你，回去给你爸说，陈老师也大大地表扬他。"

全班一下子就乐了，教室里一个悄悄溜进来听课的老师也乐了。

还记得那批2003级的学生，有几个男孩子特别喜欢上课学我。我讲得眉飞色舞，叉腰，踢腿，他们在下面学我叉腰踢腿，眉飞色舞。我笑，

他们笑，他们笑，我也笑，班上都笑。那几个后来考进了成都市一流的重点高中，现在也大学毕业开始工作了，见到我还谈起当年的数学课，快乐而温馨。

回想着这些事，我心里充满着无比的快乐。在这个教师节，我无比想念着我那些教过的学生。

教书却是一件很心累的事，你会不由自主地为学生思考，唯恐一件事做得不好，一句话说得不对，就会影响学生的一生。

我又怎能割舍得下我所喜欢的学生，我所喜欢的数学呢？

所以我还得教好我的书，做好我的事，尽我的一切能力使我的学生快乐，也让我自己幸福快乐。

> 李镇西点评："让心永远快乐"，这个愿望真好！如何让心快乐？我想，热爱孩子、享受学生、陶醉课堂、永葆童心，自然就快乐。相反，漠视孩子、讨厌学生、烦心课堂、未老先衰，每一天在学校都是痛苦，怎么可能有快乐呢？更不可能"永远快乐"。陈老师在写这篇文章的过程中，给我打电话很烦恼地说："哎呀李校长，我写着写着风格就变了，就带有感情了！"她觉得写教学文章应该是"理智""冷静""客观"的。我说："没事，交给我吧，你别管了！"我读着陈老师的文字，乐了：开始陈老师还一本正经地写"数学论文"，写着写着就讲故事了，讲趣事了，字里行间的快乐把我都感染了！陈老师这叫"情不自禁"！多快乐的学生啊，多幸福的老师啊！陈老师说："尽我的一切能力使我的学生快乐，也让我自己幸福快乐。"这句朴素的话道出了一个教育真理：当老师让孩子快乐时，自己也就幸福了！

我的艺术梦想

杨 明

自从考上了四川美术学院师范专业，我就注定了将终身从事教育这个行业。

其实当老师不是我最初的梦想，当初开始学画画是就想当一名艺术家。因为我崇拜我所知道的一些艺术家：达·芬奇、米开朗基罗、罗丹、凡高等等。那个时候我还是一名初中二年级的学生，因为遇到一位受人尊敬的美术老师而喜欢上了画画，据说他是顶替他的父亲来教的书，因为画画得好，学校就安排他教美术；现在他已经退休了，但至今我们还保持着联系。要考上美术学院在上世纪 80 年代是一件很不容易的事情，学校一年只招收 100 多名新生，我报考的是四川美术学院油画系，这个系一年只招收 10 多名新生，我因为那时是高中应届毕业生，专业成绩不如许多往届生那么好，等专业成绩下来发现总分未达到油画专业的录取线，未被录取；也不知什么原因被师范系录取了；曾经想过放弃，据说当时的政策是，如果学校录取后未去报到的考生需两年以后才能重新报考，所以只好到师范系报到就读。现在回过头来看，感觉是命中注定一样，真所谓"有心栽花花不发，无心插柳柳成荫"。

1996年我到了地处成都郊外的簇锦中学教书，面对一群几乎都是来自农村的孩子，我的内心受到了强烈的冲击，和最初想象的产生了巨大的反差：学校条件差，没有美术室、没有美术器材和挂图，所有的东西都是我一个人去制作和准备；学生们家庭条件差，常常因为无钱购买材料而无法完成美术练习。在这样的环境和条件下，在学校领导的大力支持下，我和学生们克服了许许多多的困难，利用课外活动时间完成了许多的美术作品，没材料我甚至还自己花钱给他们买；总之，想尽一切办法让学生们完成作品。在那几年里美术为学校争得了荣誉，在市区的艺术节美术比赛中获得了特等奖。我想在那样的条件和环境里，许多的学生至少在美术中找到了快乐。2003年，武侯实验中学开办后，我又为学校争得了荣誉，再次获得市区艺术节美术作品比赛特等奖。美术在新的学校续写着辉煌。

　　在初中当美术老师似乎比在小学和高中当美术老师辛苦，这是我的体会。既然选择了教师这个职业，许多事情必须去面对，踏踏实实地做好自己的本职工作才对得起自己的良心。每次到班上去上课时我都会想："今天能给学生们带来快乐吗？他们会有收获吗？"能让学生们了解、认识、喜爱美术是我的职责。一周一节美术课是多么的珍贵，有时面对一些学生在课堂里浪费时间，我会感到无助和忧伤；看到他们快乐积极地学习，我又非常的快乐；他们的喜怒哀乐和我息息相关。在他们身上我体会到了作为一名教师的幸福。2007年我画了一幅表现我校学生的油画作品《欢乐》，这是取材于我校优秀班主任范景文老师班上的学生的形象创作的一幅油画，同年送去参加全国美展，最终入选。这是我当教师后第一次入选全国性的美展，这次入选给了我极大的激励，使我接连画了好几幅表现学生题材的作品，也触动了我最初的艺术梦想。我想一名美术老师如果具备良好的专业技能和创作才华，一定会有助于他的美术教学和他的成长；我的愿望是在不远的将来能有自己的一次个人画展，圆我最初的艺术家梦。

> 李镇西点评：杨明老师在我校不但没有"扬名"，反而几乎可以说是默默无闻。但他默默地耕耘在自己喜爱的美术教育园地，并自得其乐。甘于寂寞，源于一份良知，一份责任，就是他自己所说，每次到班上去上课时他都会想："今天能给学生们带来快乐吗？他们会有收获吗？"如果我们每一个老师都这样想，我们的孩子该多么幸福！我们教师自己又该是多么幸福！杨明老师想举办自己的个人画展，我想对杨老师说，我先帮你在学校举办一次个人画展吧，让你从校园开始圆你的艺术家之梦！

教育，我的挚爱

刁瑞阳

"摇篮曲"中的教师梦

也许我来教书是受了父母的影响吧！儿时的记忆总是和学校、教室、课本、作业本……分不开。现在母亲最爱说一个小故事：冬天母亲在床上改作业，我就躺在她的身边睡觉，我总想看她在做什么，总是喃喃地说："妈妈，你改本本吗？我很乖，不动，你让我起来看看嘛！"妈妈怕我着凉不让我起来坐着，总是哄我说："马上就完了，你赶快睡，等一会我睡了，你就不是第一个睡着的，我明天就不给你发奖了。"现在想起来当时我最喜欢母亲改作业的沙沙声。这似乎成为我儿时最动听的"摇篮曲"。也许就在那时候种下了我对教育的爱吧！

教之初体验

带着儿时的梦想，带着对教育生活的美好憧憬，我背着行囊，走进了成都市武侯实验中学。在从教之初，我被这浓浓的师生情包围着。

2007年9月11日，我教育生涯的第一个教师节。那天我特别感动。那天我刚刚走进办公室就看见办公室里的鲜花似锦。办公桌上堆满了礼物。我桌上也有不少。有一个礼物很特别，是一个小盒子，用彩色的包装纸裹着，上面还用便利贴写了几行字：

刁老师，我很喜欢你的数学课。你上课特别生动有趣，那三视图我都会画了。这几天你上课的声音越来越沙哑，你要注意身体。这里有一盒金嗓子，记得用啊！

你的科代表

收到这样的礼物，我感觉我是世间最幸福的人，我爱学生，学生理解我。我感觉我和学生的心在一起。还有许多卡片上写着——

"刁老师，谢谢你每天下午给我们补课。"

"刁老师，你的数学题讲得很好。"

"刁老师，前些天我感觉你很凶，但是你课余和同学们玩耍的时候，我感觉你很和蔼，像个小孩子。"

"刁老师，体育课我们比赛乒乓球，好吗？"

………

看着这些话，想来我和孩子从军训到现在也不过二十几天，孩子们对我的感情如此真挚！我看到的不再是一张张小小的卡片，而是一个个纯洁无瑕的童心。我感动了！这就是人们常说的心与心的交流吧！

看着一张张卡片我更加坚定了我当好一名教师的信念。为什么苏霍姆林斯基会说"把整个心灵献给学生"？因为只有心与心的交流才能达到最好的教育效果。

西安之行

2007年11月,我有幸去西安参加第八届全国初中信息技术与课程整合观摩研讨会,并获得了数学赛课三等奖。这次西安之行让我获得很多新的东西,也产生一些疑惑。

这次研讨会上最让我难忘的是一节语文课,我看到了以往在大学闻所未闻的东西,很受启发。

那节课学习的是蒲松龄的《狼》。在课堂上老师提供了一些学习的资料,学生通过网络来点击这些内容。在老师的指导下自学,学生还可以通过网络来搜索一些自己认为与课文相关的资料,从而多角度地来理解文章。这个时候教师不再是课堂里知识的权威,我们的角色变成了学生学习的伙伴、学习的领航人、学生学习资源的提供者、教学活动的组织者。语文课上,教师分小组安排任务,有的查作者背景、有的找文章的生字词、有的找类似的文章。通过网络同学们共享这些信息,为进一步翻译、理解文章做准备。课堂气氛很活跃,同学们都认真、主动地完成自己的任务,并在网络上交流,学习效率特别高。同学们还自发来分角色朗读、表演和辩论。

这让我看到不一样的课堂,对传统的"一言堂"简直就是翻天覆地的颠覆。在课堂上,不仅仅是老师和学生的单向的交流,取而代之的是师生、生生之间的立体的网状交流;不再是老师一个人讲解,取而代之的是生生之间的多层次、多角度的相互主动学习;不再是单一"听"这一个信道来被动地接受知识,取而代之的是生生之间主动地、相互协作共同完成既定的学习任务;把以往课堂只能完成单一的教学任务,变成"教学+德育"的综合模式。因为学生在小组合作的基础上,通过上台讲解、表演、对话、问答、辩论、采访等多种课堂活动方式,很容易进行情感态度方面的体验和感悟，而且德育目的很容易实现。

这让我不得不反思我的教学。我的教育教学应该怎么办？我的课堂应该是怎样的模式？我的课前应该给学生准备怎样的教学资源……

我陷入深深的思考之中。

教改之路

其实早在我开始思考之前，以李镇西校长为核心的校领导班子，就开始了教学改革的探索。

第二学期刚开学，我们学校请来一大批专家、学者给教师培训，包括东北的魏书生老师、杜郎口中学的崔其升校长等。这些报告给我们老师指明了教改的方向。在一年多的教学改革实践中，我的教育理念和教学模式有了很大的变化。

我在2010级做了很多的尝试。备课组的老师教我怎么编教案，怎么出题，特别是教我怎样编写导学稿。一个环节的设计，一道题一道题的推敲，让我明白编写导学稿是一门艺术，不是随便找几个题上去就可以。怎样适合学生自学，重点、难点如何突破，学生的知识如何过手……要思考的问题很多。同备课组的老师一个词一个词地帮我修改教案。在这个过程中，我明白老师讲得再精彩，也不如学生学得精彩；明白了"生生互动""课堂生成"这些我在大学里听都没有听说过的理念。

在小组合作学习方面，我以前更是什么也不知道，在大学里学习的都是传统教学模式。小组合作学习，只是在一些外文书籍里看过。同组老师在这个方面给我的指导特别多——

一、如何选数学小组长。关键是有责任心，而不是数学成绩，要有组织和管理的能力。数学成绩在班上二十名以前的就行。按照这个标准，这就使我能在普通的班里找到合适的人做组长。

二、如何设立小组中心发言人。我们做了尝试，一段时间里（通常是两周）在每一个小组里选一个同学来重点培训，从预习—讲课—复习—作业，全程关注，当然离不开数学科代表的帮助。老师主要是培训数学科代表，由他们来培训和管理"中心发言人"。其他同学要为中心发言人找资料，修改讲稿。这样全组的同学参与进来，其实也达到合作的目的。

三、如何分配小组任务。小组的任务不能按序号分配，得按每个小组的成员的能力大小来分配。我们是想每个小组都能在展示这个环节做得最好。不是让学生出洋相。这一点是李勇军老师专门提出来的。

四、预习比展示更重要。我们为什么要展示？一是培养学生综合能力和小组合作能力。二是通过展示把自己小组深入研究的问题给全班分享。如果预习不充分，展示的效果一定达不到预期的效果。

在实践的基础上我们组总结出数学课堂小组合作学习五个关键阶段：知识准备阶段（独学）—知识探讨阶段—知识转化阶段（对学、群学）—知识的呈现、完善阶段（展示）—反思、总结阶段（小结、反馈）。

我们还总结出四个"相结合"的思想来完善课堂流程提高教学效益——

一、教师的讲解与学生读书相结合（预习、导学稿的指导意义）；

二、教师的指导与学生的自学相结合（独学＋教师课堂个别指导）；

三、教师的提问与学生的质疑问难相结合（教师追问＋学生相互纠错）（群学和展示中体现）；

四、传授知识与教给方法相结合（反馈和小结）——班级数学小报重点体现这一成果。

这使我有的放矢地开展数学小组合作学习，对小组合作学习更有信心。

在这一年里,我成长很快。所带的 2010 级九班的数学成绩也从年级最后一名,跻身成为同层次班级第三名。

教改之路就是探索之路,它没有尽头。我还要学习,要做的事才刚刚开了个头。

班主任生活

在学校刚刚开始教改的一年中,我还尝试做了班主任。这让我真正体会到李镇西校长常说的那句话——"当老师,就要当班主任"——的真正含义。

班主任工作对我一个刚刚毕业不到半年的新老师来说的确是一个未知的领域。根本不知道应该从何入手开展工作。这时有很多人无私地给我帮助和支持。特别是李镇西校长在百忙之中还多次同我交流、谈心,鼓励我多看书、多实践、多反思,给我很多启迪。

李校长还送给我们几本书——《民主与教育》《做最好的老师》《爱心与教育》。在这几本书里,我读到了两个词"爱"与"民主",这两个词影响了我。我带的第一个班级是 2010 级九班,这个班级当时在纪律和成绩方面都是比较落后的。当时我是中途接班,没有经验,也没有智慧,完全是摸着石头过河。我所谓的"方法",一个就是"严";另一个就是,天天和学生泡在一起。支撑我这样做的信念,就是一个"爱"字。我希望像李校长那样爱学生,关心学生,对学生有耐心,为他们的进步想招,赢得学生的心。这里我想给大家讲一讲最让我感动的两件事情——

那是我刚带这个班两个月,2008 年 5 月 12 日,星期一下午我请假去看生病的伯父,刚刚乘上公交车不久大地震就发生了。看到惊慌的市民,我很担心我的学生,急急忙忙赶到学校。我在操场找到我们班,孩子们冲上来就问:"刁老师,你去哪里?""刁老师,你在哪里?"当时我感到很愧疚。那么危险的时候我这个班主任老师却迟迟没有出现。当时我们班上还有一个受伤的学生。我想学生一定在怪我。但是我理解错了。后来我从学生周记中了解到，当时有好几个学生去我的办公室找我，就是怕我还在教学楼里。学生们心里很想知道我在哪里，不断地问其他老师："我们刁老师在哪里？"同学们问我在哪里是担心我。这种担心让我感觉好幸福，学生是我的牵挂，我也是学生的牵挂。

后来学生们在教师节给我的贺卡中这样写道："刁老师，你不幸来到了九班，但是我们不会让你感到不幸。"孩子们对这自己有了信心，对班级有信心，对我有了很深的感情。我这个"后爹"可以继续当下去了。

我有一个学生，他叫小勇，家长离婚了，而且各自又再婚了，还有了自己的孩子。这个学生的学习、生活习惯特别差，在班上作业不做，下课就打闹，在保安那里也是挂了号的。当时我实在是没什么好办法帮助他。那些天我最头痛的就是他。

后来我在一本书中看到这样一句话："学生不缺乏优点，而是教师没发现学生的优点。"范景文老师也说（当时她和我搭班）"好学生是表扬出来的"。李镇西老师的《做最好的班主任》中也谈到"化批评为表扬"。这些思想给了我启迪。

一次晨练的时候，我发现这个学生的韧带不错，我又让他跑几步，跳几步，试一下，感觉还可以。我就说："大家今后，做拉伸练习的时候，要向小勇学习啊！"

接下来几天，我都下来训练他跑步，让他领跑。他很高兴，做得更好了，于是我又在班上大力表扬他。我看机会成熟了，就对他说："想不想去学校的田径队试一试？"他没有思想准备，一时间没回答我。我继续说："那这样吧，体育课的时候让你们李老师给你测一下，看看行不行？"他点点头。我马上就和李开封老师沟通，让这个学生到田径队试一试。

去了田径队之后，我常常给他说的话，就是不要给九班丢脸，用集体荣誉来感染他，让他感觉"我在九班是个人物"，"我不能给九班丢脸"。我也常常去看他训练。渐渐地，他的习惯好些了，在教室里也坐得住了。家长也感觉这个孩子变了，更爱他了，他也找到了久违的父爱、母爱，也开始影响其他几个调皮的学生。

老师的工作就是这样很琐碎、很累，但是很真实——每天面对一张张可爱的笑脸；听着那一阵阵清脆悦耳的读书声；看着一个个学生健康快乐地成长……这样的生活很充实，也很快乐，我是幸福的，因为有那么多爱我的学生。

教育，我的挚爱！

> 李镇西点评：刁瑞阳老师是我当校长不久，顶着某种压力把他调进我校的。当时，是他的朴实打动了我。一晃三年过去了，我不敢说小刁老师有多么优秀，但他实实在在成长着。这篇文章和他的性格一样朴实，我从字里行间读到两个字：纯真。无论是教学还是班主任，他都那么投入，那么认真。其实，读着这些文字，我在感动于小刁坚韧的同时，还是有些担心的——在这个弥漫着浮躁之风的社会，教育需要坚守，需要抵御各种诱惑，小刁你能够将你对教育的纯真保持多久呢？我会一直注视着你！

新教育下我的成长经历

蒋强博

从三年前带着憧憬与向往走进武侯实验中学的校门起,我便成为众多爱岗敬业老师中的一员,成为了新教育实验的又一名追随者。一路跋涉与探索,一路艰辛与汗水,而今,终于见到前方黎明的曙光。新教育,它将如一盏明灯,继续指引我在教育道路上不断成长,不断前行。

初涉新教育,茫茫然

对于新教育,我以前并没有怎么听说。只是一次偶然的机会,听说了著名教育专家李镇西,而且他就在我们四川成都。抑制不住从心底涌出的喜悦,便开始急切地上网,查阅李老师的随笔、视频,在如山的文字中,接触了一个崭新的名词——新教育。于是,新教育便走进了我的视野,走进了我的教学之路。

新教育是一个系统工程,是一种与历史相连接却又超越历史、适应当代教育发展的全新教育理念,是一种有利于孩子身心成长、有利于师生过一种幸福完整教育生活的教育教学实践。新教育实验的六大行动之一，是"构筑理想课堂"。我校为此进行了探索，形成了"导学稿"加"小组合作"的民主课堂模式。在这里，我仅仅说说小组合作学习。它曾带给了我困扰，也让我不断学习不断思考，并进而有了一定程度的收获。

我有幸于 2008 年来到成都市武侯实验中学，亲身体验了新教育实验的活力与生机。在欣喜和崇敬之余，却不免有些惶惑。这里的教法和以前学校的教法不一样：教室里的桌椅被分割成了八九个小块，每一块的学生面对面地坐着。如果学生不刻意转身朝向老师，那么老师只能见到学生的侧影。上课难道不是老师和学生心灵之间的交流吗？眼睛是心灵的窗户，没有眼神的直接交流与沟通，如何能够取得良好的教学效果？学生侧着身子，如果他讲小话，而老师又怎能去有效地实施课堂掌控？还有，所采用的"导学稿"把整个课堂流程也清晰地全部呈现出来了，而且在上新课之前就发给学生预习，那在老师讲课的时候，学生听起课来不就像是在核对练习题吗？

诸如此类的问题，一齐涌上心头，该如何解决？内心如十五个吊桶打水——七上八下，又如在迷雾中穿行，眼前一片茫然。

初尝甜头，欣欣然

在感到迷茫无措的时候，看到有经验的同事把课堂搞得有声有色，精彩不断。

于是，心中似乎便有了底了。人家能搞好，那说明小组合作的路子是对的。于是，便开始模仿，学习，请教。在课堂上一试，果然效果不错。学生表现很积极，很活跃，一个个都有展示的欲望。看起来，小组合作学习真是灵丹妙药。心中欣喜，似乎前面将是一片坦途。

再回从前，郁郁然

可是，好景不长，学生的积极性在一段时间之后就淡了下来，如同满天的烟花虽然绚丽多姿，划亮了漆黑的夜空，但转瞬即逝，一切又恢复了光亮之前的那种黑暗。学生开始对小组合作感到乏味了。该展示的时候，有些敷衍了事，课前也没有去进行认真的准备。结果是，展示课上，该展示的小组在讲台上面小声讲，该凝神静听的小组却在下面大声讲。问题出现了，不像刚开始想象的那样顺利。低谷出现，内心不免有些郁闷。

峰回路转，淡淡然

凡事发生，必有其原因。找到原因，找到症结所在，才能对症下药，从根本上解决问题。郁闷不是办法。于是，查阅资料，请教同行，与学生谈心，了解出现问题的原因。问题找到了：学生小组之间没有真正意义上的合作与互助，有的只是形式；学生预习情况不到位，没有形成一种有效的约束机制；对学生自学与展示缺乏激励，学生自学与展示兴趣没有进行持续性的强化，以至于中途退减，等等。

找到问题，立即着手改进。对小组重新分组，根据语文学科成绩，把优生、欠优生分类搭配，既让小组内有层次，便于层次间的帮助与提高，也有小组内同层次之间的对话与交流。同时，小组订立相应的组规，小组成员必须遵守。班上进行组间比赛，实行得分制，得分高的小组有奖励。在课堂上，小组展示完毕，学生评价与老师评价相结合，鼓励为主，提意见为辅。

一时间，课堂上面貌一新，学生积极性、主动性得到了大幅度提升。

面对这样的情景，此时，不再是欣喜不已，内心中多了一份淡定，多了一份从容。也许，在以后的课堂中还会出现很多此前未遇到过的问题，但我想，正是这不断出现的问题，使得教师的工作具有了不可重复性和创新性。面对问题，当勇于钻研，善于思考，力求解决，让自己成为一名研究型的教师。

当然，新教育远不仅仅是课堂里的小组合作学习，小组合作学习仅仅是武侯实验中学开展新教育实验、创建"民主高效"课堂的一个抓手，如同露出海面的庞大冰山之一角。新教育的理念和实践，将继续引领我们行进在搞新教育、真教育的教育旅程中。

> 李镇西点评：小蒋老师是我校众多年轻教师之一，他的酸甜苦辣应该说有代表性。从激情澎湃到灰心丧气，再到重振旗鼓，直至从容不迫，稳健进步……几乎所有青年教师都是在困惑中探索，在挑战中成长的。从来就没有抽象的成长，所有成长都在课堂上进行。因此，没有课堂，就没有成长。

仰望，满脸星光

刘显勇

说到成长，实感羞愧，因为痛感自己并没有太多值得说道的成绩；那么，能说的只有经历，检视过去的得失，总是对将来有好处的，如果能让别人有所警戒，那也算意外之喜。

我接触新教育比较晚。从教以来，面对这条自己毕业时候选择的路，总有"想逃又丢不开"的无力感，倒不是因为计较以前工资太低，更多的迷惘来自对应试教育的咬牙切齿而又无可奈何，还有对教育产业化的失望，常常感觉大量教育从业者的思想精神已经离题万里，在那里，号称从事文化教育的学校似乎变成了名利的角斗场，其他的一切，似乎不过只是戏子一样的口号与过场。在这样武断、褊狭、绝对化的消极自我暗示下，我逐渐从刚毕业时候的踌躇满志变得逐渐麻木乃至消沉。很长一段时间，我没有完整读过一本教育专著，也找不到教书育人的快乐，教学成绩只求不当尾巴就阿弥陀佛了；不愿意拿起笔来去写那些交钱就评奖的所谓论文；对于所谓的继续教育，也是嗤之以鼻，认为那不过是形式主义的官样文章，感觉对于自己的提升并没有实质性的帮助。在找不到专业提升的正确道路的时候，我选择了逃避自省、消极对抗，虽然时常痛感对不起学生和家长的更高期望，但也不屑于做一个应试教育的帮凶，就这样，似乎任青春在虚无中过去。

当然，唯一可喜的是自己并不是完全随波逐流的人，也没有完全停止自我的学习和修炼，写一些教育通讯，发教育随笔到网上，参加一些文学笔会，创办学校第一个文学社并开展活动，在学校办公室为学校的宣传和招生等工作出力还是不遗余力的，积极参加一些校外的社会活动也积累了一定的社会经验，观察教育动向和思考记录，这些还是多少让自己在非专业钻研的道路上参了几分野狐禅。至今记得大学毕业时，班主任荣挺进老师送我们的那句话："毕业之后，如果你们没有成为打麻将混日子的人，那就不错了。"这警策的话我一直牢牢记在心里。

在不长的时间里，一些原来有共同语言的同龄人相继离开单位，似乎这里已经成为自己欲走还休的围城，没有方向，没有可以深入交流的朋友，那样的日子的确是孤独、难熬而又轻飘的。可感欣慰的是自己对学生一直是不变的善良和善待，不管别的老师如何，我告诉自己要守住作为一名教师的基本职业底线，那是寂寞时光中的唯一慰藉。

转机终于出现了。李镇西老师意想不到地来到了武侯实验中学，来到了我们身边，他不仅和我们一起教研、上课，让我看到了真正的教学专业境界可以达到什么高度，更带来了全新的教育理念。他把新教育带到了我们面前，向我们不厌其烦地宣传、鼓动，通过可谓苦心孤诣地鼓励读书、鼓励反思写作，让我第一次感受到原来教育也可以做得如此富有诗意。我的教育热情被再次唤醒了。我如饥似渴地读起了李镇西、魏书生等教育专家的教育教学专著，揣摩着学习李老师的教学方法，因为榜样就在身边，学校的许多老师之间也暗中比赛着进步。

虽然李镇西校长在学校不遗余力地"鼓吹"新教育的理念，他的卓越口才、深邃思想、身体力行也在无形中影响了许多人，但真正要让新教育落地开花乃至结果还是走过了漫长曲折的道路。当时的现实是，新教育对于传统教育环境而言是"阳春白雪"。学校开始提出全面推行新教育的时候，一方面包括我在内的一些老师为此感到欢欣鼓舞并积极支持参与；另一方面，一些保守传统的老师也似乎很好心地告诫周围人："学李镇西那套必死无疑！"一个新事物的出现总是伴随着怀疑和挑剔的目光，这也不足为奇。到底新教育是真教育还是一场新的教育秀？过去吹过的这样那样的教改风让人难免心存疑虑。

真正让我对新教育有了全面直观认识的，是参加在山西运城举行的新教育年会，那次与会让我终生难忘。当时武侯实验中学的一批对新教育兴趣强烈的老师组团观摩了这一年度盛事并参与了部分研讨。

参加过新教育年会的老师会知道新教育年会对于来自传统学校老师的那种震撼。以朱永新老师为首的新教育团队不仅在思想精神上让人如梦初醒，而且展现出来的优势教育教学技术也让人叹服，当然最精彩的是新教育学校教出来的学生，他们在年会上所作的优秀展示让人很直观地看到原来在中国也可以把素质教育做得如此漂亮。我印象最深的是吃饭时和魏智渊（网名"铁皮鼓"）的对话，我问他："在今天这个物欲横流的社会中，把孩子培养得太纯粹太美好会不会让他们吃亏？"事实上，这种担忧不是没有道理的，李镇西老师在他的著作中所描述的宁玮就是这样的典型，她心灵善良美好却在现实社会里得不到该有的对待，但是李镇西依然认为她是自己最得意的学生之一。"铁皮鼓"悠悠地回答我说："你选择了做一种人，就要承受做这种人的代价。"时至今日，我认为这句话仍然可以作为新教育人的精神指针。做新教育人，就意味着成为甘愿为了改变中国教育现状而做出一切努力乃至牺牲的人。

"学校生活是一段旅程！""一个民族的阅读史就是一个民族的精神发育史！"这些新教育的通识性话语，在运城深深烙在了我心里。离开运城的时候，我对自己说，希望若干年以后，作为武侯实验人，我也能为新教育展示自己的一份精彩。然而，一时的激动总是容易消失的，难的是坚持。从运城回来之后，我做了一些努力，但又走了一段弯路。

在李校长的民主教育思想指引下，武侯实验中学的新教育推进走过了宣传动员、自发参与和全民卷入三个阶段。在这个过程中，李校长可谓使出了浑身解数来让全体老师参与到新教育实验之中，力求让他们体验到幸福完整的教育生活。第一件做的事情是想方设法让老师读书写作。那时候，我在读书、工作、写作教育反思随笔方面做得较好，那也是自我感觉活得最快乐的一个时期，每一天都感觉有使不完的劲儿，每一个学生的喜忧和变化都能引起我的思考，每一天不把自己的所思所想记录下来就感觉不踏实。为了成为更全面的教育人，为了弥补自己没有当过班主任的不足，我辞去了干了多年已经轻车熟路的办公室干事工作，在学校的支持下当了一个普通班的班主任。应该说在这一时期不管是为自己还是为学校都留下了美好的印迹。

这期间，学校通过种种难以尽说的努力让老师们逐步走上了读书、工作、反思的专业发展道路，这时候，学校的改革注意力逐步集中到课堂上来，因为新教育的核心是课堂改革。李校长和学校班子经过多方考察和审慎的思考，决定在"杜郎口课堂"模式的基础上摸索"高效课堂"的路子。最难的是改变教师的传统思想。当时，学校为了课堂改革造势可谓不遗余力，组织多批次的教师前往杜郎口取经，甚至请来杜郎口的教师团队现场展示，这些都在我的心里引起了轩然大波。我看到了"杜郎口课堂"蕴藏着的先进素质教育精神，我从精神上和行动上坚定地支持学校的课堂改革。在自发参与阶段，我第一个在自己的教室里模仿杜郎口中学的教室划开了黑板、拉开了桌子，这成为整个学校后来整体推进的先声。在教育教学中，我也努力地把杜郎口的先进做法向学生和科任老师进行宣传，然而，当时由于学校没有在课堂改革的上做出硬性规定，在整体性上无法进行更深入的探索，但这为后来的全面推开积累了经验。

这期间，由于个人原因，我一度离开了学校去了一家公司。但是幸运的是，当我想回到学校的时候，李校长向我敞开了大门。回到学校之后，我又当了一段时间的班主任。那一阶段是学校全面推开杜郎口课堂的攻坚阶段，有了学校政策上的支持，许多班主任和班级在改革的路上走得很快很稳，我也一度冲锋在前，在教育教学当中起到了一些作用。然而，随着改革的推进，问题的难度和工作压力越来越大，我时常感觉力不从心，现在回想起来，是自己的精神准备和读书底子欠缺太久太多，最终我从班主任的工作岗位上调整到了其他工作岗位。

随后的一段时间里，学校的课堂改革又加进了"导学稿"这一有力的手段，对教师的要求更高了。作为不带班的科任教师，也感觉要完全跟上学校改革的步伐也并不轻松，利用不再带班的这段时间，我恶补从前没有读的书和在教学上的欠账，同时，我的同事们却因为一路坚持高歌猛进走在我的前面。

今天的武侯实验中学，不仅从教师专业发展上实现了教师个体自主发展的飞跃，更在"民主课堂"的探索上走出了坚实的路子。虽然，课堂改革绝不是一朝一夕能够成功的，但我通过一段时间的沉淀，对新教育的理解加上一段时间以来在课堂的实践摸索，我对"民主课堂"改革的未来有了更清楚的认识和底气。

新教育人相信岁月，相信种子。在我这块似乎先天不足的土壤上，事情并不那么一帆风顺，但是，我认为这些弯路让我更清楚地看清了自己的优点与缺点，现在努力一切都还来得及。当新教育的种子重新在我心里萌动，我感到那些根须已经扎得更深，吸取了更多的养料，假以时日，我会和同事们一起进步，成为新教育实验田里的一棵小苗，成为学校"民主课堂"上合格的老师。当我不再幻想一鸣惊人的时候，也许岁月会在更远的地方兑现承诺。

新教育实验不容易，中国素质教育这条路不会是阳关大道。但是，在黑夜里低头，永远看到的是自己的影子，而只有抬头仰望星光，然后埋首走路，那满脸的星光就永远在我们心里。

> 李镇西点评：显勇这篇文字让我感慨万千。刘老师的成长颇具典型性。有过理想，有过激情，但因为种种原因，理想暗淡，激情渐熄。然而，内心深处的良知始终让自己不安。这种不安必然会促使自己重拾理想，再燃激情。显勇性格内向，不是特别善于与人交往，应该说这多少影响了他的教育。他曾经辞职离开学校，但后来发现"外面的世界"未必"很精彩"，于是又重返校园。当年，我热情地欢迎他回来，并不是所有人都理解。但我觉得，应该允许年轻人调整航向，尊重他们重新选择。这篇自述每一个字都浸透着真诚，真诚地回顾，真诚地反思，真诚地自责，真诚地剖析，真诚地眺望……"在黑夜里低头，永远看到的是自己的影子，而只有抬头仰望星光，然后埋首走路，那满脸的星光就永远在我们心里。"我想说，亲爱的显勇，对你来说，需要的是坚忍不拔！咬定青山不放松。只要行动，便有收获；只要坚持，便有奇迹；只要上路，便有庆典。我愿意继续陪伴你前行，去迎接一个又一个"庆典"！

教育发现书系隆重推出

类 别	书 名	作 者
高效课堂	善待杜郎口——李镇西教学随笔	李镇西 著
	民主教育在课堂	李镇西 主编
	教育即道德	田保华 著
	杜郎口"旋风"（修订版）	李炳亭 著
	高效课堂22条	李炳亭 著
	高效课堂九大"教学范式"	李炳亭 著
	我给传统课堂打0分	李炳亭 著
	课改立场：一个区域教育的实践样本	李炳亭 褚清源 张志博 著
	高效课堂导学案设计	张海晨 李炳亭 著
	问道课堂：高效课堂理念与方法的26个追问	李炳亭 褚清源 著
	发现高效课堂密码	于春祥 著
	中国当代课改档案	李炳亭 洪湖 著
班主任修炼	发现班主任智慧：追求充满人性的教育	郭文红 著
	班级问题诊断	高影 编
	治班有招	高影 编
	治班有道	高影 编
	问题学生诊断	高影 编
校长修炼	学校管理智慧：教师成长	吴盈盈 编
	学校管理智慧：管的艺术	吴盈盈 编
	学校管理智慧：找到学校的魂	吴盈盈 编
	学校管理智慧：校长成长	吴盈盈 编
	学校智道	褚清源 著
	校长之道	姚文俊 著
教师成长	蒋自立与自我教育	蒋自立 著
	李平老师讲语文	李平 著
	做幸福的老师	翟幸福 主编
	使人成为人	司家栋等 著
	课堂问题与争鸣	叶飞 编
	教师成长密码	叶飞 编
	问道中国教育：仰望教育的天空	雷振海 李炳亭 编
	问道中国教育：撬动教育的支点	雷振海 李炳亭 编
	问道中国教育：追寻教育的幸福	雷振海 李炳亭 编
	问道中国教育：改变教育的思维	雷振海 李炳亭 编
	问道中国教育：追溯教育的原点	雷振海 李炳亭 编
区域课改之殷都样板	殷都样板：小学低年级导学案点评	姚文俊 金耀林 主编
	殷都样板：小学英语导学案点评（3—6年级）	姚文俊 金耀林 主编
	殷都样板：小学数学导学案点评（3—6年级）	姚文俊 金耀林 主编
	殷都样板：小学语文导学案点评（3—6年级）	姚文俊 金耀林 主编
	殷都样板：中学导学案点评	姚文俊 金耀林 主编
	为了学生的学	姚文俊 金耀林 主编
	分数大变脸	姚文俊 金耀林 主编
	做智慧教师	姚文俊 金耀林 主编
	模式就是生产力	姚文俊 金耀林 主编
	"主体多元"在殷都	姚文俊 金耀林 主编

地　址：山东省济南市英雄山路189号山东文艺出版社　　　邮　编：250002
购书热线：0531—82098775　　　　　　　　　　　　　　　投稿信箱：jiaoyufaxian@126.com
投稿热线：0531—82098789　　　　　　　　　　　　　　　读者交流QQ群：69362448